ZHONGHUA RENMIN GONGHEGUO
JIANSHI

中华人民共和国简史

本书编写组

人民出版社

当代中国出版社

　　1949 年 10 月 1 日，毛泽东在天安门城楼上庄严宣告中华人民共和国中央人民政府成立

1984 年 10 月 1 日，邓小平在中华人民共和国成立 35 周年庆祝典礼上发表重要讲话

1999 年 10 月 1 日，江泽民在庆祝中华人民共和国成立 50 周年大会上发表重要讲话

　　2009年10月1日，胡锦涛在庆祝中华人民共和国成立60周年大会上发表重要讲话

2019 年 10 月 1 日，习近平在庆祝中华人民共和国成立 70 周年大会上发表重要讲话

目 录

第一章 ‖ 新中国成立和社会主义基本制度的确立（1949—1956）

以毛泽东同志为主要代表的中国共产党人，团结带领全党全国各族人民，经过长期的反对帝国主义、封建主义、官僚资本主义的革命斗争，成功开辟了农村包围城市、武装夺取政权的中国革命道路，取得了新民主主义革命的胜利，建立了人民当家作主的中华人民共和国，实现了民族独立、人民解放。从 1949 年 10 月新中国成立到 1956 年基本完成社会主义改造，是中华人民共和国完成新民主主义革命任务并成功过渡到社会主义的时期。站起来的中国各族人民在中国共产党领导下，承接新民主主义革命的胜利成果，巩固新生的人民政权，创造性地实现了从半殖民地半封建的旧社会到民族独立、人民当家作主的新社会，从新民主主义革命到社会主义革命和建设的两个历史性转变，建立起社会主义基本制度，实现中国历史上最深刻、最伟大的社会变革，为实现中华民族伟大复兴奠定了根本政治前提和制度基础。

一、中华人民共和国的成立与巩固

中国共产党领导新民主主义革命取得伟大胜利，为中华人民共和国的成立奠定了基础。1949 年 9 月召开的中国人民政治协商会议第一届全体会议，制定了起临时宪法作用的《中国人民政治协商会议共同纲领》，选举出中央人民政府委员会，宣告中华人民共和国诞生。新中国成立后，政治上面临的紧迫任务是解放尚未解放的领土、完成祖国的统一、剿匪和镇压反革命、建立并巩固新生的各级人民政权。

新民主主义革命的胜利

中华人民共和国的诞生，是中国人民在中国共产党领导下进行的新民主主义革命取得全国性胜利的结果。

1947 年 7 月至 9 月，人民解放军各路大军相继由内线转向外线，由战略防御转向战略进攻，将战争引向国民党统治区。在全国解放战争发生重大变化的形势下，毛泽东在 1947 年 12 月敏锐地指出：“这是一个历史的转折点。这是蒋介石的二十年反革命统治由发展到消灭的转折点。这是一百多年以来帝国主义在中国的统治由发展到消灭的转折点。”“这个事变一经发生，它就将必然地走向全国的胜利。”中共中央及时抓住有利时机，于 1948 年 9 月作出了将国民党军队主力聚歼于长江以北的战略决策。人民解放军以磅礴之势，连续组织了辽沈、淮海、平津三大战役，歼灭国民党军队154万余人，使国民党赖以维持其反动统治的主要军事力量基本上被摧毁，解放了东北、华东、华北广大地区，为中国革命在全国的胜利奠定了坚实的基础。

此时国民党统治区政治、经济危机已经日益加剧。物价飞涨，城乡劳动人民遭到洗劫，民族工商业濒临绝境。以学生运动为先导的人民民主运动风起云涌，形成了第二条战线。国民党的反动统治陷入彻底的孤立。

面对人民解放军的迅猛攻势，国民党集团发动了所谓的"和平攻势"，企图利用和平谈判来实现保存反革命力量、"划江而治"的目的。在人民革命事业胜利在望的历史时刻，毛泽东发出"将革命进行到底"的号召，强调要坚决彻底干净全部地消灭一切反动势力，彻底推翻国民党反动统治。

1949年4月20日，国民党政府拒绝在《国内和平协定（最后修正案）》上签字。21日，毛泽东主席和朱德总司令发布向全国进军的命令。人民解放军百万雄师横渡长江。23日，南京解放，延续了22年的国民党反动统治宣告覆灭。随后，人民解放军分别以军事方式与和平方式解放了中国大陆的大部分地区。

在人民解放军不断取得军事胜利的同时，中共中央开始擘画新中国的蓝图。1948年4月30日，中共中央发布纪念"五一"劳动节口号（"五一口号"），号召"迅速召开政治协商会议"，"成立民主联合政府"。"五一口号"得到各民主党派以及无党派民主人士和海外华侨的热烈响应。从8月起，经周恩来的周密安排，原在国民党统治区的各民主党派、爱国民主人士和海外华侨代表，陆续分批进入解放区，在中国共产党的领导下，积极参与筹备召开新政协。正是在此基础上，形成了中国共产党领导的多党合作和政治协商制度。

1949年3月，中共七届二中全会在河北西柏坡举行。这是在全国革命胜利前夜召开的一次极其重要的会议，规定了全国革命胜利后党在政治、经济、外交方面应该采取的基本政策，指出中国由农业国转变为工业国、由新民主主义社会转变到社会主义社会的发展方向。毛泽东向全党提出了"两个务必"要求："务必使同志们继续地保持谦虚、谨慎、不骄、不躁的作风，务必使同志们继续地保持艰苦奋斗的作风。"6月30日，在中国共产党成立28周年前夕，毛泽东发表《论人民民主专政》，指出："总结我们的经验，集中到一点，就是工人阶级（经过共产党）领导的以工农联盟为基础的人民民主专政。"什么是人民民主专政？毛泽东说："对人民内部的民主方面和对反动派的专政方面，互相结合起来，就是人民民主专政。"在当时的中国，人民包括工人阶级、农民阶级、城市小资产阶级和民族资产阶级。人民民主专政需要工人阶级的领导。工农联盟是基础力量，推翻帝国主义和国民党反动派，主要是依靠这两个阶级的力量。由新民主主义到社会主义，主要依靠这两个阶级的联盟。

中共七届二中全会决议和毛泽东的《论人民民主专政》，为建立新中国奠定了理论和政策基础。

新民主主义革命的胜利，彻底结束了旧中国半殖民地半封建社会的历史，彻底结束了旧中国一盘散沙的局面，彻底废除了列强强加给中国的不平等条约和帝国主义在中国的一切特权，为实现中华民族伟大复兴创造了根本社会条件。

中华人民共和国的诞生

建立新中国的筹备工作，是通过中国人民政治协商会议第一届全体会议完成的。

1949年6月15日至19日，新政治协商会议筹备会第一次全体会议在北平（今北京）中南海勤政殿举行。会议选举21人组成新政协筹备会常务委员会，在常委会下设立6个小组，分别承担拟定参加新政协的单位及其代表名额，起草《中国人民政治协商会议共同纲领》（《共同纲领》）、大会宣言和《中华人民共和国中央人民政府组织法》，拟定国旗、国徽、国歌方案等工作。9月上旬，各项筹备工作陆续完成。9月17日，新政协筹备会举行第二次全体会议，决定将新政治协商会议定名为"中国人民政治协商会议"。

1949年9月21日至30日，中国人民政治协商会议第一届全体会议在北平中南海怀仁堂隆重举行。662名代表来自党派、区域、军队、团体以及特邀五类界别，体现了广泛的代表性和民主性。毛泽东在会议开幕词中说："现在的中国人民政治协商会议是在完全新的基础之上召开的，它具有代表全国人民的性质，它获得全国人民的信任和拥护。"毛泽东庄严宣告："我们有一个共同的感觉，这就是我们的工作将写在人类的历史上，它将表明：占人类总数四分之一的中国人从此站立起来了。"

大会共举行8次全体会议，80多位代表在大会上发言。经过充分讨论，大会一致通过了《中国人民政治协商会议共同纲领》《中国人民政治协商会议组织法》《中华人民共和国中央人民政府组织法》等重要文件。

★ 1949 年 9 月 21 日至 30 日，中国人民政治协商会议第一
届全体会议举行

《共同纲领》是新中国的建国纲领，在全国人民代表大
会召开和制定宪法以前，具有临时宪法的作用。《共同纲领》
除"序言"外，分为"总纲""政权机关""军事制度""经
济政策""文化教育政策""民族政策""外交政策"共 7 章
60 条。

关于新中国的国家性质和任务，《共同纲领》规定："中
华人民共和国为新民主主义即人民民主主义的国家，实行工
人阶级领导的、以工农联盟为基础的、团结各民主阶级和国
内各民族的人民民主专政，反对帝国主义、封建主义和官僚
资本主义，为中国的独立、民主、和平、统一和富强而奋
斗。"关于新中国的政权机关，《共同纲领》规定："国家最

高政权机关为全国人民代表大会。全国人民代表大会闭会期间，中央人民政府为行使国家政权的最高机关。""各级政权机关一律实行民主集中制。"

以中国人民政治协商会议第一届全体会议的召开为标志，中国共产党领导的多党合作和政治协商制度被正式确立为新中国的一项基本政治制度。新中国的国家结构形式是统一的多民族国家和在单一制国家中的民族区域自治制度。会议通过北平为中华人民共和国首都，将北平改名为北京；决定采用公元纪年；以《义勇军进行曲》为代歌；国旗为五星红旗，象征全国人民在共产党领导下的大团结。

9月30日，大会选举产生由180人组成的中国人民政治协商会议第一届全国委员会；选举毛泽东为中华人民共和国中央人民政府主席，朱德、刘少奇、宋庆龄、李济深、张澜、高岗为副主席，陈毅等56人为政府委员。当日下午6时，全体代表齐集天安门广场，举行人民英雄纪念碑奠基典礼，以缅怀和纪念在长期斗争中为民族独立和人民解放而英勇献身的革命先烈。

10月1日，在首都北京举行有30万军民参加的开国大典。天安门广场红旗如海，歌声如潮，千年古都焕发出无限生机。下午3时整，中央人民政府委员会秘书长林伯渠宣布典礼开始。毛泽东主席庄严宣告："中华人民共和国中央人民政府今天成立了！"他亲手启动电钮，升起中华人民共和国国旗，军乐团奏《义勇军进行曲》，54门礼炮齐鸣28响。随后，毛泽东宣读《中华人民共和国中央人民政府公告》，宣布"本政府为代表中华人民共和国全国人民的唯一合法政府。凡愿遵守平等、互利及互相尊重领土主权等项原则的任

★ 1949 年 10 月 1 日，中华人民共和国举行开国大典，中华民族跨入了人民当家作主的历史新纪元。图为毛泽东在开国大典上讲话

何外国政府，本政府均愿与之建立外交关系"。接着，举行盛大阅兵式。中国人民解放军总司令朱德宣读《中国人民解放军总部命令》。阅兵式结束后，群众满怀豪情举行庆祝游行。首都沉浸在狂欢之中，直至深夜。同一天，已经解放的各大城市也举行了热烈隆重的庆祝活动。此后，10 月 1 日成为中华人民共和国国庆日。

中华人民共和国的成立，彻底改变了近代以来 100 多年中国积贫积弱、受人欺凌的悲惨命运，从根本上结束了帝国主义、封建主义、官僚资本主义在中国统治的历史。劳动人民第一次成为国家、社会和自己命运的主人，为实现由新民主主义向社会主义过渡创造了前提条件，从根本上改变了中国社会的发展方向，中国历史从此开辟了新纪元。中华人民共和国的成立，冲破了帝国主义的东方阵线，改变了世界格局，大大加强了世界和平民主和社会主义阵营的力量，对世界历史产生了广泛而深远的影响。

祖国大陆的统一和各级人民政权的建立

中华人民共和国成立时，华南、西南和沿海岛屿仍为国民党军队所盘踞。

1949年9月至1950年10月，人民解放军以雷霆万钧之势扫荡残敌，共歼敌128万，收编改造170余万起义、投诚的国民党军队，解放了除西藏以外的全部中国大陆和海南岛。

中国大陆即将解放时，西藏地方政府上层少数分裂主义分子在美、英等帝国主义势力策动下加紧分裂活动，制造了"驱汉事件"，并派出"亲善使团"，分赴英国、美国、印度等寻求对"西藏独立"的支持。中共中央、中央人民政府严厉谴责这种分裂祖国的背叛行为，号召西藏人民团结起来，迎接解放。为了避免战争可能带来的动荡与破坏，中央人民政府决定力争以和平方式解决西藏问题。1950年5月29日，中央批准了中共西南局第一书记邓小平主持起草的关于与西藏地方政府谈判的10项条件。

然而，西藏地方政府在分裂分子把持和帝国主义支持下，拒绝与中央人民政府谈判。他们扣留劝和团人员，杀害爱国活佛格达，同时扩充藏军，加紧布防，妄图阻挠人民解放军进军西藏。

为了打击帝国主义和西藏地方政府中分裂势力的嚣张气焰，促使谈判早日进行，1950年10月，人民解放军发起昌

★ 1951 年 5 月 23 日，中央人民政府代表和西藏地方政府代表在《关于和平解放西藏办法的协议》上签字。图为西藏地方政府代表在协议上签字

都战役，消灭藏军的主力，解放了藏东重镇昌都，打开了进军西藏的门户，为和平解放西藏铺平道路。

经中央人民政府再三敦促和西藏上层爱国力量的推动，1951 年 2 月，十四世达赖丹增嘉措终于同意派阿沛·阿旺晋美为西藏地方政府首席全权代表，组成代表团赴北京进行和平谈判。为了合理解决西藏问题，中央人民政府还邀请当时在青海的十世班禅额尔德尼·确吉坚赞赴京。

经过二十多天的谈判和协商，1951 年 5 月 23 日，中央人民政府代表与西藏地方政府代表签订《关于和平解放西藏办法的协议》（"十七条协议"）。其主要内容是：驱逐帝国主义侵略势力出西藏，西藏人民回到中华人民共和国祖国的大家庭中来；在中央人民政府统一领导之下，西藏人民有实行民族区域自治的权利；西藏地方政府积极协助人民解放军进入西藏，巩固国防；对于西藏的现行政治制度，中央不予变革；尊重西藏人民的宗教信仰和风俗习惯，保护喇嘛寺庙；西藏地方政府应自动进行改革；中央人民政府统一处理西藏地区的一切涉外事宜；等等。5 月 24 日晚，毛泽东举行盛大宴会，庆祝协议的签订。十四世达赖和十世班禅分别致电毛泽东主席，表示拥护"十七条协议"。

1951 年 10 月，人民解放军主力部队抵达拉萨，受到拉萨市 2 万多名各族群众的热烈欢迎。西藏和平解放，粉碎了帝国主义和西藏上层少数分裂主义分子策划"西藏独立"的迷梦，使西藏摆脱了帝国主义侵略势力的羁绊；结束了西藏长期以来有边无防的历史，捍卫了国家的主权和领土完整；为逐步废除西藏封建农奴制度，实现藏族人民的新生奠定了基础。西藏从此进入崭新的发展时期。

原计划解放台湾的任务，由于朝鲜内战的爆发而被迫推迟。香港和澳门自古以来就是中国的领土。香港、澳门问题是西方列强侵略中国造成的历史遗留问题，情况复杂。中共中央对香港、澳门采取"暂时维持现状"和"长期打算，充分利用"的方针，利用两地尤其是香港原有的地位、海外关系和对外贸易条件，促进新中国的经济恢复与工业化建设，为我国社会主义建设和外交战略服务。

在统一中国大陆的过程中，各级人民政权逐步建立起来。

1949 年 10 月 1 日下午 2 时，中央人民政府委员会第一次会议在中南海勤政殿召开，中央人民政府主席毛泽东率全体政府委员宣布就职。会议任命周恩来为政务院总理兼外交部部长，毛泽东为中国人民革命军事委员会主席，朱德为人民解放军总司令，沈钧儒为最高人民法院院长，罗荣桓为最高人民检察署检察长。10 月 19 日，中央人民政府委员会举行第三次会议，任命董必武、陈云、郭沫若、黄炎培为政务院副总理，谭平山等 15 人为政务委员，李维汉为政务院秘书长。会议还任命了政务院所属各部、委、会、院、署、行的负责人员。为了体现人民是国家的主人，新中国各种政权机关都加上"人民"二字，以区别于旧中国的反动政权。

1950 年 1 月和 11 月，政务院先后发布省、市、县人民政府组织通则，大城市区人民政府组织通则，规定了地方各级人民政府的隶属关系、机构、组成和职权，使地方各级政权的建立有了初步的法规依据。各省（市）均由各界人民代表会议协商推举人民政府主席、副主席、委员，经政务院报请中央人民政府正式任命。12 月，政务院发布区乡(行政村)人民政府组织通则，人民政权建设延伸到基层。

至此，中华人民共和国形成了从中央到地方一整套政权机构，为新中国成立初期各项工作迅速打开局面提供了有力的政治和组织保障。

清除匪患与镇压反革命运动

在地方人民政权建立的过程中，新解放区面临的一个突出问题，是旧政权遗留的反革命势力还很大，许多地方的匪患相当严重。国民党在溃逃时把大批特务及正规军遣散为匪，他们打着"救国军""自卫军""保民军"等旗号进行破坏活动，威胁着人民政权的巩固和人民生命财产安全，在一些发生土匪暴乱的地方，新生政权几乎都被破坏。广大人民群众强烈要求人民政府和人民解放军坚决消灭土匪，根绝匪患。

中共中央、毛泽东及时作出了坚决剿灭土匪的决策，提出了军事进剿、政治瓦解、发动群众武装自卫三者相结合的方针，规定"镇压与宽大相结合""首恶者必办，胁从者不问，立功者受奖"的政策。人民解放军先后抽调150万兵力，按照中央的统一部署，开展由军队、地方和人民群众紧密配合的剿匪作战。大规模剿匪作战到1953年基本完成，共毙、伤、俘土匪和争取土匪投降自新270万余人，结束了中国匪患久远、危害甚深的历史，有力地保护了人民安居乐业，稳定了社会秩序。

1950年6月朝鲜内战爆发后，反革命分子气焰嚣张，认为美国已经把战火烧到了中国大门口，国民党"反攻大陆"的时机已到，"变天"的日子将要到来。他们破坏厂矿铁路、焚烧粮库、散布谣言、制造骚乱，妄图里应外合，颠覆人民政权。

针对这一情况，1950年10月10日，中共中央发出《关于镇压反革命活动的指示》（"双十指示"），强调必须严厉镇压一切反革命活动，重点打击危害人民的土匪、特务、恶霸、反动党团骨干和反动会道门头子等。同时，重申要坚持"镇压与宽大相结合"的政策。从1950年12月开始，镇压反革命运动在全国范围内大张旗鼓地开展起来。运动中还吸收民主党派及各界人士参加，使他们受到教育。毛泽东及时提出了镇压反革命分子要"稳、准、狠"的方针，指出："所谓打得稳，就是要注意策略。打得准，就是不要杀错。打得狠，就是要坚决地杀掉一切应杀的反动分子（不应杀者，当然不杀）。"

1951年2月，中央人民政府颁布《中华人民共和国惩治反革命条例》，规定了处理反革命案件的原则和办法，使镇压反革命运动有法可依、量刑有据。斗争中着重打击那些罪大恶极、为人民群众十分痛恨的反革命分子。杀害刘胡兰、林祥谦及大批铁路工人的凶手，杀害李公朴和闻一多的凶手等，都受到了应有的惩处。对罪行较轻、愿意悔改的反革命分子采取宽大的方针。对犯有死罪但民愤不深的反革命分子，中共中央还作出"应大部采取判处死刑缓期执行政策"的决定，这是新中国的一个司法创举，具有深远的意义。全国规模的镇压反革命运动，到1951年10月基本结束。

二、废除封建土地制度与全面社会改革

根据中共七届三中全会的部署，党和政府领导人民进行土地改革，废除封建土地所有制，实现"耕者有其田"；彻底荡涤旧社会遗留下来的赌博吸毒、卖淫嫖娼等污泥浊水，树立新的社会风尚。针对增产节约运动中暴露出的问题，党和政府又开展"三反""五反"运动，有力地抵制了旧社会的恶习和资产阶级的腐蚀，实现了从旧社会到新社会的深刻变革。

农村土地改革和社会变化

中华人民共和国成立时，全国还有约 2/3 地区的农民被束缚在封建土地制度之下，承受着沉重的剥削，这是旧中国贫穷落后的根源之一。因此，在新解放区进行土地改革，既是继续完成民主革命任务的必然要求，也是经济和社会发展的迫切需要。

1950 年 6 月 6 日至 9 日，中共中央召开七届三中全会。全会要求，在 3 年内，有计划、有秩序地完成新解放区的土地改革。在接下来召开的全国政协一届二次会议上，刘少奇代表中共中央作了《关于土地改革问题的报告》，阐明了土地改革的重大意义和党的方针政策。6 月 28 日，中央人民政府委员会第八次会议通过了《中华人民共和国土地改革法》（《土地改革法》），6 月 30 日正式公布。

由于当时的社会环境和阶级力量发生了根本改变，《土地改革法》在具体政策上与老解放区的土地改革相比有若干重要修改：第一，对富农由征收多余土地财产的政策改为保存富农经济的政策；第二，对中农的土地由彻底平分改为完全不动，提高小土地出租者保留土地的标准；第三，对地主，只没收土地、耕畜、农具、多余粮食及其在乡村多余的房屋，其他财产不予没收。这些政策有利于保护中农和团结民族资产阶级，有利于社会的稳定和工商业的发展，有利于减少土地改革的阻力。

随后，政务院又相继颁布《农民协会组织通则》《人民法庭组织通则》《关于划分农村阶级成分的决定》等法规政策，以保证《土地改革法》的具体实施。

在中国共产党的统一领导下，从 1950 年秋季开始，土地改革运动在新解放区陆续展开，中央及地方各级均设立土地改革委员会，指导土地改革运动。在土地改革过程中，各地还组织了由党政军干部、民主人士、知识分子等组成的土改工作队，经过培训后协助农民协会开展土地改革工作。

新解放区的土地改革有三个主要特点：第一，因地制宜，针对不同地区的不同情况分批进行；第二，放手发动群众，贯彻执行"依靠贫农、雇农，团结中农，中立富农，有步骤有分别地消灭封建剥削制度，发展农业生产"的土地改革路线和政策，反对用行政命令的方法把土地"恩赐"给农民的"和平土改"；第三，建立广泛的统一战线，最大限度地孤立地主。

到 1952 年底，除部分少数民族地区和台湾地区外，全国土地改革基本完成。连同老解放区在内，完成土地改革的农业人口占全国总人口的 90% 以上，共没收了地主阶级约 7 亿亩土地，分给 3 亿多无地少地的农民，免除了土地改革前农民每年向地主缴纳的约 700 亿斤粮食的地租。

土地改革是中国几千年来在土地制度上从未有过的最彻底的改革，是近代以来中国人民反对封建主义斗争取得胜利的历史性标志。它从根本上铲除了封建制度的根基，第一次实现了"耕者有其田"。在土地改革中建立了农村基层政权，促进了工农联盟，加强了人民民主专政。土地改革带来了农村生产力的解放，为国家工业化奠定了基础，为社会主义改造和社会主义建设创造了有利条件。

禁绝娼、毒、赌与社会环境的净化

娼妓制度是剥削制度的产物，是危害社会的"毒瘤"。新中国成立后，人民政府把取缔娼妓制度作为改造社会的一项重要内容。1949 年 11 月 21 日，北京市第二届各界人民代表会议作出立即封闭一切妓院的决议，并于当天下午 5 时 30 分采取行动，将全市 224 家妓院一夜之间全部封闭，抓获 424 个老鸨、领家，收容妓女 1288 名。随后，北京市制定切实可行的办法，给妓女医治性病，帮助她们学习政治、文化和生产技能，使她们成为自食其力的劳动妇女。上海、天津、南京、沈阳等城市也相继取缔卖淫嫖娼。在几年里，全国共查禁封闭妓院 8400 多所，根除了娼妓制度。据不完全统计，全国共有 32 万名妓女在生产教养院里获得新生。

制毒、贩毒、吸毒是旧中国的严重公害。1950 年 2 月，政务院发布《关于严禁鸦片烟毒的通令》。各级政府设立禁烟禁毒委员会，一方面强制封闭烟馆，勒令制毒、贩毒者自首投案，追缴毒品，并动员群众揭发检举；另一方面帮助吸毒者、嗜毒者戒毒，对于贫困者给予"免费或减价医治"。1952 年 4 月，中共中央发布《关于肃清毒品流行的指示》，重点打击制毒、贩毒的罪犯。在全社会禁毒的强大压力下，毒犯受到极大震慑，全国坦白登记的毒犯总数达 36 万多人。新中国在短短 3 年里就将延续百余年的吸毒、贩毒活动基本禁绝，在世界禁毒史上创造了一个奇迹。

人民政府还开展了严禁赌博活动的斗争。各地明令禁止赌博，坚决取缔各种赌博场所。

经过 3 年左右的努力，党和人民政府领导的社会改造运动取得举世瞩目的成就。曾在旧社会屡禁不绝的娼、毒、赌等社会痼疾被基本禁绝，社会环境得到净化，新的社会道德规范建立起来，各阶层人民的精神面貌焕然一新，中国的社会面貌、社会风尚和社会生活由此发生了深刻变化。

实行婚姻自由、男女平等的婚姻制度

旧中国实行的是以夫权为中心、压迫妇女并剥夺男女婚姻自由的落后封建婚姻制度。中央人民政府成立后，雷厉风行地对旧的婚姻制度进行改革，1950 年 5 月 1 日，《中华人民共和国婚姻法》(《婚姻法》) 颁布施行，这是新中国制定的第一部法律。它明确规定：废除包办强迫、男尊女卑、漠视子女利益的封建主义婚姻制度；实行男女婚姻自由、一夫一妻、男女权利平等、保护妇女和子女合法利益的新民主主义婚姻制度；禁止重婚、纳妾，禁止童养媳；禁止干涉寡妇婚姻自由；禁止任何人借婚姻关系问题索取财物。《婚姻法》以调整婚姻关系为主，同时也涉及作为社会细胞的家庭关系。它的颁布，是在土地改革基础上进一步肃清封建残余和建立新的社会风尚的重大改革，为广大妇女从封建婚姻制度的束缚下解放出来提供了法律上的保障。

各级政府在城乡大张旗鼓地开展了群众性的普及、宣传及检查《婚姻法》执行情况的运动。成千上万的义务宣传员深入田间、工厂、街道，组织群众学习，使《婚姻法》家喻户晓，深入人心。同时，人民政府依法严厉惩处了少数虐待、残害妇女和干涉婚姻自由并造成严重后果的犯罪分子，

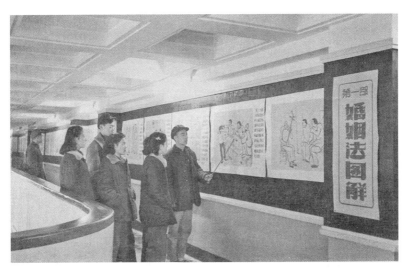

★ 1953 年 3 月 28 日，天津市第一工人文化宫画廊展出"婚姻法图解"

维护了妇女权益，大批包办婚姻家庭中的妇女获得解放。

　　贯彻《婚姻法》也是移风易俗的过程。人民群众特别是广大妇女对宣传、贯彻《婚姻法》表现出了极大的热情。新凤霞表演的争取婚姻自由的评剧《刘巧儿》、赵树理创作的小说《小二黑结婚》等，引起人民群众的强烈共鸣。男女平等、婚姻自由蔚然成风。据内务部 1955 年对 27 个省市的统计，全国符合《婚姻法》登记的已占申请结婚人数的 95%。

　　《婚姻法》的贯彻实施，从根本上变革了旧的传统思想观念和伦理道德，在全社会逐步建立起婚姻自由、男女平等的思想和新型家庭关系，全国出现的许多互敬互爱、民主团结的家庭成为新社会的基本组织细胞，为社会的安定奠定了重要基础。获得解放的广大妇女真正顶起了"半边天"，在新中国的各项建设事业中发挥了巨大作用。

开展"三反""五反"运动

1951年10月，在全国开展的增产节约运动中，暴露出党政机关内部存在贪污、浪费现象和官僚主义问题以及一些干部严重贪污的事例。11月，中共华北局向中央报告了河北省揭发出刘青山在担任中共天津地委书记、张子善在担任天津行署专员期间堕落为大贪污犯的严重情况。毛泽东对此高度重视，作出重要批示："这件事给中央、中央局、分局、省市区党委提出了警告，必须严重地注意干部被资产阶级腐蚀发生严重贪污行为这一事实，注意发现、揭露和惩处，并须当作一场大斗争来处理。"12月，中共中央发出《关于实行精兵简政、增产节约、反对贪污、反对浪费和反对官僚主义的决定》的通知，要求全国从中央到地方，大张旗鼓，雷厉风行，以形成有力的社会舆论和群众威力，彻底揭露一切贪污事件。"三反"运动开始在全国普遍开展。

中共中央及时抓住典型重大案件严肃处理，批准了中共华北局关于刘青山、张子善判处死刑的建议，河北省人民法院经最高人民法院核准判决，决定对刘、张二人执行枪决。公审大会召开前，有人提出是否不要枪毙，给他们一个改造的机会。意见反映到毛泽东那里，毛泽东说，正因为他们两人的地位高、功劳大、影响大，所以才要下决心处决他们。只有处决他们，才可能挽救20个、200个、2000个、20000个犯有各种不同程度错误的干部。中共中央严肃处理刘青山、张子善案的坚决态度，在全国引起极大震动。"三反"运动很快在全国形成高潮。

"三反"运动有力地刹住了当时蔓延滋长的腐败倾向，

大大提高了人们对于贪污腐败的警惕性，对刚刚执政的中国共产党有重大的警示教育意义，也有助于形成健康的社会风气。

在"三反"运动中各地各部门揭发的材料说明，党政机关发生的重大贪污案件的共同特点是私商和干部中的蜕化分子内外勾结，共同盗窃国家财产。鉴于这种严重情况，中共中央决定，在工商界开展一场反对行贿、反对偷税漏税、反对盗骗国家财产、反对偷工减料、反对盗窃国家经济情报的"五反"运动。

"五反"运动揭露出大量资本家的违法行为。资本家当中普遍存在回扣、吃请、送礼等旧社会的陈规陋习，行贿和偷税漏税也屡见不鲜。一些不法资本家在承建国家工程、完成加工订货任务中偷工减料，弄虚作假，以次充好。在给抗美援朝前线的军需物资里，有的资本家居然制造和贩卖变质的罐头食品、伪劣药品、带菌急救包，造成一些战士致病、致残甚至致死。这激起了广大人民的义愤，"打退资产阶级的猖狂进攻"成为全国上下的强烈呼声。

人民政府及时出台政策，对私营工商业者按照"过去从宽，今后从严；多数从宽，少数从严；坦白从宽，抗拒从严；工业从宽，商业从严；普通商业从宽，投机商业从严"的原则，分为守法户、基本守法户、半守法半违法户、严重违法户和完全违法户五类定案处理。全国范围的"五反"运动至1952年10月结束，定为守法户、基本守法户和半守法半违法户的占工商户总数97%以上，约3%为严重违法户或完全违法户；受到刑事处分者有1509人，占总户数的1.5‰。

"五反"运动打击了不法资本家的违法行为，在工商业者中普遍进行了一次守法经营教育，推动了私营企业中工人监督制度的建立和民主改革的实行，为后来用和平方式逐步改造资本主义工商业作了重要准备。

三、独立自主外交和抗美援朝

新中国冲破帝国主义的东方战线，以独立自主的崭新面貌屹立于世界，结束了近代以来百余年的屈辱外交，这为在平等、互利、互相尊重主权和领土完整的基础上同各国建立起新型外交关系创造了前提。在正确分析战后国际形势的基础上，中共中央制定了新中国的外交方针和指导原则。新中国成立初期，面临的主要威胁来自世界上最大的帝国主义国家美国。要维护和巩固中国的独立和安全，就不能不同美国作斗争。"抗美援朝，保家卫国"是当时对美斗争中重大的战略决策。

新中国外交方针的制定和实施

第二次世界大战后，世界逐渐形成以美苏两大强国相互对峙为特征的两极格局，出现了帝国主义与和平民主两大阵营、资本主义与社会主义两种制度相互对抗与竞争的冷战局面。这一方面为新中国同苏联和一批人民民主国家以及周边新兴民族独立国家建立新型外交关系提供了可能，另一方面意味着新中国同以美国为首的西方国家之间存在着深刻的矛盾。在全国解放前夕，毛泽东根据内外形势发展变化，用生动形象的语言提出"另起炉灶""打扫干净屋子再请客""一边倒"，确定了新中国的外交方针和指导原则。

"另起炉灶"，是指新中国不承认南京国民党政府同各国建立的外交关系，对于在中国的原各国使节，只当作普通侨民对待，而不当作外交代表对待，以便在新的基础上同世界各国建立新的外交关系。"打扫干净屋子再请客"，就是清除帝国主义国家在中国的特权、势力和影响，不给它们留下活动余地，然后再考虑建交问题。这对防止帝国主义钻进来捣乱有好处。"一边倒"，就是"倒向社会主义一边"，站在社会主义和世界和平民主阵营一边。毛泽东在《论人民民主专政》中正式提出"一边倒"。他说："我们在国际上是属于以苏联为首的反帝国主义战线一方面的，真正的友谊的援助只能向这一方面去找，而不能向帝国主义战线一方面去找。"

《中国人民政治协商会议共同纲领》将上述方针法律化，规定了具体政策，使新中国同旧中国半殖民地外交一刀两断，为正确处理和发展对外关系确立了基本原则。

废除旧中国签订的不平等条约，肃清帝国主义在中国的残余势力和影响，是新中国外交的重要任务。1949 年 10 月 25 日，中国海关总署成立。1951 年，政务院发布了《中华人民共和国暂行海关法》及新的海关税则，收回了丧失 100 多年的海关自主权。

1950 年 1 月至 9 月，北京、天津、上海的军管会先后宣布收回或征用美国、英国、法国、荷兰在当地的兵营，帝国主义在华的驻军权被全部取消。4 月至 7 月，交通部、政务院财政经济委员会分别颁布文件，规定外国船只未经中国政府批准，不准驶入中国内河，丧失 100 多年的中国领水主权全部收回。

对于外国人在华拥有的企业和房地产，中央人民政府按照国籍、系统、行业等各种具体情况，采取个别处理和区别对待的方针予以解决。抗美援朝战争开始后，美国在 1950 年 12 月宣布管制中华人民共和国在美公私财产，并禁止一切在美国注册的船只开往中国。中国政府针锋相对，管制美国在华财产，冻结美国在华存款。对采取不友好态度的英国，中国政府也征用其在中国大陆的公司财产，帝国主义在中国的经济残余基本上被清除。

对于外国政府、私人和团体在中国设立的宣传机构，在城市接管时即开始清理。新中国不允许外国人继续在中国兴办报纸、杂志和电台，停止与中国无外交关系的外国通讯社和记者的活动。对外国人经办或接受外国津贴的文化、教育、卫生、救济等机构，允许它们在遵守中国政府法令的前提下继续存在。

新中国一经成立，便迎来了第一次建交高潮。苏联是第一个承认新中国的国家。1949 年 10 月 3 日，中苏正式建交。随后，保加利亚、罗马尼亚、匈牙利、朝鲜、捷克斯洛伐克、波兰、蒙古、德意志民主共和国、阿尔巴尼亚、越南 10 个人民民主国家相继承认新中国并同意建交。这一外交成果具有重大意义，它有助于刚刚诞生的新中国步入国际社会，争取有一个相对有利的外部环境。

对于一些愿与新中国建交的周边民族独立国家和欧洲资本主义国家，中国政府采取区别对待的方针加以处理。有些国家虽然表示承认新中国，但仍同国民党集团保持所谓"外交"关系。对此，中国政府坚持先谈判后建交的原则，只有在对方明确承认一个中国即中华人民共和国并同台湾的国民党当局断绝"外交"关系，承诺支持恢复中华人民共和国在联合国的合法席位，将其境内属于中国的公产移交给中华人民共和国后，双方才能进行建交问题的磋商。本着这一原则，中国先后同印度、印度尼西亚、缅甸和巴基斯坦4个亚洲民族独立国家以及瑞典、丹麦、瑞士、芬兰4个欧洲资本主义国家建立了外交关系。至1951年5月，新中国同19个国家建立了外交关系，迈出了打破美国遏制和孤立中国政策的重要一步。

新中国成立之初最重大的外交行动，是毛泽东1949年12月16日至1950年2月17日应邀对苏联进行的国事访问。此行目的有三：一是祝贺斯大林七十寿辰，二是签订新的中苏条约并就世界形势交换意见，三是商谈苏联向中国贷款。其中，最重要的是签订新约。毛泽东与斯大林举行了3次会谈，虽然双方存在矛盾和不同看法，但最终都作出了相应的让步。1950年2月14日，两国签订《中苏友好同盟互助条约》和有关协定。

《中苏友好同盟互助条约》是中华人民共和国成立后与外国政府签订的第一个平等条约，是新中国外交取得的重大胜利。毛泽东评价说："具有伟大历史意义的新的中苏条约，巩固了两国的友好关系，一方面使我们能够放手地和较快地进行国内的建设工作，一方面又正在推动着全世界人民争取和平和民主反对战争和压迫的伟大斗争。"

抗美援朝和军队建设

正当中国人民为争取财政经济状况根本好转而奋斗的时候，新中国又面临着外部侵略的威胁。1950 年 6 月 25 日，朝鲜内战爆发。次日，美国政府从其全球战略和冷战思维出发，作出武装干涉朝鲜的决定。6 月 27 日，美国总统杜鲁门命令美军驻太平洋第七舰队侵入台湾海峡，公然干涉中国内政，阻挠中国统一。随后，美国操纵联合国安理会通过决议，纠集以美国为首的 16 个国家组成"联合国军"，武装干涉朝鲜。

中国政府迅速作出强烈的反应。6 月 28 日，毛泽东发表讲话，严厉谴责美国对朝鲜和中国领土台湾的侵略，号召全国和全世界的人民团结起来，打败美帝国主义的任何挑衅，表明中国的严正立场。7 月 13 日，中央军委决定组建东北边防军，未雨绸缪，使中国在战略上处于主动地位，避免临急应战。

9 月 15 日，以美国为首的"联合国军"从仁川登陆，并很快进抵"三八线"。此前美军飞机还不断侵入中国东北边境领空，轰炸扫射，造成我国财产损失和人员伤亡。10 月 3 日凌晨，周恩来紧急约见印度驻华大使潘尼迦，请他转告美国政府：如果美军越过"三八线"，扩大战争，"我们不能坐视不顾，我们要管"。但美国低估了中国人民的决心和力量，对中国政府的多次警告充耳不闻。"联合国军"于 10 月 7 日越过"三八线"，19 日占领平壤，快速向鸭绿江推进，把战火烧到中朝边境，中国安全面临严重威胁。

值此危急关头，朝鲜党和政府两次请求中国出兵支援。

敢不敢、能不能迎战世界上头号帝国主义美国，对于一个刚从战火中获得新生的人民共和国来说是血与火的考验。中央政治局多次召开会议，全面考量国内外形势及敌我双方的长处及短处，经过慎重考虑，反复权衡利弊得失，中国党和政府以非凡气魄和胆略作出"抗美援朝，保家卫国"的历史性决策。10月8日，在美军越过"三八线"的第二天，毛泽东签署命令，将东北边防军改为中国人民志愿军，任命彭德怀为司令员兼政治委员，待令出动。

　　骄横的"联合国军"根本没有料到中国会出兵，毫无顾忌地以最快速度向中朝边境推进。10月19日，中国人民志愿军雄赳赳、气昂昂跨过鸭绿江，和朝鲜人民共同抗击侵略者，以正义之师行正义之举，开始了中国人民伟大的抗美援

★ 1950年10月19日，中国人民志愿军跨过鸭绿江，和朝鲜人民共同抗击侵略者

朝战争。

10月25日，志愿军利用战略上的突然性，在运动中捕捉战机，出其不意地打击敌人，揭开了抗美援朝战争的帷幕，首战告捷。这一天后来被定为中国人民志愿军抗美援朝纪念日。到11月5日第一次战役结束时，志愿军把敌人从鸭绿江边赶到了清川江以南。

美国当局仍然错误地低估了中国人民反抗侵略的决心和力量，继续部署全面攻占朝鲜北部，并扬言"圣诞节前结束战争"。毛泽东、彭德怀采取诱敌深入、集中优势兵力各个歼灭敌人的方针，于11月下旬发动第二次战役。志愿军在敌机狂轰滥炸、我军后勤供应不上且气候严寒的极端困难条件下，英勇作战，歼灭和重创包括美军"王牌"陆战第一师在内的大批敌军。12月6日，收复平壤。到12月24日战役结束时，帮助朝鲜人民收复了"三八线"以北绝大部分国土，迫使敌军从总进攻变成总退却。志愿军站稳了脚跟，从根本上扭转了朝鲜战局，为抗美援朝战争的胜利奠定了基础。随后，志愿军相继进行了3次大的战役。到1951年6月10日，5次战役共歼敌23万余人，把战线稳定在"三八线"附近。以运动战为主要作战形式的抗美援朝战争第一阶段结束。

美国政府意识到，要打到鸭绿江边迅速结束朝鲜战争已经毫无希望，被迫同意进行谈判。从1951年7月开始，双方举行停战谈判，抗美援朝战争进入谈谈打打、以打促谈，以阵地战为主要作战形式的第二阶段。美国在军事分界线、遣返战俘等问题上设置障碍，破坏谈判，并不断以武力相要挟。美国动用陆军的1/3、空军的1/5和海军的近半数投入朝鲜战场，企图用疯狂轰炸我交通补给线的"绞杀战"、海岸进攻等军事手段迫使我方在谈判中屈服。志愿军坚决贯彻毛泽东提出的"充分准备持久作战和争取和谈，达到结束战争"的总方针以及"零敲牛皮糖"的战术，将阵地防御和运动战相结合，积极进行战术反击作战，粉碎了敌军的一次次进攻。

1952年10月，"联合国军"发动"金化攻势"，向处于战略要冲的上甘岭实施猛烈进攻。在长达43天的上甘岭战役中，敌军共向这块3.7平方公里的土地倾泻了190多万发炮弹和5000多枚重磅炸弹，山头几乎被削低两米。志愿军依托坑道工事顽强阻击，在炮兵火力支援下，以伤亡1.1万余人的代价，打退敌人670多次冲击，共毙伤敌2.5万余人，击落击伤敌机274架，击毁击伤大口径火炮61门，守住了阵地。上甘岭战役的胜利，使志愿军和朝鲜人民军在整个正面战场完全掌握了主动权。中国国内部队轮番入朝作战，年轻的志愿军空军也开始出战，共击落敌机330架，击伤95架。美国在战场上没有得到的东西，在谈判桌上同样没有得到，不得不于1953年7月27日在停战协定上签字。

在志愿军浴血奋战的同时，中共中央统揽全局，实施有力的战争动员和正确的战争指导，采取边打、边稳、边建的方针，开展了波澜壮阔的抗美援朝运动，全国各族人民万众一心，共同支撑起这场事关国家和民族前途命运的伟大抗争。全国掀起参军、参战、支援前线的热潮，各行各业节衣缩食，踊跃捐献飞机大炮。到1952年5月底，全国共捐献5.565亿元（旧币），折合3710架战斗机。工人、农民掀起爱国主义生产劳动竞赛和增产节约运动，提出"工厂就是战场，机器就是枪炮""要人有人，要粮有粮"等口号，有力地支援了志愿军英勇作战，为战争的胜利提供了坚强保障。

在经济实力和军事实力悬殊的情况下，中国人民赢得了这场战争，打破了美军不可战胜的神话，这场战争成了美国历史上第一次没有胜利班师的战争。在异常残酷的战争中，志愿军指战员发扬祖国和人民利益高于一切、为了祖国和民族的尊严而奋不顾身的爱国主义精神，英勇顽强、舍生忘死的革命英雄主义精神，不畏艰难困苦、始终保持高昂士气的革命乐观主义精神，为完成祖国和人民赋予的使命、慷慨奉献自己一切的革命忠诚精神，以及为了人类和平与正义事业而奋斗的国际主义精神，锻造了伟大的抗美援朝精神。志愿军将士面对强大而凶狠的作战对手，身处恶劣而残酷的战场环境，抛头颅、洒热血，以"钢少气多"力克"钢多气少"，谱写了惊天地、泣鬼神的雄壮史诗。志愿军先后涌现出杨根思、黄继光、邱少云等30多万名英雄功臣和近6000个功臣集体，在全国人民的心目中，志愿军将士无愧为"最可爱的人"。

抗美援朝战争的伟大胜利，是中国人民站起来后屹立于世界东方的宣言书，是中华民族走向伟大复兴的重要里程碑，对中国和世界都有着重大而深远的意义，极大增强了中国人民的民族自信心和自豪感。经此一战，新中国真正站稳了脚跟，奠定了在亚洲和国际事务中的重要地位，彰显了新中国大国地位。中国人民用胜利向世界宣告："西方侵略者几百年来只要在东方一个海岸上架起几尊大炮就可霸占一个国家的时代是一去不复返了！"

抗美援朝战争使人民解放军经受了现代战争的洗礼，使党和国家领导人深感加快国家工业化和国防现代化建设的紧迫性。早在解放战争取得胜利的前夕，人民解放军即着手筹划建立空军和海军。1949 年 4 月 23 日，华东军区海军在江苏泰州白马庙乡第三野战军东路渡江作战指挥部驻地宣告成立，这一天后来被中央军委批准为中国人民解放军海军的诞生日。1949 年 11 月 11 日，中国人民解放军空军领导机关在北京成立，这一天后来被中央军委确定为中国人民解放军空军成立日。此后，人民解放军陆续成立了全军统一的炮兵、装甲兵、工兵、通信兵、防化兵、铁道兵各兵种领导机构。到 1953 年，中国人民解放军已经由单一兵种发展成为军兵种比较齐全的合成军队。

全军院校建设逐步走向正规化。1951 年 1 月，中国人民解放军军事学院在南京成立。随后，各军种院校及一批专业院校也相继成立，形成了初、中、高三级指挥院校体系和专业技术院校的梯次配置，人民解放军初步形成了比较完备的院校教育体系。

人民解放军按照军队建设总要求，开始建设正规的国防军，并实行统一制度。

1953 年 5 月 1 日，中央军委正式颁布经过修改的《中国人民解放军内务条令（草案)》《中国人民解放军队列条令（草案)》《中国人民解放军纪律条令（草案)》。这些全军的共同条令（草案）进一步规范了军队的管理和军人的行为，使人民解放军实行了统一的指挥、统一的制度、统一的编制、统一的纪律和统一的训练，为正规化、现代化国防军建设奠定了基础。政治工作是人民解放军的生命线，为了进一步发扬人民解放军的优良传统，1954 年 4 月，《中国人民解放军政治工作条例（草案）》颁布，对军队政治工作的性质、任务、职责、组织形式、工作方法等作了明确规定。

1955年是人民解放军现代化建设的重要年份。1954年11月，《中国人民解放军薪金、津贴暂行办法》公布，次年1月，解放军开始实行薪金制，结束了战争年代以来长期实行的供给制。1955年2月，《中国人民解放军军官服役条例》公布，规定从当年9月开始实行军衔制，军衔等级分为4等14级。授予朱德、彭德怀、林彪、刘伯承、贺龙、陈毅、罗荣桓、徐向前、聂荣臻、叶剑英中华人民共和国元帅军衔，授予粟裕、徐海东等10人大将军衔，对其他将领分别授予上将、中将、少将军衔。7月，《中华人民共和国兵役法》公布，规定由志愿兵役制改为义务兵役制。薪金制、军衔制、义务兵役制三大制度的实行使人民解放军正规化建设向前迈进一大步。

经过数年的努力，中国人民解放军的现代化、正规化建设取得显著成就，军事、政治素质有了明显提高，初步具备了在现代条件下进行诸军兵种合同作战的能力。

从日内瓦会议到万隆会议

朝鲜停战协定签订后，朝鲜问题并没有得到解决。美国不打算从南朝鲜撤出军队，其舰队也继续在台湾海峡游弋，干涉中国内政，并企图从印度支那地区扼制中国。1954年4月，为了和平解决朝鲜问题和恢复印度支那和平，中、苏、美、英、法以及有关国家代表在瑞士日内瓦举行会议。这是新中国首次以五大国之一的身份参加的重大国际会议。中共中央对此非常重视，派出以政务院总理兼外交部部长周恩来为首席代表，张闻天、王稼祥、李克农等为代表的阵容强大的代表团。

1954年4月26日，日内瓦会议开幕。在此后长达两个月的时间里，中国代表团为从朝鲜撤出一切外国军队及和平解决朝鲜问题作出了不懈努力。周恩来在会上全面阐述中国政府的立场，谴责美国的侵略政策和战争政策，同美国国务卿杜勒斯进行了面对面的斗争。由于美国的阻挠，会议关于朝鲜问题的讨论未达成任何协议，但是中国代表团所表现出来的协商精神和寻求和解的态度给各国代表留下深刻印象。

在印度支那问题上，美国想在印度支那开辟战场，达到既威胁中国又扩张势力的目的。法、英两国希望通过谈判保住它们在该地区的权益。就在此时，越南人民军在中国军事顾问团帮助下，取得奠边府大捷。这为和平解决印度支那问题创造了十分有利的条件。中国抓住时机，提出了解决老挝、柬埔寨问题的方案。周恩来展开卓越的外交斡旋，分别同法国和越南磋商、协调，又与苏联领导人交换意见，统一立场，最终使有关各方达成关于恢复印度支那和平的协议，法国从越南、老挝、柬埔寨撤军，并确认三国的民族权利。

日内瓦会议使印度支那战争得以停止，亚洲和世界紧张局势进而缓解，中国南部的安全得到保障。中国和老挝、柬埔寨关系有了良好开端。中英关系有所突破，两国宣布互建代办处，实现"半建交"。中法代表直接磋商，为双方增进了解提供了机会。会议期间，中美就双方公民回国问题进行了接触，成为以后中美大使级会谈的先声。

　　为发展同新兴民族独立国家尤其是邻近的民族独立国家的关系，1953 年 12 月，周恩来在会见印度代表团时第一次提出，两国应根据互相尊重领土主权、互不侵犯、互不干涉内政、平等互惠、和平共处的原则解决两国之间悬而未决的问题。上述原则后来被概括为和平共处五项原则。中国首倡的和平共处五项原则得到印度政府的赞同。1954 年 6 月，在日内瓦会议休会期间，周恩来应邀访问印度和缅甸，分别与两国总理发表联合声明，一致同意以和平共处五项原则作为指导两国关系的基本原则，并指出这些原则不仅适用于各国之间，而且适用于一般国际关系之中。和平共处五项原则的表述几经斟酌，最后确定为：互相尊重主权和领土完整、互不侵犯、互不干涉内政、平等互利、和平共处。这一原则成为中国对外政策的基石，为推动建立公正合理的国际政治经济秩序发挥了积极作用。

　　在亚洲、非洲民族解放运动高涨的形势下，1955 年 4 月，亚非 29 个国家的政府首脑在印度尼西亚的万隆举行亚非会议（"万隆会议"）。这是战后第一次没有西方殖民国家参加的国际会议。中国是亚非地区最大的国家，本着争取扩大世界和平统一战线、促进民族独立运动、为建立和加强中国同若干亚非国家的关系创造条件、力求会议能取得成功的原则，应邀参加会议。

　　亚非会议面临着复杂的形势。美国极力阻挠、破坏会议的召开，挑拨亚非国家与中国的关系。与会国家的社会制度、意识形态、宗教信仰又各不相同，对一些重大问题的看法不一致，暴露出矛盾和分歧。个别国家对共产主义进行攻击，甚至怀疑中国对邻国搞"颠覆"活动。面对会议可能走

★ 1955 年 4 月，周恩来率中国代表团出席亚非会议。图为周恩来在亚非
会议上发言

上岔道的危险，周恩来果断决定将准备了数月的发言改用书
面散发，临时拟就一个补充发言，开宗明义地提出了"求同
存异"的方针，他指出，亚非各国有着共同的历史遭遇，"从
解除殖民主义痛苦和灾难中找共同基础，我们就很容易互相
了解和尊重、互相同情和支持，而不是互相疑虑和恐惧、互
相排斥和对立"。周恩来的发言受到与会各国代表的广泛赞
扬，大会的紧张气氛逐渐缓和下来。随后，中国代表团积极
开展会下交往，与各国代表团进行广泛的会晤和接触，推动
《亚非会议最后公报》吸收中国代表团的建议，形成和平共

处、友好合作的十项原则，使和平共处五项原则得到体现和
引申。会议取得圆满成功。

亚非会议后，中国独立自主的和平外交取得新的进展。
1954 年 10 月至 1956 年 9 月，中国与挪威、南斯拉夫、阿
富汗、尼泊尔、埃及、叙利亚、也门等国先后建立了大使级
外交关系，同芬兰、瑞士、丹麦由公使级升格为大使级外交
关系，同英国、荷兰建立了代办级外交关系。

四、恢复国民经济和开展各项建设

新中国成立初期财政经济的中心工作是：没收官僚资本
为社会主义性质的国营经济；打击和取缔金融投机，遏制恶
性通货膨胀，稳定物价；实行全国财政经济工作的统一领导
和统一管理，建立稳定的社会经济秩序。在恢复国民经济的
同时，积极开展科教文卫体事业建设。

没收官僚资本，建立国营经济

官僚资本是指在半殖民地半封建的旧中国地主买办资产
阶级凭借政权的力量发展起来的国家垄断资本。在国民党
反动统治的 22 年里，特别是抗战胜利以后，官僚资本迅速
膨胀，控制了全国银行总数的 70% 和产业资本的 80%，以
及全部的铁路、公路、航空运输和 44% 的轮船吨位。因此，
没收官僚资本为人民的国家所有，是完成新民主主义革命任
务的必然要求，也是国家掌握经济命脉、恢复国民经济和发

展国营经济的重要前提。

没收官僚资本的主要方式，是依据 1948 年 11 月解放沈阳时创造的"各按系统，自上而下，原封不动，先接后分"经验，对一时来不及接管或尚无能力接管的企业，暂时委托原管理人负责管理，照常经营。如原管理人已离开，企业处于停业状态，则由人民政府委任经理或厂长，同工人一起进行管理。这样，既做到了快（一般在两三个月内即完成），又防止了乱，基本上没有发生生产停顿或破坏设备的现象。到 1949 年底，合计接管官僚资本的金融企业 2400 余家、工矿企业 2858 家。截至 1952 年，全国国营企业固定资产原值为 240.6 亿元，其中大部分为没收官僚资本企业的资产。这些资产收归人民的国家所有，构成新中国成立初期国营经济物质技术基础的最主要部分。

由于接管官僚资本企业时执行"原封不动"的政策，接收后还没有来得及对其进行改造，因此，有必要在国营企业中进行民主改革。首先，清理残余的反动党团组织及反革命分子，彻底废除搜身制、封建把头制等旧制度，建立党、团、工会组织，发动群众，依法严惩大把头、大恶霸。其次，普遍进行管理制度的改革，把一批在群众中有威信的工人和职员提拔到行政和生产管理领导岗位，建立工厂管理委员会和职工代表会议制度，推行企业管理民主化，改革不合理的规章制度，建立生产责任制、质量检验制等生产管理制度和经济核算制。1950 年 6 月颁布的《中华人民共和国工会法》，对于企业管理制度、劳动条件、工资福利、劳动仲裁等有关问题，赋予法律解释和依据，社会主义新型生产关系开始建立起来。

人民政府还通过实行对外贸易的管制和对外汇的管理，维护了国家的独立、主权和经济等方面的利益。

统一全国财政经济

新中国成立前后面临严重的财政困难，其原因是多方面的。一是解放战争还在进行，支援战争开支浩大。二是人民政府对旧政府留下来的几百万军政公教人员，一律采取"包下来"的政策，负担很重。三是经济尚未恢复，财政收入有限。由于当时各解放区基本上实行自收自支，中央政府只能暂时依靠增发人民币来弥补财政赤字。

在人民政权面临困难之时，投机资本家趁机在城市中兴风作浪，加剧了物价飞速上涨和经济秩序混乱。为了打击投机，控制市场，稳定物价，党和政府依靠国营经济力量，采取有力的经济措施和必要的行政、法律等手段，组织了同投机资本斗争的"两大战役"。

先是组织了"银元之战"。1948年底人民币发行后，投机分子用银元与人民币对抗，而城市资产阶级一部分人也或明或暗地抵制人民币的流通，甚至有人叫嚣：解放军进得了上海，人民币进不了上海。针对当时猖獗的银元投机，人民政府坚决整顿金融秩序，明令禁止黄金、银元、外币在市场上自由流通，一律由人民银行挂牌收兑，规定人民币为唯一合法货币。投机商对政府的禁令置若罔闻，继续扰乱金融市场。1949年6月10日，华东区金银管理暂行办法公布，商店也与人民政府合作，拒收银元。同日，上海市军管会突击检查并查封了金融投机大本营——上海证券交易所的证券大楼，将投机商 200 多人逮捕法办，上海市的银元黑市在短时间内消失。武汉、广州也采取相应行动，严厉取缔违法经营高利贷的地下钱庄，沉重打击破坏金融的非法活动。以上海为中心的"银元之战"取得胜利，人民币迅速进入市场流通。

在"银元之战"中遭到挫败的投机资本家，很快将投机活动从金融领域转向商品流通领域，开始囤积粮食、煤炭、棉纱等，哄抬物价。国民党特务分子甚至公然叫嚣：只要控制了两"白"（米、棉）一"黑"（煤），就能置上海于死地。人民政府针锋相对，随即进行"米棉之战"。

中央财政经济委员会（"中财委"）在全国范围内组织了粮食、棉花、棉布、煤炭等商品的大规模调运。1949 年 11 月 25 日物价上涨最猛的那天，全国各大城市按照中央统一部署，一致行动，双管齐下，一面敞开抛售，使暴涨的物价迅速下跌；一面收紧银根，征收税款。这样一来，投机商资金周转失灵，囤积的物资贬值，两头失踏，纷纷破产。至 12 月上旬，物价风潮告一段落。人民政府经过这次斗争，完全掌握了市场主动权。"米棉之战"的胜利，用事实教育了资产阶级，使他们不得不承认人民政府管理经济的能力。此后，物价虽然仍有起伏，但是没有再出现大的波动。

上述措施是治标的办法，治本的办法是解决国家财政收支平衡和市场物资供求平衡问题。为此，就要改变各解放区财经分散管理的现状，实行全国财政经济工作的统一领导和统一管理。

1950 年 3 月 3 日，政务院发布《关于统一国家财政经济工作的决定》。主要内容为：第一，统一全国财政收支管理。重点是统一收入，保证中央财政的需要。第二，统一全国物资管理。在对国有资产清仓查库的基础上，由中财委统一调拨所有库存资产，以提高物资利用效率，减少财政支出与向国外的订货。第三，统一全国现金管理，成立国家金库。所有属于国家而又分散在各企业、机关、部队、合作社的现金，由国家银行统一管理、集中调度。

国家实行财政经济统一管理，在很短时间内就取得了显著成效。从 1950 年 4 月开始，国家的财经状况出现好转，收支接近平衡。到当年底，国家财政赤字由原概算的 18.7% 减少为 4.4%。与此同时，中央人民政府还采取发行公债的方式来减少财政赤字。1950 年 1 月，国家正式发行人民胜利折实公债。

1950 年 2 月 14 日，中苏签订了苏联贷款给中国 3 亿美元的协定，中国开始利用外债。

稳定物价和统一财经，是新中国成立后党和人民政府在财经战线上取得的第一个重大胜利。它结束了国民党统治时期物价高涨和财政收支不平衡的历史，为安定人民生活、恢复和发展工农业生产创造了条件。毛泽东对此高度评价，认为其意义"不下于淮海战役"。通过统一全国财经，新中国开始逐步形成以集中统一为基础的财经管理体制。

全面恢复国民经济

在抗美援朝和大规模社会改革的背景下，中共中央提出"三年准备、十年计划经济建设"的部署和"边打、边稳、边建"的方针，指导国民经济恢复工作。经过全国人民 3 年多的努力，国民经济得到全面恢复，并有所发展。

恢复国民经济的工作千头万绪，农业的恢复是一切部门恢复的基础。新解放区土地改革完成以后，人民政府立即把恢复生产作为农村工作的中心任务来抓，鼓励农民扩大耕地面积，选用良种，增施肥料。为了解决缺乏牲畜、农具和资金的个体经营的困难，党和政府提倡农民"组织起来"，按照自愿和互利的原则，开展劳动互助。国家从财政上尽可能多地安排农用资金，优先安排农用物资的生产和供应。同时，国家还相应调整农产品的收购价格，降低农业税，推广农业生产技术和良种等，扶持农业生产。在土地改革中，亿万农民焕发出前所未有的生产积极性，为农业的恢复和发展注入了新的活力。

水利是农业的命脉。1950年夏，安徽、河南连降大雨，淮北地区灾情严重，百年不遇。毛泽东连续批转3份关于淮北灾情的报告，并提出"一定要把淮河修好"。首期治淮工程赶在1951年洪水到来之前完成，初步发挥了抗洪和灌溉功能，淮河流域农业获得空前丰收。以往水灾频繁的沂河、沭河地区得到治理，也获得多年未有的丰收。水利建设成绩突出，1952年水利建设投资相当于国民党统治时期水利经费最多年份的52倍。全国水利建设工程完成的土方，相当于挖掘10条巴拿马运河或23条苏伊士运河。

在工业方面，国家制定和实施了以恢复和发展国计民生急需的矿山、钢铁、动力、机器制造和主要化学工业为重点的一系列措施。主要有：增加对重工业和化学工业的投资，约占国家投资总额的34.5%。执行以恢复东北工业生产为主、兼顾内地的工业布局的政策。国家还抽出一部分资金，

★ 参加治淮工程劳动的民工在安徽润河集蓄洪分水闸工地施工

有计划地新建一批急需的工业企业，如阜新海州露天煤矿、本溪煤铁公司、山西重型机械厂等。同时，恢复和增加轻工业生产，以满足人民日常消费的需要。

交通运输是经济活动的命脉，铁路尤为重要。1949年全国能够勉强维持通车的铁路仅1.1万公里，而且无一条能够全线通车。广大铁路职工和铁道兵指战员在"解放军打到哪里，铁路就修到哪里"的口号下，修复了主要铁路线路。到 1949 年底，全国通车的铁路已近 2.2 万公里。到 1952 年底，铁路的营业里程增加到 22876 公里。在财政经济非常困难的条件下，国家在 1950 年毅然作出建设新铁路线的决策，先后动工兴建成渝线（成都至重庆）、天兰线（天水至兰州）和湘桂线的来镇段（来宾至镇南关）。新铁路的兴建，对活跃西南、西北物资交流，改善全国铁路布局，起到了重大作用。1950 年，政务院决定动工兴建通向世界屋脊的康藏公路（今川藏公路）和青藏公路，其中康藏公路康定至昌都段于 1952 年 11 月提前通车。全国公路的通车里程，在 1949 年仅为 5.4 万公里，到 1952 年超过 13 万公里。交通运输的恢复和发展为国民经济全面恢复创造了有利条件。

由于政策正确和措施得力，国民经济恢复任务顺利完成。1952 年全国国内生产总值为 679 亿元，其中工业总产值为 349 亿元，比 1949 年增长近 1.5 倍，年均增长速度达

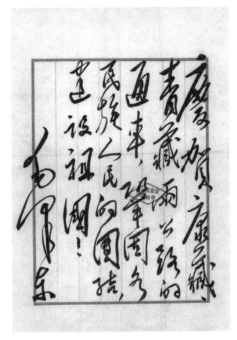

★ 1954 年 12 月，毛泽东为康藏、青藏公路通车题词

43

49.8％，超过旧中国的最高水平。农业总产值从1949年的326亿元增长到1952年的484亿元，3年间增长了48.5％，年均递增14.1％。钢、生铁、原煤、原油、水泥、电力等主要工业产品都超过历史最高年产量。棉纱、棉布、原盐、糖等轻工业产品的产量也超过历史最高水平。农民生活有了较为明显的改善。1952年，平均每个农村居民消费粮食192公斤，食用植物油1.7公斤，猪肉5.5公斤，棉布4.6米。职工的工资有了较大幅度的提高。1952年实行第一次工资改革，国营企业职工工资比1951年增加10％至36％。

科教文卫体事业的进步与发展

在国民经济恢复的同时，科技、教育、文化、卫生、体育各项事业都经历了革故鼎新的进步与发展。

确立马克思主义的指导地位，用马克思主义、毛泽东思想教育和武装人民，成为新中国思想文化领域的首要任务。1951—1953年，中共中央出版了《毛泽东选集》第一至第三卷，广大干部群众自觉地掀起学习毛泽东著作的热潮，对提高中国人民的思想水平和政治觉悟产生深远影响。党和政府还有计划地组织翻译和出版了一批马克思主义经典著作，在全国范围内开展马克思主义唯物史观和辩证唯物主义宣传普及工作。对于旧社会过来的知识分子，党和国家组织他们参加各种形式的政治学习，在学习中用无产阶级思想清除地主阶级、买办阶级思想，批判资产阶级思想，推动了知识分子的自我教育和自我改造。

实现国家工业化，离不开科学技术的革命性作用。新中国制定了努力发展自然科学，以服务于工业、农业和国防建设的科技发展新方针。1949 年 11 月，中国科学院成立，作为国家自然科学的最高学术机构。1955 年 6 月，中国科学院成立了学部，是国家在科学技术方面的最高咨询机构。中国科学院在培养科学建设人才，使科学研究服务于国家的各项事业建设中发挥了积极作用。1956 年，国家制定了《一九五六——一九六七年科学技术发展远景规划纲要》，拉开了向科学进军的序幕。蒸蒸日上的建设热潮，为知识分子提供了施展才华的广阔天地。一大批在海外学习、工作的科学家为了报效祖国，放弃优裕的工作环境和生活条件，冲破重重阻挠，毅然回国。他们中间有许多著名的科学家，如李四光、华罗庚、钱学森、吴阶平、汪德昭、邓稼先、郭永怀、吴仲华等。

党和政府有准备、有计划、有步骤地改革旧的教育制度、教育内容和教学方法，贯彻教育必须为生产建设服务、为工农服务、学校向工农开门的方针，逐步建立起新型文化教育制度。国家大力发展小学和中学，并从 1951 年下半年开始有计划地全面调整高等学校院系，以解决旧中国高等院校数量少、分布不合理、院系设置脱离实际、课程设置庞杂的问题。经过调整，原有的高等学校分别成为综合性大学、专门学院与专科学校。一些院校新增了原子能、半导体、电子学、自动化等新技术专业，为培养掌握新兴科学技术人才奠定了基础。1952 年，新中国开始大规模的扫盲运动，普通劳动者的识字率大幅度提高。

1949 年 7 月，第一次文代会把文艺为人民服务并首先是为工农兵服务的方针，作为发展新中国文艺的基本方针。

1951年4月，毛泽东题词"百花齐放，推陈出新"，为繁荣戏曲事业指明了方向。中华文学艺术界联合会以及美术、舞蹈、曲艺、文学等专业性协会相继建立，将文艺工作者组织起来。新的方针带来新的气象，文艺事业取得了显著成绩。第一部电影故事片《桥》，使工人阶级第一次以主人公姿态出现在银幕上，揭开了中国电影史崭新的一页。《钢铁战士》《白毛女》《董存瑞》《渡江侦察记》《上甘岭》等影片，《暴风骤雨》《保卫延安》《不能走那条路》《谁是最可爱的人》等文学作品，《歌唱祖国》《草原上升起不落的太阳》等歌曲，《采茶扑蝶》《荷花》等舞蹈，深受人民群众欢迎，丰富了人民的文化生活。

人民政府积极致力于发展医疗卫生事业，使人民群众享受到基本的医疗健康保障。1952年，党和政府确定"面向工农兵，预防为主，团结中西医、卫生工作与群众运动相结合"的方针，集中力量防治严重的流行性疾病和威胁母婴生命健康的疾病，整顿卫生工作队伍，建立农村、厂矿和城市基层卫生组织。到1952年底，威胁人民生命与健康的最主要的烈性传染病（鼠疫、霍乱、天花）、肺结核、黑热病、寄生虫、地方病和性病，基本上得到有效控制。长期威胁母婴生命的产褥热和新生儿破伤风，也因为大力推广新法接生而得到根本遏制。人民健康水平得到提升，全国人口预期寿命由1949年前的35岁提高到1957年的57岁。

体育是国家建设事业的组成部分，1952年毛泽东题词"发展体育运动，增强人民体质"，明确了新中国体育的性质和任务。1954年，政务院规定每天上午和下午的工作时间各抽出 10 分钟做工间操。有关部门编制推行了两套少年儿童广播体操。国家还参照苏联的经验制定了《准备劳动与卫国体育制度》，规定了不同年龄段的锻炼标准，推动了群众性体育锻炼。国家建立了全国运动竞赛制度，举办各种竞赛活动，其中规模最大的是 1955 年举行的全国第一届工人体育运动大会。这一时期体育界突出的代表是吴传玉和陈镜开。吴传玉 1953 年在罗马尼亚布加勒斯特举行的游泳比赛中夺得男子 100 米仰泳冠军，这是中国在国际体育比赛中夺得的第一枚金质奖章。陈镜开在上海以 133 公斤的成绩打破 56 公斤级挺举世界纪录，这是中国运动员创造的第一个世界纪录。

五、大规模工业建设和完成社会主义改造

国民经济恢复任务完成以后，中国从 1953 年开始实施发展国民经济的第一个五年计划，掀起大规模经济建设高潮。这一年，中国共产党提出过渡时期总路线，并把这条总路线作为党和国家一切工作的指针。到 1956 年底，对生产资料私有制的社会主义改造基本完成。

过渡时期总路线的提出

1953 年，中国共产党正式提出了过渡时期总路线："从中华人民共和国成立，到社会主义改造基本完成，这是一个过渡时期。党在这个过渡时期的总路线和总任务，是要在一

个相当长的时期内，逐步实现国家的社会主义工业化，并逐步实现国家对农业、对手工业和对资本主义工商业的社会主义改造。"1954年2月，中共七届四中全会正式批准这条总路线。9月，第一届全国人民代表大会第一次会议通过的《中华人民共和国宪法》，将过渡时期总路线写入"序言"，使之成为整个国家的统一意志。

过渡时期总路线，概括地说，就是"一体两翼""一化三改"。实现社会主义工业化（"一化"）是总路线的主体，实现农业、手工业以及资本主义工商业的社会主义改造（"三改"）是总路线的两翼。发展社会主义工业和实行社会主义改造并举，是彼此联系、相互促进的。一方面，社会主义工业是对整个国民经济实行社会主义改造的物质基础，只有充分强大的社会主义工业才能吸引、改组和代替资本主义工业，才能支持社会主义的商业，改造和代替资本主义商业，才能用新的技术来改造个体农业和手工业，才能创造保证社会主义完全胜利的经济、文化和政治前提；另一方面，如果不对资本主义工商业和个体农业、手工业实行社会主义改造而任其自流，不但不能很好地支持社会主义工业的发展，而且会与社会主义工业化发生种种矛盾，社会主义工业化的最终目的和党在过渡时期总路线的根本目的就无法达到。

实现党在过渡时期总路线，就是要充分发展社会主义工业，并且把现有的非社会主义工业变为社会主义工业，使中国由落后农业国变为先进工业国，使社会主义工业成为在整个国民经济中起决定作用的领导力量；同时要扩大社会主义全民所有制和农业合作社的集体所有制，把农民和手工业者以自己劳动为基础的私人所有制改造为合作社社员的集体所有制，把以剥削工人阶级的剩余劳动为基础的资本主义私人所有制改造为全民所有制。

过渡时期总路线提出以后，中共中央宣传部编写了学习和宣传提纲。毛泽东审阅修改提纲时强调："这条总路线是照耀我们各项工作的灯塔，各项工作离开它，就要犯右倾或'左'倾的错误。"经过广泛深入的学习、宣传和教育，过渡时期总路线获得全党和全国人民的一致拥护，成为团结和动员全国人民为建设伟大社会主义国家而共同奋斗的行动纲领。

编制第一个五年计划

在一穷二白条件下开展大规模的经济建设，实现工业化，必须把有限的人力、物力、财力集中起来，建设一批国民经济急需的重大项目，这就需要有一个周密翔实的计划。编制与实施"一五"计划是对中国实现工业化具有重大意义的关键一步。

中国的工业化是在经济非常落后的情况下起步的，既缺乏资金，又没有先进的技术装备和足够的建设人才，对如何编制和执行这样的中长期计划完全缺乏经验。当时以美国为首的西方国家对新中国采取敌视态度并实行全面封锁，能够得到的外援仅来自苏联和其他社会主义国家，"一五"计划的编制是在苏联直接帮助下完成的。

"一五"计划由周恩来、陈云、李富春主持制订，毛泽东自始至终指导着这一工作。1951年开始编制时要探讨的重要问题之一，是把一个经济落后的农业大国逐步建设成为工

业国应当采取怎样的方针，通过怎样的途径。纵观世界各国
实现工业化的历史，一种是西方资本主义国家走过的路，从
发展轻工业开始，一般都用 50 年到 100 年时间实现工业化；
一种是社会主义国家苏联走过的路，从重工业建设开始，只
用十几年就实现了工业化。考虑到我国几乎没有重工业，交
通运输业极不发达，轻工业因能源、原材料的制约一时开工
不足，而且得不到新装备的补充和技术改造等国情，中国共
产党作出了优先发展重工业的战略决策。

优先发展重工业，绝不意味着忽视其他方面的发展。
1952 年 12 月，中共中央在《关于编制一九五三年计划及五
年建设计划纲要的指示》中清楚地说明，"集中力量保证重
工业的建设"，但"决不能理解为可以忽视轻工业的发展、
农业和地方工业的发展、贸易合作事业和运输事业的发展及
文化教育卫生事业的发展，以至放松对这些事业的领导。如
果那样，显然也是错误的"。对国民经济各个部门统筹兼顾，
体现了综合平衡和按比例发展的指导思想。

在编制"一五"计划的过程中，党和政府还注意处理好
经济建设中的几个重大问题。在投资规模上，坚持"自力更
生为主，争取外援为辅"的方针。"一五"计划期间，国外
借款只占财政总收入的 2.7%，其余大量资金都是国内积累
起来的。在发展速度上，将工业增长速度由年均 20.4% 改为
14.7%—15%。在经济效益上，注意充分发挥原有企业的增
产能力。这样的建设规模、发展速度与国力相适应，既积极
又稳妥。在产业布局上，基本建设投资及投资金额在限额以
上的工业建设单位，有一半左右安排在内地，改变了历史上
我国工业大多数集中在沿海地区的不合理状况。在积累和消

费的比例关系上，把发展生产和改善人民生活恰当地结合起来，安排得比较合理。

"一五"计划边执行实施，边修改补充，共安排大中型建设项目（限额以上）694个，实际施工的达921个，其中包括苏联援助的156项（1950年签订援建50项，1953年签订新建与改建91项，1954年新增加设计和援建15项），德意志民主共和国、捷克斯洛伐克、波兰、匈牙利、罗马尼亚、保加利亚6国援建的68项。

1954年3月，"一五"计划的编制进入最后阶段。毛泽东、刘少奇、周恩来等用4周时间集中审议"一五"计划草案。1955年3月，中国共产党全国代表会议通过"一五"计划草案的决议。7月30日，一届全国人大二次会议正式通过第一个五年计划。

开展大规模的工业建设

1953年《人民日报》发表元旦社论，宣告中国开始执行第一个五年计划，号召全国人民同心同德，为实现国家工业化而积极奋斗。由此，全国人民以极高的政治觉悟和生产热情投身"一五"计划建设。

冶金工业是整个工业的基础，发展冶金工业的重点是对鞍山钢铁公司（"鞍钢"）进行大规模的改扩建。1953年底，鞍钢的大型轧钢厂、无缝钢管厂、七号高炉首批竣工并投产。新的钢铁生产基地也在加快部署，武汉、包头大型综合性钢铁基地和齐齐哈尔特殊钢厂先后立项建设；马鞍山、重庆、太原等钢铁企业进行了调整和扩建，初步形成了新中国钢铁工业比较合理的布局。

在重型矿山设备、电站设备、交通运输设备、内燃机、机床工业、通用机械领域，除了改建原有的重点企业外，还新建了一批大型骨干企业。

有色金属工业根据"多出铜、早出铝"的方针，形成了一个从原料采掘到加工的完整铜铝加工工业。煤炭工业是能源建设的重点，在恢复、改建和扩建原有矿区的同时，先后开工建设了12个新矿区。电力工业投资大中型项目共162项，同期新增发电设备容量247万千瓦，超过计划的20%，基本满足了"一五"计划期间生产和建设的用电需要。石油工业、化学工业、兵器工业也都获得长足发展。

这一时期国家还集中力量重点建设了航空和电子两个基础最薄弱的新兴工业部门。初教-5和歼-5分别于1954年、1956年试制成功，中国成为当时少数几个能够制造喷气式

★ 1954年7月26日，洪都机械厂（今南昌飞机制造公司）研制的中国第一架飞机雅克-18型（初教-5）飞上蓝天

飞机的国家之一。电子工业建设使中国具备了制造电子管、磁控管、电阻电容等无线电元器件以及多种雷达、指挥仪、坦克电台、飞机电台、无线电广播发射机等的能力。

"一五"计划后期，中国开始创建核工业和航天工业两个新兴尖端行业。1955年1月，中央决定发展核工业，随后便着手建设研究性重水反应堆和回旋加速器，苏联政府对此给予了技术援助。1956年4月，国家成立航空工业委员会，负责领导中国导弹和航空事业的发展建设。

为保证对大规模经济建设的组织领导，中共中央从各方面抽调优秀干部充实工业战线。广大工人也以主人翁的姿态开展热火朝天的劳动竞赛运动，涌现出一大批劳动模范和先进单位。鞍钢技术革新能手王崇伦发明和改进了"万能工具胎"，一年完成三年的劳动定额。大同煤矿工人马六孩和工友们创造出一套多孔道循环掘进工作法，大大提高了劳动生产率。青岛青年女工郝建秀的细纱工作法在纺织系统全面推广，各地棉纺厂不断刷新生产纪录。"每一秒钟都为创造社会主义社会而劳动"，这种充满时代精神的口号，反映了"一五"计划的宏伟目标正在化为千百万职工的实际行动，鼓舞着中国工人阶级为实现社会主义工业化而忘我奉献。

对农业、手工业和资本主义工商业的社会主义改造

农业社会主义改造是通过农业合作化运动完成的。农业合作化的步骤，就是从简单的共同劳动、具有社会主义萌芽性质的临时互助组，到在共同劳动基础上实行某些分

工分业而有少量公共财产、具有更多社会主义因素的常年互助组，再到实行土地入股和统一经营而有较多公共财产、具有半社会主义性质的初级农业生产合作社，最后到具有完全社会主义性质的农民集体所有制的高级农业生产合作社。这条发展道路，就是逐步实现对农业进行社会主义改造的道路。

在农业合作化运动过程中，中国共产党和人民政府按照农民自愿的原则，采用说服、示范和国家扶持的方法使农民自愿联合起来。在过渡时期总路线公布以前，主要是发展农业生产互助组。

1953年冬季以后，进入以发展初级社为主的阶段。在农业合作化运动前期，由于条件成熟、步骤稳妥，较好地贯彻了自愿互利的原则，农业合作化运动基本上是稳步而健康发展的，80%以上的合作社增产增收，互助合作的优越性逐步显现出来。运动中，涌现出以李顺达为代表的一批劳动模范，他们把互助合作运动与爱国增产结合起来，提高了粮食单位面积产量。到1956年底，农业合作化基本完成。

农业合作化把汪洋大海般的农业个体经济改造为集体经济，使农业生产关系发生了根本性变化。这在中国几千年农耕文明发展史上是一次伟大而深刻的变革。合作化期间，农业生产力不断发展，农业生产总值平均每年递增4.8%，为"一五"计划期间开展大规模工业建设提供了粮食和资金等方面的有力保障。由于在全国实现农业合作化的速度过快，改造过程中出现了偏差，主要表现为要求过急、工作过粗、改变过快，形式也过于简单划一，以致遗留了一些问题。

对个体手工业的社会主义改造是过渡时期总路线和总任

务不可缺少的组成部分。我国工业基础薄弱，手工业在国民经济和社会生活中占有重要地位。1952年，中国手工业从业人员为736.4万人，加上兼营手工业的农民，约为1930万人，产值占工业总产值的20.6%。手工业就其与农业分离的程度和与现代工业的关系而言，大致可分为四种类型：一是从属于家庭农业的家庭手工业，二是作为农民家庭兼业的手工业，三是独立经营的个体手工业，四是雇工经营的工场手工业。其中，第三类手工业在数量上最多。根据过渡时期总路线，对手工业的社会主义改造主要是指第三类，第一、二类纳入农业社会主义改造的范畴，第四类纳入资本主义工商业改造的范畴。

国家对个体手工业的社会主义改造，一般都经过手工业生产小组、手工业供销合作社和手工业生产合作社三个过渡阶段。在方式方法上因地制宜，采取手工业者容易接受的形式，由低级到高级、由小到大、由简单到复杂，循序渐进。坚持贯彻自愿互利原则，力求把手工业生产合作社办得对生产者、国家和消费者三方都有利。到1956年6月底，组织起来的手工业者已占从业人员的90%以上，全国基本实现了手工业合作化。

在贯彻党在过渡时期总路线的过程中，由于农产品供不应求，影响了物价稳定和工业发展，1953年10月，中共中央反复权衡利弊，最后作出关于粮食计划收购和计划供应（"统购统销"）的决定。接着实行油料和棉花的统购统销。这一重大决策的实施，不仅保证了物价稳定和城市供应，而且推动了农业互助合作和对私营工商业的社会主义改造。

党和国家对资本主义工商业的社会主义改造，采取了不同于农业和手工业社会主义改造的形式和方法，即通过国家资本主义途径得以实现，大体经历了两个阶段。第一阶段为 1953 年至 1955 年夏，以实行初级形式的国家资本主义为主。在工业中采用委托加工、订货、统购包销；在商业中实行委托经销、代销等。特点是国家通过各种合同控制了原料供应和产品的生产计划、销售及价格，资本主义企业的性质不变，企业利润实行"四马分肥"，即所得税占30%，工人福利占 15%，企业公积金占 30%，资方股息红利占 25%，资本家对工人的剥削有所减轻。1955 年下半年到 1956 年为第二阶段，实行高级形式的国家资本主义，分为个别企业的公私合营和全行业的公私合营两种形式。个别企业的公私合营是半社会主义性质的，社会主义经济与资本主义经济在企业内部联系与合作，利润仍按"四马分肥"的原则分配，但资本家只能按私股所占比例取得红利的一部分，另一部分红利转为国家所有。全行业公私合营企业的生产关系则发生了根本变化，资本家的生产资料已归国家所有，他们只是按照核定的资本拿定息，企业基本上是社会主义性质的了。

全国性的全行业公私合营高潮从北京开始。1956 年 1 月 15 日，北京市各界 20 多万人在天安门广场举行庆祝社会主义改造胜利联欢大会，党和国家领导人接见了工商界代表。在北京的带动下，到 1 月底，全国各大城市及 50 多个中等城市相继实现了全行业公私合营。上海申新纺织公司总管理处总经理荣毅仁、北京同仁堂经理乐松生响应政府号召，主动带头实行合营，受到毛泽东等领导人的称赞，成为全国工商业各界的典型人物。到当年年底，全国 99% 的私营工业企业、85%的私营商业实现了全行业的公私合营，基本上完成了对资本主义工商业的社会主义改造。根据公平合理、实事求是原则核实的全国公私合营企业私股共 24 亿元（包括工业 17 亿元，商业、饮食业和服务业 6 亿元，交通运输业 1 亿元），国家按照资本家的股额每年发给 5% 的定息，无论企业大小、盈亏都固定不变。从 1956 年 1 月 1 日起，国家每年发给 114 万股东的定息达 1.2 亿元。原定 1962 年发完，后延长到 1966 年。党和政府对企业原有在职人员采取了"包下来"的方针，按"量才使用、适当照顾"的原则，

★ 1956 年 1 月 15 日，北京市各界 20 多万人在天安门广场举行庆祝社会主义改造胜利联欢大会

为资本家及资方代理人安排了工作。

对资本主义工商业的社会主义改造，成功实现了马克思、列宁曾经设想的对资产阶级的和平赎买。它标志着中国大陆地区基本上铲除了剥削制度，建立起社会主义经济制度；同时也解放和发展了生产力，促进了社会经济的发展。这样一场大规模的社会变革没有造成生产破坏和社会动荡，价值20多亿元的生产资料几乎没有损失。整个社会风气也随之发生了变化，劳动光荣、剥削可耻、社会主义是康庄大道等观念深入人心。对企业的改造同对资方人员的改造结合起来，使资本家在实践中受到教育和改造，逐步成为自食其力的劳动者和拥护社会主义的爱国者，这是中国社会主义革命的一个成功创举。改造过程中也存在着一些偏差和缺点，主要是公私合营的面过宽，改组过多；后期工作过粗，形式简单；合营后，产品单调，商业网点过少；对原工商业者的使用和处理也有不当之处。

生产资料私有制的社会主义改造完成以后，农业、手工业的个体所有制转变为社会主义集体所有制，资本主义所有制转变为社会主义全民所有制，形成了公有制和计划经济体制，保证了社会主义工业化战略的实施。这充分说明，党对社会主义改造的领导是成功的。

六、社会主义政治制度的确立

随着工业化和社会主义改造的全面展开，国家在政治、法律等上层建筑领域的建设也在加紧推进。1954年9月，第一届全国人民代表大会第一次会议在北京举行，通过了《中华人民共和国宪法》，人民代表大会制度正式实行。12月，中国人民政治协商会议第二届全国委员会第一次全体会议通过新的《中国人民政治协商会议章程》，为中国共产党领导的多党合作和政治协商制度的发展奠定了基础。宪法中有关民族自治地方的规定使民族区域自治制度迈出法律化、制度化的一步。

人民代表大会制度的建立

1952年秋，全国政协第一届全体会议已届期满。1953年1月，中央人民政府委员会通过决议，决定于1953年召开由人民普选产生的乡、县、省（市）各级人民代表大会，并在此基础上召开全国人民代表大会。接着，成立以毛泽东为主席的中华人民共和国宪法起草委员会，起草宪法；成立以周恩来为主席的中华人民共和国选举法起草委员会，起草选举法。

1953年3月1日，中央人民政府颁布施行《中华人民共和国全国人民代表大会及地方各级人民代表大会选举法》（《选举法》）。《选举法》贯彻选举的普遍性、平等性以及直接选举和间接选举相结合的原则。为了普选，首先进行了新中国历史上第一次人口普查。在政务院规定的全国人口调查登记标准时间（1953年6月30日24时）内，全国人口总数约为6.02亿人。

选民登记总数为3.24亿人，占选举地区18周岁以上人口总数的97.18%。人民群众表现出当家作主的热情和民主意识，以主人翁的姿态参加了中国历史上第一次全国性普选。

全国基层普选完成以后，150 个省辖市，2064 个县、自治县（旗）及县一级单位和 170 个中央和省辖市的区召开了人民代表大会（西藏地区召开人民代表会议），总计选举全国人民代表大会代表 1226 人。其中妇女代表 147 人，占代表总数的 11.99％；少数民族代表 177 人，占代表总数的 14.44％；各民族、各阶层、各界都有与其地位相当的代表。

1954 年 9 月 15 日至 28 日，第一届全国人民代表大会

★ 1953 年 12 月，《选举法》颁布后，北京学生在西单打腰鼓、扭秧歌，庆祝中国历史上首次普选

第一次会议在北京中南海怀仁堂隆重举行。毛泽东在开幕词《为建设一个伟大的社会主义国家而奋斗》中说："我们正在做我们的前人从来没有做过的极其光荣伟大的事业。我们的目的一定要达到。我们的目的一定能够达到。"刘少奇代表宪法起草委员会作《关于中华人民共和国宪法草案的报告》，周恩来代表中央人民政府作政府工作报告。

经过充分讨论，大会一致通过了《中华人民共和国宪法》《中华人民共和国全国人民代表大会组织法》《中华人民共和国国务院组织法》《中华人民共和国人民法院组织法》《中华人民共和国人民检察院组织法》《中华人民共和国地方各级人民代表大会和地方各级人民委员会组织法》，批准了政府工作报告。

大会选举毛泽东为中华人民共和国主席，朱德为副主席。刘少奇为中华人民共和国第一届全国人民代表大会常务委员会委员长，宋庆龄、林伯渠、李济深、张澜等13人为副委员长，彭真为副委员长兼秘书长。根据中华人民共和国主席提名，大会决定周恩来为中华人民共和国国务院总理。根据周恩来提名，大会决定陈云、林彪、彭德怀、邓小平等10人为国务院副总理，习仲勋为秘书长。国务院共设30个部和5个委员会。

《中华人民共和国宪法》除"序言"外，分为"总纲""国家机构""公民的基本权利和义务""国旗、国徽、首都"4章共106条。主要内容为：

第一，规定了国家的性质和根本政治制度。"中华人民共和国是工人阶级领导的、以工农联盟为基础的人民民主国家。""中华人民共和国的一切权力属于人民。人民行使权力的机关是全国人民代表大会和地方各级人民代表大会。""全国人民代表大会、地方各级人民代表大会和其他国家机关，一律实行民主集中制。"这明确了新中国的国体是人民民主专政的国家，政体是实行民主集中制的人民代表大会制度。

第二，规定了国家在过渡时期的总任务。宪法指出，由新民主主义过渡到社会主义是中国唯一正确的道路。宪法还具体提出了过渡到社会主义社会的途径和形式。过渡途径为"中华人民共和国依靠国家机关和社会力量，通过社会主义工业化和社会主义改造，保证逐步消灭剥削制度，建立社会主义社会"，这就是"领导与群众相结合"的变革途径。过渡形式为"劳动群众部分集体所有制是组织个体农民、个体手工业者和其他个体劳动者走向劳动群众集体所有制的过渡形式"，国家资本主义是逐步以全民所有制代替资本家所有制的过渡形式。

第三，关于民族区域自治。宪法规定，中华人民共和国是统一的多民族的国家，各少数民族聚居的地方实行民族区域自治制度。各民族自治地方都是中华人民共和国不可分离的部分。

宪法确立了中国境内各民族间平等友爱互助的关系，保障少数民族的自治权利。规定民族自治地方是自治区、自治州、自治县，行使同一级地方国家机关的职权，并作为国家的行政区划。

第四，规定了国家机构的设置。宪法对全国人民代表大会、中华人民共和国主席、国务院、地方各级人民代表大会、人民法院和人民检察院的性质、职权、作用均作出了明确规定。

　　第五，规定了公民的权利和义务。中华人民共和国公民在法律上一律平等。年满 18 周岁的公民，不分民族、种族、性别、职业、社会出身、宗教信仰、教育程度、财产状况、居住期限，都有选举权和被选举权。妇女有同男子平等的选举权和被选举权。公民有言论、出版、集会、结社、游行、示威的自由，有宗教信仰的自由。人身自由不受侵犯。通信秘密受法律保护。中华人民共和国公民必须遵守宪法和法律，遵守劳动纪律，遵守公共秩序，遵守社会公德。中华人民共和国公民有爱护和保卫公共财产的义务，有依照法律纳税和服兵役的义务。

　　1954 年宪法是国家逐步过渡到社会主义社会的宪法，

★ 1954 年 10 月 1 日，参加国庆 5 周年游行的队伍抬着《中华人民共和国宪法》模型通过天安门

因而是一部社会主义类型的宪法。

第一届全国人民代表大会第一次会议的召开和宪法以及各个组织法的颁布，标志着人民代表大会制度这一根本政治制度的确立。具有5000多年文明史、几亿人口的中国建立起人民当家作主的新型政治制度，在中国政治发展史乃至世界政治发展史上都具有划时代意义，并在以后的实践中，逐步形成显著的制度优势。

多党合作和政治协商制度的完善

中国人民政治协商会议第一届全体会议的召开，标志着人民民主统一战线和全国人民大团结在组织上完全形成，中国共产党领导的多党合作和政治协商制度正式确立。在国家政治生活中，新政权积极安排民主党派、党外人士参政议政，保证他们有职有权，鼓励他们提出批评建议。随着形势的变化，在向社会主义过渡时期，处理同民族资产阶级的关系，成为新情况下必须慎重对待的一个新问题。

1954年实行人民代表大会制度以后，人民政协不再代行全国人民代表大会职权，有关人民政协的性质、地位、作用、任务，党内外存在不同看法。有些人认为政协作用不大了，政协是否还需要成了问题。有些人对同资产阶级团结合作的统一战线产生误解，把它看作包袱，主张干脆取消、丢掉。在此之前，针对这种模糊认识，1953年6月，第四次全国统战工作会议报经中央批准的《关于人民代表大会制实行后统一战线组织问题的意见》指出，在人民代表大会制度实行后，中国人民政治协商会议应作为独立的统一战线组织而继续存在。其组成应具有广泛的代表性，既要做到保证党的领导，又要适当扩大团结面，把各民主阶级、民主党派、无党派民主人士、少数民族、华侨及其他爱国分子中必要的人选吸收进来。统一战线组织对各参加单位的关系，应该是协商关系，而不是领导关系，但中国共产党对统一战线组织则是领导关系。统一战线组织对人民政府，则是协商和建议的关系。会议提出在过渡时期存在两种不同类型的联盟：一种是工人阶级和农民的联盟，这是统一战线的基础；另一种是劳动人民和资产阶级的联盟，有了这个联盟，才有广泛的统一战线。

1954 年 7 月，中共中央政治局召开会议，专门讨论统一战线工作。毛泽东在会上指出，把统战工作当作包袱，干脆取消是不对的，是应该批判的。他强调，过渡时期保持同资产阶级的联盟，是顺利过渡到社会主义的需要，是统一战线工作的立足点。

1954 年 12 月，中国人民政治协商会议第二届全国委员会第一次会议在北京举行。会议通过了《中国人民政治协商会议章程》《中国人民政治协商会议宣言》，推举毛泽东为政协第二届全国委员会名誉主席，选举周恩来为主席，宋庆龄、董必武、李济深、张澜、郭沫若等 16 人为副主席。

《章程》规定，政协的性质是：团结全国各民族、各民主阶级、各民主党派、各人民团体、国外华侨和其他爱国民主人士的人民民主统一战线的组织。政协的任务是：在中国共产党领导下，将继续通过各民主党派、各人民团体的团结，更广泛地团结全国各族人民，共同努力，克服困难，为建设一个伟大的社会主义国家而奋斗。

《章程》对政协的组织机构和职能作出了新的调整。一是以各民主党派、各人民团体为基础组成，包括少数民族和国外华侨的代表，必要时可吸收个人参加。区域和人民解放军的代表不再作为参加政协的单位。二是政协不再设立全体会议，将原来的政协全体会议、全国委员会、常务委员会三个层次，改为全国委员会全体会议和常务委员会两个层次。这样既便于工作，又可适当扩大政协全国委员会和地方委员会的名额，保证广泛的代表性。三是在省、自治区、直辖市和其他有必要的地方设政协地方委员会，自治州、县、自治县和市辖区必要时设立政协地方委员会。四是全国委员会和各级地方委员会之间是指导关系而不是领导关系。《章程》还规定了参加政协的单位和个人共同遵守的准则。

全国政协二届一次会议在人民政协发展史上具有特殊重要的意义。这次会议通过的文件所阐述的重要原则为中国共产党领导的多党合作和政治协商制度奠定了思想基础、政治基础和组织基础。人民政协是中国共产党把马克思列宁主义统一战线理论、政党理论、民主政治理论同中国实际相结合的伟大成果，是中国共产党领导各民主党派、无党派人士、人民团体和各族各界人士在政治制度上进行的伟大创造。

民族区域自治制度的实行

中国是一个统一的多民族国家。在长期的历史发展进程中，各民族共同开拓了中国辽阔疆域，书写了悠久的中国历史，创造了灿烂的中华文明，培育了伟大的中华民族精神，形成了相互依存、不可分离的关系，各民族人口分布呈现大杂居、小聚居、相互交错的特点。

古今中外，处理民族关系、解决民族问题都是治国理政的重大课题，都有赖于实行一定的制度。新中国成立以后，贯彻各民族平等、团结、互助的原则，保证每个民族不分大小，都以平等的地位参与管理国家大事和各级地方事务，各民族公民享有同样的选举权和被选举权。在地方政权建设上，少数民族聚居的省区均由少数民族人士担任主要领导职务。人民政府在法规政策上充分照顾少数民族的特殊性，防止伤害少数民族感情，充分尊重少数民族的习俗。这些方针政策都为在中国实行民族区域自治制度创造了条件。

从 1950 年开始，中央人民政府和各有关地区参照中国共产党 1947 年建立内蒙古自治区的经验，广泛进行试点，建立了一批相当于专区、县以及区、乡的民族区域自治地方。到 1952 年 6 月，全国已建立各级民族自治地方 130 个。

在总结经验的基础上，1952 年 8 月，中央人民政府颁布了《中华人民共和国民族区域自治实施纲要》，规定："各民族自治区统为中华人民共和国领土的不可分离的一部分。各民族自治区的自治机关统为中央人民政府统一领导下的一级地方政权，并受上级人民政府的领导。"民族区域自治地方在中央人民政府和上级人民政府法令所规定的范围内和国家统一制度下，享有制定本自治区单行法规，管理本自治区的财政经济事业，发展各民族的文化、教育、艺术和卫生事业等权利。

1954 年 9 月通过的《中华人民共和国宪法》，从根本法上确立中国国内各民族间平等友爱互助的关系，明确规定："中华人民共和国是统一的多民族的国家。"将民族区域自治确立为一项基本国策和基本政治制度。这个制度的基本内涵就是：在国家统一领导下，各少数民族聚居的地方实行区域自治，设立自治机关，行使自治权。各民族自治地方都是中华人民共和国不可分离的部分。宪法还明确将民族区域自治地方分为自治区、自治州、自治县三级，县以下的少数民族聚居区设民族乡，使民族区域自治制度更适合我国的实际情况。

内蒙古自治区是 1947 年 5 月 1 日在中国共产党领导下成立的。最初辖呼伦贝尔、兴安、纳文慕仁、锡林郭勒、察哈尔 5 个盟。1949 年撤销辽北省建制时，将哲里木盟和热河省的昭乌达盟划归内蒙古自治区。1952 年又将蒙古族、汉族杂居的多伦、宝昌、化德三县划归内蒙古自治区。1954 年 6 月，撤销绥远省，并将其划归内蒙古自治区。当时，内蒙古自治区面积达到 110 多万平方公里，人口 610 余万。

在新疆实行民族区域自治是从帮助人口较少的民族聚居区自治入手，由小到大逐步完成的。从 1953 年底到 1954 年底，先后建立了哈萨克族、锡伯族、回族、蒙古族、塔吉克族、柯尔克孜族、达斡尔族等民族自治单位 27 个。1955 年 9 月，一届全国人大常委会第二十一次会议通过决议，撤销新疆省建制，以原新疆省的行政区域为新疆维吾尔自治区的行政区域。10 月 1 日，新疆维吾尔自治区成立，面积 166 万余平方公里，人口 487.4 万。

中国共产党团结带领中国人民完成社会主义革命，确立社会主义基本制度，消灭一切剥削制度，推进了社会主义建设。这一伟大历史贡献的意义在于，实现了中华民族有史以来最为广泛而深刻的社会变革，实现了一穷二白、人口众多的东方大国大步迈进社会主义社会的伟大飞跃。

第二章 ‖ 社会主义建设的艰辛 探索和曲折发展 （1956—1978）

　　1956 年至 1978 年是新中国在艰辛探索中曲折发展的时期。中共八大前后，在毛泽东和党中央领导下，社会主义建设取得了重要探索成果。其后由于急于求成，导致了"大跃进"时期的挫折。经过国民经济调整，党和人民克服严重经济困难，继续前进。"文化大革命"时期，党、国家、人民遭受了新中国成立以来最严重的损失，但是党和人民最终结束了内乱。在这 23 年里，新中国初步建立起独立的比较完整的工业体系和国民经济体系，取得"两弹一星"等世界瞩目的科技成就；顶住霸权主义压力，打开外交工作新局面；人民迸发出艰苦奋斗、不屈不挠的伟大精神。社会主义建设的探索和成就，为此后开创中国特色社会主义道路提供了宝贵经验、理论准备和物质基础。

一、探索中国自己的社会主义道路

　　1956 年社会主义三大改造基本完成以后，社会主义社会的主要矛盾是什么，应当走一条什么样的建设道路，是新中国面临的根本性问题。此前，社会主义国家一般照搬苏联模式和经验，中国共产党也提出过"学习苏联"的口号。但是，在实践中发现苏联模式和经验与中国国情有较多差异。以毛泽东同志为主要代表的中国共产党人为了寻找一条适合中国国情的社会主义建设道路，开始了积极探索。

中共八大及其前后的探索成果

第一个重要探索成果是《论十大关系》。

为了总结社会主义革命和建设的经验，准备中共八大的召开，毛泽东进行了大量调查研究。1956 年 2 月到 4 月，毛泽东用 43 天时间听取了国务院 35 个部委的汇报。毛泽东说：现在我们有了自己的初步实践，又有了苏联的经验教训，应当更加强调从中国国情出发，开动脑筋。他提出要创造新的理论，写出新的著作，把马克思主义的基本原理同中国实际进行"第二次结合"，找出在中国进行社会主义建设的正确道路。

4 月 25 日和 5 月 2 日，毛泽东先后在中央政治局扩大会议和最高国务会议上作了《论十大关系》的报告，提出了当前国家和社会中必须处理好的十大关系：重工业和轻工业、农业的关系，沿海工业和内地工业的关系，经济建设和国防建设的关系，国家、生产单位和生产者个人的关系，中央和地方的关系，汉族和少数民族的关系，党和非党的关系，革命和反革命的关系，是非关系，中国和外国的关系。其中前五个关系主要探索经济问题，后五个关系主要探索政治问题。

★ 1956 年 5 月 2 日，毛泽东在最高国务会议上作《论十大关系》的报告

毛泽东指出，"调动一切积极因素"是建设社会主义社会的根本方针。工人和农民是建设社会主义的基本力量，必须充分调动他们的积极性；中间势力是可以争取的力量；中国共产党要与民主党派"长期共存，互相监督"；反动势力虽是一种消极因素，但是我们仍然要做好工作，尽量争取化消极因素为积极因素。

在讨论《论十大关系》报告的过程中，中央政治局扩大会议提出，要贯彻毛泽东过去提出的"百花齐放、百家争鸣"方针。

5 月 2 日，毛泽东在最高国务会议上说："现在春天来了嘛，一百种花都让它开放，不要只让几种花开放，还有几种花不让它开放，这就叫百花齐放。百家争鸣，是说春秋战国时代，有许多学派，诸子百家，大家自由争论。"5月26日，中宣部部长陆定一在知识界会议上代表中央作《百花齐放、百家争鸣》的报告，详细阐述"双百"方针，引起了强烈共鸣。

《论十大关系》是以毛泽东同志为主要代表的中国共产党人借鉴苏联的经验并吸取教训，探索适合中国国情的社会主义建设道路的起步。毛泽东曾回顾说，前几年经济建设主要学外国经验，《论十大关系》开始提出自己的建设路线，有了我们自己的一套内容。

第二个重要探索成果是中共八大提出的关于党的建设和社会主义建设的新思想、新建议。

1956年9月15日至27日，中国共产党第八次全国代表大会在北京隆重举行。大会通过关于刘少奇所作政治报告的决议，正确分析了中国社会的主要矛盾和主要任务，宣布："我国的无产阶级同资产阶级之间的矛盾已经基本上解决，几千年来的阶级剥削制度的历史已经基本上结束，社会主义的社会制度在我国已经基本上建立起来了。""我们国内的主要矛盾，已经是人民对于建立先进的工业国的要求同落后的农业国的现实之间的矛盾，已经是人民对于经济文化迅速发展的需要同当前经济文化不能满足人民需要的状况之间的矛盾。"党和国家当前的主要任务，就是集中力量，把我国尽快地从落后的农业国变为先进的工业国。

周恩来在发展国民经济的"二五"计划报告中提出，根据中央的"既反保守又反冒进，即在综合平衡中稳步前进"的建设方针，要合理地规划国民经济发展速度，把计划放在既积极又稳妥可靠的基础上，保证国民经济比较均衡地发展。大会制定了一个较长时期的发展规划，设想用 3 个五年计划或再多一点时间，基本完成国家工业化，同时积极发展轻工业、农业、运输业和商业，使国家的发展和人民生活改善结合起来。

邓小平关于修改党章的报告，以苏联的经验教训为鉴戒，着重提出了加强执政党建设的问题。报告强调，要坚持民主集中制和集体领导制度，反对个人崇拜，反对突出个人，反对对个人歌功颂德，坚决贯彻执行党的群众路线。新党章根据毛泽东的建议，增加了可以设立中央名誉主席的内容，为废除终身制作了准备。

在大会发言中，许多代表围绕如何建设社会主义谈了自己的想法。陈云提出了"三个主体，三个补充"的思想，即以国家经营和集体经营、计划生产、国家市场三者为主体，以个体经营、自由生产、自由市场为补充。这在理论上突破了苏联计划经济模式，是探索经济体制改革的可贵尝试。董必武在发言中建议尽快制定刑法、民法、诉讼法、劳动法、土地使用法等法律，逐步完备国家法律。他说，共产党员应当成为遵纪守法的模范，违反国法就是违反党纪。对于那些故意违法的人，不管他地位多高、功劳多大，必须一律追究法律责任。

中共八大选举出新的中央委员会。在讨论中央委员会候选人名单时，毛泽东专门讲到，现在转到搞建设、搞经济，中央委员会将来应该有许多工程师、科学家和从工人中成长起来的干部。1956 年 9 月 28 日，中共八届一中全会选举毛泽东为中央委员会主席，刘少奇、周恩来、朱德、陈云为副主席，邓小平为总书记。

在中国共产党的历史上，中共八大是第一次以社会主义全面建设为主题的代表大会，体现了党领导人民探索社会主义建设道路所取得的初步成果。中共八大提出了一个重要的基本论断，即把在新的生产关系下保护和发展生产力作为国家的主要任务。新中国成立以后几十年的历史证明，坚持这个基本论断，建设就成功，否则就会遭受挫折。

第三个重要探索成果是《关于正确处理人民内部矛盾的问题》。这篇文章针对国际、国内发生的一些新情况，对社会主义社会的矛盾问题进行了开创性的研究和阐释。

1956 年 2 月，赫鲁晓夫在苏共二十大全盘否定斯大林，引起了社会主义阵营的极大震动和混乱。在国内，社会主义制度初步建立以后，党和政府一些工作部门还不适应新要求，存在着严重的作风问题。群众对此不满，各地不断发生"闹事"风波。从 1956 年 9 月到 1957 年 3 月，全国发生几十起工人罢工请愿、大中学生罢课请愿事件，农村也发生"闹退社""闹缺粮"的风潮。国内外这些事件引起了中共中央和毛泽东的警惕，认为如果不能正确处理社会主义社会不断出现的新矛盾，社会主义政权将无法巩固。

1957 年 2 月 27 日，毛泽东作了《如何处理人民内部的矛盾》重要讲话。这个讲话经补充、修改后，以《关于正确处理人民内部矛盾的问题》为题，在 6 月 19 日《人民日报》公开发表。其基本点是：一是矛盾是普遍存在的，社会主义社会也充满着矛盾，正是这些矛盾推动着社会主义社会不断地向前发展。二是社会主义社会的基本矛盾仍然是生产力和生产关系、经济基础和上层建筑之间的矛盾，这些矛盾可以通过社会主义制度本身的自我调整和完善不断得到解决。三是社会主义社会存在着敌我矛盾和人民内部矛盾两类不同性质的矛盾，前者是对抗性的，后者是非对抗性的，应正确区分两类不同性质的矛盾。四是解决敌我矛盾要用专政的方法，解决人民内部矛盾只能用民主的方法，具体化为一个公式，叫作"团结—批评—团结"，人民内部矛盾如果处理不当，也可以转化为对抗性矛盾。围绕处理人民内部矛盾这个主题，文章还系统阐述了社会主义建设的一系列重大问题。

此后，毛泽东、刘少奇、周恩来、邓小平等到全国各地宣讲，进一步丰富了"正确处理人民内部矛盾"的思想。毛泽东在南京说："采取现在的方针，文学艺术、科学技术会繁荣发达，党会经常保持活力，人民事业会欣欣向荣，中国会变成一个大强国而又使人可亲。"这在社会上引发了令人振奋的热烈讨论。

《关于正确处理人民内部矛盾的问题》是社会主义国家中第一个深入研究社会主义社会矛盾问题的重要文献。它把处理人民内部矛盾提升到国家政治生活主题的高度，形成了一套系统的学说，这在马克思主义发展史上具有开创意义，至今仍发挥着积极的指导作用。

整风运动和反右派斗争扩大化

1957年4月27日，中共中央发出《关于整风运动的指示》，决定在全党进行反对官僚主义、宗派主义和主观主义的运动，发动党内外对党提出批评建议。毛泽东指出，希望通过整风运动，"造成一个又有集中又有民主，又有纪律又有自由，又有统一意志、又有个人心情舒畅、生动活泼，那样一种政治局面"。这段名言，成为党和国家追求社会主义社会理想政治氛围的一个形象表述。

为了搞好整风运动，从5月上旬到6月上旬，中共中央统战部和国务院有关部门邀集民主党派和无党派人士、工商界举行了38次座谈会，有几百人发言，对党和政府提出了大量批评意见和建议。其中绝大部分是正确的和中肯的，但也有极少数人在座谈会和报刊上趁机攻击共产党和社会主义制度，公然提出要"轮流坐庄"，要共产党退出机关、学校，公方代表退出合营企业。这些错误言论在社会上引起了风潮。从5月19日起，北京的高等学校贴出带有尖锐政治性内容的大字报。受其影响，一些城市的大学出现了罢课和游行。毛泽东对此深感不安，开始警觉，态度发生了变化。

6月8日，中共中央发出关于组织力量准备反击右派分子进攻的党内指示。同日，《人民日报》发表题为《这是为什么?》的社论。8月1日，中共中央发出关于继续深入反对右派分子的指示。一场全国规模的群众性反右派运动猛烈地开展起来。对极少数右派分子的进攻进行反击，是正确和必要的。但是，由于党没有充分的思想准备和应对这种复杂局面的政治经验，对当时的阶级斗争形势估计得过于严重，把大量人民内部矛盾当作了敌我矛盾。

到1958年夏季反右派斗争基本结束时，全国实际划定的右派分子达55.28万人。其中，只有极少数是反党、反社会主义的，而许多人只是对党的工作和党的干部提出批评意见，并非敌视党和社会主义。一些人提出的问题和想法即使方向有偏差，也应该通过讨论和教育去解决，不应当加以打击。反右派斗争出现严重扩大化，给党和国家的事业造成了不幸的后果。

"一五"计划的完成和经济建设成就

1956年底，"一五"计划的主要指标大部分提前完成。1957年底，"一五"计划绝大部分指标都大幅度超额完成。国内生产总值年均增长9.25%，大大超过同一时期世界发展中国家4.8%的年均速度。计划的经济效益也是相当好的。这5年，基本建设固定资产交付使用率为83.6%，大中型项目建成投产率为年均15.5%，平均每3天至4天就有一个现代化的大型企业建成投产，每3.5年就能够收回投资，相当于当时日本3年、美国4年、苏联5年的水平。

工业方面，工业总产值年均增长达18%，远高于美、英、法等主要资本主义国家同期的增长速度，也高于战后经济起飞的联邦德国和日本。1957年主要工业产品产量与旧中国最高年度的产量相比，钢产量相当于5倍多，原煤产量相当于2倍多，机床产量相当于4倍多。1957年与1949年相比，原油产量相当于12倍，发电量相当于4.5倍。新增工业固定资产214亿元，相当于旧中国从19世纪末兴办近代工业到1949年的总和的2倍。

旧中国的落后产业结构得到初步改变。1957年与完成经济恢复任务的1952年相比，工业总产值在工农业总产值中的比重由43.1%上升到56.7%，农业所占比重下降为43.3%，改变了中国几千年来总产值以农业为主的状况。这一时期建立了旧中国没有或很薄弱的工业制造部门，如飞机、汽车、发电设备、重型机器、新式机床、精密仪表等，出现了中国历史上的许多"第一"：1953 年，中国第一根无缝钢管在鞍钢试轧成功；1954 年，南昌制造的中国第一架飞机初教-5 飞上蓝天；1955 年，沈阳造出了中国第一台新式机床，哈尔滨生产的中国第一套 1 万千瓦水轮发电机组正式运转发电；1956 年，沈阳制造的中国第一架喷气式飞机歼-5 试飞成功，长春生产的中国第一辆"解放"牌载重汽车下线；1957 年，中国第一艘中型鱼雷潜艇由江南造船厂制造成功；等等。

旧中国工业严重偏于沿海地区的畸形布局得到改善。经过"一五"计划建设，全国工业产值中内地比例由 27% 提升到 32%。在广袤的中西部大地上，出现了重庆、成都、西安、兰州、包头、洛阳、宝鸡、湘潭、株洲、咸阳等重工业城市，克拉玛依、金昌、平顶山、潞安等一批新兴工矿城市也开始建设。

交通、邮电、农田水利等国民经济基础部门得到了显著加强。交通方面，全国新建 33 条铁路线。宝成线穿凿百座大山，修建了 280 个隧道和 900 多座桥梁，改变了"蜀道难，难于上青天"的历史；兰新线已铺轨 900 多公里，孙中山在《建国方略》中擘画的横贯中国东西大铁路的蓝图即将实现；长江上建成了第一座铁路桥梁——武汉长江大桥，从此南北"天堑变通途"。全国公路运输线总长度比 1952 年增加了一倍，翻越世界屋脊的康藏、青藏、新藏公路相继建成通车。民航国内航线比 1952 年也增长了一倍，完成了北京—拉萨的试航。邮电方面，新中国成立前夕 90% 以上的县没有电信设施，25% 的县城连邮局也没有。到 1957 年，全国农村

★ 1957 年 10 月 15 日，武汉长江大桥落成通车典礼举行

96%的乡通了邮路，70%的乡通了电话，邮路总长度增长了两倍多。农田水利方面，国家对淮河、长江、黄河水系进行了卓有成效的治理，建成了梅山、佛子岭等多个水库，开始了海河水系治理。1957 年全国耕地面积达到 16.8 亿亩，其中灌溉面积比 1952 年扩大了 37%，创下了中国有统计以来的最高纪录。

"一五"时期，国家把国民收入积累率控制在年均 24.2%的合理范围内，保证了人民生活水平的稳步提高。由于采取了低工资、多就业的政策，基本上解决了城市失业问题，做到了人人有饭吃。1957 年同 1952 年相比，全国居民人均消费水平指数增长 24.5%，而物价指数在同期仅上涨 9.5%，大多数人得到了实惠，城乡居民储蓄存款总额增长 3 倍多。

"一五"计划的超额完成，初步奠定了中国社会主义工业化的基础，为此后的社会主义经济建设起到了重要支撑作用。"一五"时期也因此被称为新中国的第一个"黄金时期"。

二、"大跃进"和国民经济的调整

1953 年朝鲜停战后，亚洲的紧张局势有所缓和。一百多年以来饱受侵略之苦的中国人民，热切希望加快建设速度，提早实现国家工业化。由于"一五"计划的顺利完成和当时社会主义阵营建设高潮的影响，也由于缺乏经验和急于求成情绪的滋长，导致了"大跃进"运动的发生。

"大跃进"和人民公社化运动

反右派运动以后，中共中央认为经济战线、政治战线和思想战线上的社会主义革命已取得了决定性胜利，人民群众热情高涨，经济建设完全可以搞得更快一些。从 1957 年秋季起，全国掀起了一个大规模的建设热潮。1958 年 5 月，中共八大二次会议通过了"鼓足干劲，力争上游，多快好省地建设社会主义"的社会主义建设总路线，实际突出的是多和快，强调"速度是总路线的灵魂"。

"大跃进"运动首先从农业拉开序幕。1957 年 10 月，中共中央公布《一九五六年到一九六七年全国农业发展纲要（修正草案）》，要求 12 年内基本上消灭普通的水灾和旱灾，黄河以北，黄河以南、淮河以北，淮河以南的粮食年均亩产分别达到 400 斤、500 斤、800 斤。10 月 27 日，《人民日报》社论号召"实现一个巨大的跃进"。1957 年，全国粮食产量达到创历史最高纪录的 3901 亿斤。受农业战线的激励，1958年 5 月后，"大跃进"运动开始向工业特别是钢铁工业扩展。8 月，中共中央召开北戴河扩大会议，正式决定 1958 年钢产量要比 1957 年翻一番，达到 1070 万吨。为了在余下的 4 个月时间里完成追加的任务（前 8 个月只生产钢 400 万吨），各级党委领导亲临一线，各地采取"小土群"（小高炉、土法上马、群众运动）等手段，掀起全民大炼钢铁的群众运动。机关、学校、农村、部队、医院等到处可见火光熊熊、烟雾弥漫的"炼钢场"。人们不分男女老少，不舍昼夜地工作，并捐献出家里铁锅等作为炼钢原料。经过努力，1958 年钢产量达到 1108 万吨，但合格的只有 800 万吨，其余都是不能直接使用的土钢。与此同时，"大跃进"运动从经济领域进一步扩大到科技、文教、卫生等各个行业，形成全社会的热潮。

"大跃进"催生了人民公社化运动。大规模的农田水利建设工程需要统一规划和共同投入，原来几十户组成的小型农业合作社已经不能适应要求，必须以乡为单位合并为一个大社。在严重缺乏农业机械的情况下，许多地方开始大办食堂、托儿所等，以解放妇女劳动力。1958 年 8 月，毛泽东到河北、河南、山东等地视察，看到了大社的优越性，肯定了人民公社的名称。同月，北戴河会议通过《中共中央关于在农村建立人民公社问题的决议》，认为这是提前建成社会主义并逐步过渡到共产主义所必须采取的方针。在短短 3 个月内，全国 74 万个农业社改组合并成 2.6 万个公社，加入的农户占总数的 99% 以上，基本实现了人民公社化。

"大跃进"运动初期的人民公社是准备向全民所有制过

渡的集体经济组织。公社既是基本经济核算单位，又是相当于乡一级的政社合一基层政权。人民公社基本特点被概括为"一大二公"。所谓"大"，就是规模大，原来一两百户规模的农业生产合作社被合并成拥有四五千户甚至一两万户的人民公社。所谓"公"，就是公有化程度高，几十个贫富不同、条件各异的合作社合到一起，财产全部上交公社，由公社统一核算、统一分配；实行供给制与工资制相结合的分配制度，社员在公共食堂吃饭不要钱；实行组织军事化、行动战斗化、生活集体化。

在"大跃进"运动期间，1959年4月18日至28日，第二届全国人民代表大会第一次会议在北京召开。会议选举刘少奇为国家主席，宋庆龄、董必武为副主席；选举朱德为全国人大常委会委员长，林伯渠、李济深等为副委员长；决定周恩来为国务院总理，陈云、邓小平等为副总理。10月1日，新中国成立10周年盛大庆典在面积扩大了两倍半、当时是世界最大广场的北京天安门广场举行。广场两侧矗立着只用不到一年时间建成的中国历史博物馆与中国革命博物馆、人民大会堂。同时建成的还有中国人民革命军事博物馆、北京火车站、民族文化宫、民族饭店、钓鱼台国宾馆、全国农业展览馆、北京工人体育场、华侨大厦，统称北京"十大建筑"，代表了当时中国建筑的最高成就。

纠"左"的努力与反复

"大跃进"期间，经济建设虽然取得了不少成就，但是由于缺乏经验和脱离实际，忽视经济发展规律，提出在"三

年、五年、七年之内把我国建设成为一个工业大国”，导致
出现了以高指标、瞎指挥、浮夸风和“共产风”为主要标志
的严重“左”倾错误。

高指标表现在农业方面，要求2年至5年实现原计划
12年完成的全国农业发展纲要的目标；在工业方面，要求原
计划15年钢产量赶超英国的目标在几年内实现，1958年原
定全国钢产量624.8万吨指标在当年还剩4个月时间时被拔
高到1070万吨。为了完成这些高指标，许多地区和部门出
现了违反科学常识和正常管理的瞎指挥，放“高产卫星”。《人
民日报》社论宣称“只要我们需要，要生产多少粮食就可以
生产出多少粮食来”。以少报多、弄虚作假的浮夸风，影响
到中央领导人对生产形势的估量，从而制定出更高的生产指
标。“共产风”的错误，集中表现在人民公社化运动中。许
多地区大搞“一平二调三提款”，即平均分配、无偿调拨和
提取下级单位及个人的生产资料和资金，严重损害了农民的
生产积极性。

毛泽东是“大跃进”和人民公社化运动的积极倡导者和
推动者，但在严重后果开始显现出来后，又是他率先带领全
党进行初步纠“左”的努力。1958年10月，毛泽东派人到
最先在全国挂起人民公社牌子的河南省新乡县七里营调查。
他说：什么是共产主义社会，并不是人人认识一致，甚至在
高级干部中也各说各的，其中有不少胡话。1958年11月到
1959年7月庐山会议前，毛泽东多次主持召开会议，采取
措施纠正“左”的偏差。针对“共产风”，他批评党内一些
人废除商品和货币、急于向全民所有制过渡的主张，指出现
阶段是社会主义，人民公社基本上是集体所有制，实行三级

核算，以生产队为基本核算单位。对高指标，毛泽东和中共中央连续发出紧急指示，将1959年钢产量指标由2700万—3000万吨压到1300万吨。针对浮夸风，毛泽东给全国生产小队长以上干部写了一封《党内通信》，指出包产能包多少就包多少，收获多少就讲多少，干劲一定要有，假话一定不可讲。

经过近9个月的努力，"左"倾错误受到初步遏制。但这一时期提出的纠"左"措施，还是在肯定"大跃进"和人民公社的前提下进行的，并没有从根本上改变急于求成的思想。

1959年7月，中共中央政治局在庐山召开扩大会议。毛泽东在讲话中认为，现在的形势是"成绩很大，问题不少，前途光明"。中共中央政治局委员、国务院副总理、国防部部长彭德怀则认为会议还没有解决一些严重错误问题，于是给毛泽东写了一封信，认为"大跃进"运动有失有得。中央书记处书记黄克诚、中央政治局候补委员张闻天、中共湖南省委第一书记周小舟同意信中的看法。也有不少人表示反对，认为夸大了缺点，否定了成绩。毛泽东认为彭德怀等人是在怀疑和反对"大跃进"和人民公社，对彭德怀的信进行了批驳，会议气氛开始紧张起来。会议主题由继续纠"左"急剧转为集中批判彭、黄、张、周，形成了在党内民主生活中很不正常的斗争。8月，中共八届八中全会在庐山召开，通过决议认定"右倾机会主义"是当前工作中的主要危险。会后，全党开展了"反右倾"斗争，一大批干部和党员受到错误的批判，纠"左"的进程由此中断，高指标、瞎指挥、浮夸风和"共产风"再度泛滥起来。

主要由于"大跃进"运动和"反右倾"的错误，中国国民经济出现了严重危机。盲目扩大基本建设规模，片面强调发展重工业，使国民经济结构各项比例严重失调。1958年至1960年各年国民收入中积累率分别为33.9%、43.8%、39.6%，大大超过"一五"时期的年均24.2%。"一五"计划时期比较协调的农、轻、重比例关系被打乱，各工业部门为了支援钢铁生产而改变合理部署；许多农村地区过多抽调劳动力参加工业和水利建设，严重影响耕种和收获；再加上主观地认为粮食问题已经解决，1959年全国粮食播种面积比上年减少9.1%，造成全国粮食总产量大幅度减少。与1957年相比，1960年工农业总产值中农业比重由43.3%急剧下降到21.8%，而重工业则从25.5%猛增到52.1%。经济效益大幅度下降，许多项目一拖几年甚至十几年不能竣工投产。

1959年至1961年，中国连续发生严重的自然灾害。1959年的自然灾害以旱灾为主，全国成灾面积80%以上在主要产粮区，对粮食收成影响很大。1960年全国除西藏外又发生了持续的旱灾和洪水、台风灾害；1960年受灾面积和1961年成灾面积分别是新中国成立以来最大的。

正当中国面临严重困难的时刻，1960年苏联突然单方面废除了与中国的全部经济合作项目协议，不仅撤走全部援华专家，带走援建图纸、计划、资料，停止供应物资设备，而且逼迫中国偿还主要因抗美援朝购买武器形成的债务。

由于以上三方面原因，我国国民经济在1959年至1961年出现了严重的困难局面。工农业总产值大幅度下降，1961年只相当上年的69%。主要农产品粮、棉、油等产量急剧减少。粮食产量由 1958 年的 4000 亿斤，下降到 1959 年的 3400 亿斤，再下降到 1960 年的 2870 亿斤，低于 1951 年的产量；1961 年略有回升，仍只有 2950 亿斤。粮食、食油、肉类等供应持续紧张，形成了全国性危机。许多地区由于严重缺粮发生浮肿病，一些省份农村非正常死亡人口急剧增加。

面对严峻的局势，党和政府千方百计地采取各种措施，动用库存和进口粮食，号召大搞代食品等，进行了同心同德、共赴国难的斗争。

调整国民经济和社会关系

1961 年 1 月，中共八届九中全会正式决定对国民经济实行"调整、巩固、充实、提高"八字方针，任务是克服困难，恢复农业，恢复工业，争取财政经济状况的根本好转。毛泽东在全会上号召全党大兴调查研究之风，一切从实际出发。会后，他派出身边工作人员组成 3 个调查组，分赴浙江、湖南、广东农村调查，自己则南下沿途听取汇报。刘少奇、周恩来、朱德、陈云、邓小平等中央领导人也到各地农村进行调查，提出了许多纠正错误的意见。

1962 年 1 月至 2 月，中共中央召开空前规模的七千人大会。刘少奇代表中央提出书面报告，指出"大跃进"以来工作中的缺点和错误，认为产生的原因，一方面是经验不够，另一方面是党内领导同志不够谦虚谨慎，违反了实事求是和群众路线的传统作风，削弱了民主集中制，从而妨碍了及时发现和纠正错误。毛泽东在大会上讲话说："凡是中央

★1962年2月，毛泽东与刘少奇等中共中央领导人在七千人大会上

犯的错误，直接的归我负责，间接的我也有份，因为我是中央主席。……第一个负责的应当是我。"周恩来、邓小平在讲话中也进行了自我批评。他们的讲话获得了热烈反响。

1962年2月，刘少奇在中南海西楼主持召开中央常委扩大会议。陈云作了长篇讲话，提出了6条克服严重困难的重要措施。经毛泽东同意，中央决定成立中央财经领导小组，由陈云出任组长，统一领导国民经济调整工作。

第一，继续动员大量城镇人口下乡。减少粮食销量和粮食征购量，增加农村劳动力，有效缓解了粮食供应紧张局面，有利于农业的恢复。在1961年1月到1963年6月的两年半中，全国职工减少1887万人，城镇人口减少2600万人，吃商品粮人数减少2800万人。

第二，调整积累与消费的比例，大幅度压缩基建项目。1962年全国施工的基本建设项目由1960年的8.2万多个，减为 2.5 万多个；积累率由 1960 年的 39.6%，降低为 10.4%，从而缓和了财政、物资供应的紧张状况。

第三，调整农村生产关系，加强农业生产。中央制定《农村人民公社工作条例（修正草案）》（"农业六十条"）等文件，坚决改正高征购的错误，使农民得以休养生息。同时，进一步确定人民公社三级所有、队为基础，增加农村社队所需贷款和物资，提高粮食等农副产品的收购价格，允许社员经营少量自留地和小规模的家庭副业，坚持按劳分配原则，恢复农村集市等。

第四，消灭财政赤字，稳定市场。在保持生活必需品价格基本稳定的同时，对一部分稀缺的针织品、自行车、钟表、茶叶、酒以及某些糖果、糕点等高档消费品实行高价政策，以回笼货币。

第五，加强对国民经济的集中统一领导。中央提出把经济管理的大权集中到中央、中央局和省（自治区、直辖市）这三级，又先后对计划、银行、财政、物资、基本建设等集中管理问题作出严格规定和具体要求，使中央控制的财政收入由 50% 提高到 60%。

在国民经济调整的同时，对社会各阶层关系也进行了调整。1962 年 3 月，刘少奇在最高国务会议上代表中央对 1958 年以来的工作缺点错误向党外民主人士作了坦诚说明，表示责任在中国共产党。同月，周恩来代表国务院在全国政协三届三次会议和二届全国人大三次会议上对几年来的缺点错误作了诚恳的自我批评。民革中央副主席张治中说，我从来没有听到蒋介石讲过自己的缺点错误。中国共产党主动承担责任，自觉检讨错误，体现了对国家、对人民的忠诚态度和负责精神。

1962年4月至5月，全国统战工作会议和全国民族工作会议分别召开。两次会议指出，党必须主动调整同知识界、工商界、民主党派、民主人士、宗教界、少数民族、归国华侨及其他爱国人士的关系，发扬民主，加强团结，充分调动一切积极因素，克服当前困难。统战工作会议决定，凡是在交心运动中受到错误处分或者被错划为右派分子的应一律平反；在"拔白旗""反右倾"运动中受到错误处理的都应该平反。根据1959年8月毛泽东给右派分子分期分批摘帽子的意见，到1962年底，大部分被划为右派分子的人都摘掉了帽子。中央召开的民族工作会议指出，民族地区这几年可以不办人民公社，需要退的应坚决退下来。1962年5月，中央又批转中央侨委党组报告，指出所谓"海外关系"的提法，模糊政策界限，混淆敌我关系，是不妥当和有害无益的。

经过这一系列调整，社会各阶层内部和阶层之间的关系得到了改善，加强了团结。各界人士纷纷表示愿与共产党同舟共济，团结一致，克服困难。

经济形势好转和经济体制改革探索

国民经济调整迅速见效，到1962年底，经济形势开始复苏。粮食产量比上年增长8.47%，刹住了3年连续下跌的势头；生猪头数扭转了连续4年下降的趋势。财政收支平衡，消灭了连续4年的赤字。全国人均消费与上年相比，粮食增加11斤，猪肉增加1.6斤，棉布增加2.5尺。国民经济最困难的时期已经过去。1960年春节起因供应匮乏而暂停的北京厂甸庙会，在1963年春节重新开放，给一度萧条的市场带来了盎然生机。

1963年，粮食产量比上年增长6.25％，棉花产量增长60％，钢产量结束了连续两年下降的局面，财政收支有了2.7亿元的节余。1964年，粮食获得大丰收，产量增长10.29％，接近1957年水平。1965年，工农业生产都超额完成了年度计划，粮食产量基本达到1957年水平。人民生活有了较大改善，部分凭票才能购买的商品开始敞开供应。

1966年4月，国家计委党组向中央汇报：按照目前良好的发展势头，1966年开始执行的第三个五年计划有可能提前两年实现。

接受"大跃进"的教训并经过国民经济调整，党和国家对如何发展经济有了进一步认识，在指导思想和经营管理制度的变革上进行了重要探索。

首先，提出了"以农业为基础、以工业为主导"的发展国民经济总方针和综合平衡的农、轻、重比例关系。1956年中共八大对国家经济建设投资安排原则是，在适当考虑农业和轻工业需求前提下，优先发展重工业，必须保证积累率不低于20％并逐渐提高。但是，"大跃进"时期片面强调重工业，积累率急剧上升，出现了国民经济结构严重不合理状况。1962年9月，在中共八届十中全会上，毛泽东提出了"以农业为基础、以工业为主导"的发展国民经济的总方针，要求"把发展农业放在首要地位，正确地处理工业和农业的关系，坚决地把工业部门的工作转移到以农业为基础的轨道上来"。

其次，形成了以《国营工业企业工作条例（草案）》（"工业七十条"）、《农村人民公社工作条例（修正草案）》（"农业六十条"）为代表的经济管理制度。1961 年 9 月中共中央颁发的"工业七十条"，对国营工业企业的性质、根本任务、管理原则，国家和企业的关系，企业内部管理等方面，都作出了比较全面、具体的规定。在实事求是的思想指导下，通过调查研究，恢复了"大跃进"期间被废除的许多行之有效的管理制度，使企业生产和工作有章可循。"工业七十条"中的不少规定，是对我国企业管理工作的经验总结，具有长远的指导意义。1962 年 9 月中共中央修改后形成的"农业六十条"规定：生产队是人民公社的基本核算单位，实行独立核算，自负盈亏，这种制度至少 30 年不变；社员家庭副业是社会主义经济的必要补充部分，应当鼓励和允许社员利用剩余时间发展家庭副业。

这一时期，在农村生产责任制和企业试办托拉斯方面，也进行了有益的探索。

在经济困难时期，安徽一些地区的农民自发搞起了"包产到户"形式的生产责任制，将农民的获益同产量联系在一起。1961 年春天，中共安徽省委调查后，认为这种办法能够提高农民积极性，进行了试点和推广。甘肃、浙江、四川等十几个省区也实行了自己的农业生产责任制，普遍增产，效果很好。中央和有关部门一些领导人在调查中，逐渐表示出积极支持的态度。邓小平说，"黄猫、黑猫，只要捉住老鼠就是好猫"。"包产到户"虽然在当时没有能够坚持下去，但它反映了中央、基层干部和农民在克服困难中的积极探索，为 1978 年以后农村推广家庭联产承包责任制积累了实践经验。

企业方面的托拉斯改革，是为了避免国营企业陷入"一放就乱，一统就死"的局面而进行的探索。托拉斯是由生产同类商品或在生产上有联系的大企业联合成的一种组织形式。1964年8月，中共中央和国务院批转了国家经济委员会党组关于中央各部试办12个托拉斯的报告。托拉斯很快呈现出显著的活力。如组建最早的烟草工业托拉斯，1964年卷烟综合生产能力提高了17%，劳动生产率提高了35%，卷烟加工费降低了21%。组建最晚的汽车工业托拉斯，1965年全国汽车产量比上年增长40%以上，并试制了15种新型号汽车。其他中央和地方管理的托拉斯也收到了较好的效果。

提出"四个现代化"战略目标

在国民经济走向好转的形势下，1964年12月21日至1965年1月4日，第三届全国人民代表大会第一次会议在北京举行。大会选举刘少奇为中华人民共和国主席，宋庆龄、董必武为副主席；选举朱德为全国人大常委会委员长，彭真、刘伯承等为副委员长；决定周恩来为国务院总理，陈云、邓小平等为副总理。

周恩来在政府工作报告中代表党和国家提出了建设"四个现代化"的战略目标：今后发展国民经济的主要任务，就是要在不太长的历史时期内，把中国建设成为一个具有现代农业、现代工业、现代国防和现代科学技术的社会主义强国。从第三个五年计划开始，第一步要建立一个独立的比较完整的工业体系和国民经济体系，第二步要全面实现"四个现代化"，使中国的经济发展走在世界的前列。"四个现代化"的宏伟目标，极大鼓舞了依靠自力更生、艰苦奋斗克服困难的中国人民，并成为他们前赴后继、接续奋斗的不懈动力。

"四个现代化"目标的形成，有一个历史过程。1954 年 9 月，周恩来在一届全国人大一次会议的政府工作报告中代表党中央第一次提出关于"四个现代化"的构想："建设起强大的现代化的工业、现代化的农业、现代化的交通运输业和现代化的国防。"1957 年 3 月，毛泽东提出，要将我国建设成为"一个具有现代工业、现代农业和现代科学文化的社会主义国家"。1958 年 5 月召开的中共八大二次会议沿用了这个说法。1959 年底，毛泽东又提出"要加上国防现代化"。这样，就形成了"四个现代化"战略目标的完整提法。

"四个现代化"目标，是中国共产党领导全国人民对社会主义建设道路进行长期探索所取得的重大成果，它是一个经过努力奋斗可以实现的目标，是凝聚全党、全国人民力量的旗帜。在此后的历史发展进程中，即使党和国家遇到种种艰难险阻，全国人民为实现"四个现代化"目标而奋斗的信心和决心始终没有动摇过。

三、在调整中发展社会主义事业

国民经济调整期间，中国共产党领导全国人民自力更生、艰苦奋斗，在经济建设、国防科技、民族区域自治、文教卫生事业和弘扬创业精神等方面都取得了重要成就，涌现了大批的英雄模范，彰显了伟大的牺牲奉献精神。

三线建设及其成就

三线地区，指西南的四川（含重庆）、贵州、云南，西北的陕西、甘肃、宁夏、青海，还有湘西、鄂西、豫西、晋西、粤北、桂北等，共涉及 13 个省区。一线地区指沿海和边疆，一、三线之间称为二线地区，一、二线地区的腹地称"小三线"。中央作出三线建设决策，是基于两个原因：当时中国大陆周边形势日益严峻，中国的工业重心集中在东部大城市，没有可靠的国家战略后方；同时，缩小东西部地区经济发展的差距，也是重要战略任务。1964 年 5 月，毛泽东提出，要考虑解决全国工业布局不平衡的问题，加强三线建设，防备敌人的入侵。8 月，中央作出了在三线地区开展以战备为中心大规模建设工业、交通、国防、科技设施的重大战略决策。

三线建设从 1964 年开始，到 1980 年，全国三线地区共投入 2052.68 亿元，相当于 1953 年至 1964 年投资的 3 倍。根据 1984 年普查，在中西部建成了 1945 个大中型企业、科研设计院所。

三线建设无论规模还是时间跨度，都是前所未有的。由于涉及国防安全，三线建设当时不见诸报端。几百万工人、干部、科技人员、解放军官兵，从全国四面八方来到人迹罕至的深山峡谷、大漠荒原，发扬"艰苦创业，无私奉献，团结协作，勇于创新"的三线精神，人拉肩扛，风餐露宿，建设起现代化企业和交通设施。如成昆铁路，沿线地形险峻、地质复杂，被外国专家断定为"筑路禁区"。建设者开凿隧道 427 座，架设桥梁上千座，桥梁隧道竟占了全线总长的40%，有些车站只能建造在桥梁上、隧道中。如攀枝花钢铁基地，选址在金沙江边的狭隘空地，建设者"三块石头支口锅，帐篷搭在山窝窝"，靠人力把成千上万吨的大型器材设备和生活物资运过来，又经科学安排，在深山峡谷建起了被誉为"象牙微雕"的现代化大型钢铁企业，首创当时世界最高水平的钒钛冶炼技术。三线人扎根三线，一干就是几十年、几代人，献了青春献终身，献了终身献子孙，彰显出崇高的报国情怀。

三线建设初步改变了我国工业布局不合理状况。攀枝花、酒泉、重庆等钢铁基地，六盘水、渭北等煤炭基地，成昆、襄渝、湘黔、阳安、青藏（西格段）等铁路干线，第二汽车厂、陕西汽车厂、四川汽车厂、德阳东方汽轮机厂等大型制造企业，刘家峡、八盘峡、葛洲坝、乌江渡等水电站，四川、长庆等油气田，都成为中西部发展的产业支柱。到1978 年，中西部工业固定资产原值已经占全国的 56%，超过了东部沿海地区。与 1964 年相比，职工人数由 325.65 万增加到 1129.5 万，工业总产值增长 3.92 倍。这为改革开放初期国家实施优先发展东部外向型经济的战略，提供了能源、原料和交通运输等方面的支持。

三线建设成功地建设起一个比较完整的国防战略后方，极大地增强了我国的国防实力。三线地区先后建成 400 多个军工企业、80 多个国防科研院所，包括常规兵器工业基地、电子工业基地、核工业基地、航空航天工业基地、船舶工业基地等。我国自行研制的第一颗原子弹、氢弹，第一个军用核反应堆，第一颗人造地球卫星，第一枚地对地导弹，第一艘核潜艇，第一批喷气式歼击机，第一门远程火箭炮等，绝大部分研制、试验基地都布局在三线地区。

三线建设推动了中西部地区经济、社会、科技、文化发展进步，促进了偏远山区和少数民族地区文化繁荣。通过新建和扩建，攀枝花、绵阳、六盘水、十堰、广元、乐山、德阳、金昌、都匀、凯里、汉中、天水等60多个新型工业科技城市拔地而起，闻名全国。如攀枝花号称"钒钛之都"，绵阳号称"科技城"，德阳号称"重装城"，六盘水号称"江南煤都"，金昌号称"中国镍都"。成昆、湘黔等铁路和沿线工业群使过去不通公路不通电的凉山、乌蒙山、川陇少数民族落后山区有了"飞跃五十年"的进步，也为改革开放时期优先发展东部地区解除了后顾之忧。

由于对国际形势估计过于严重和受"文化大革命"的冲击，三线建设也出现了铺开过急过大、选址过于强调战备、注重经济效益不够等弊病，留下了一些后患。这些都在1983年至2006年实施三线企业调整改造时基本得到了解决。

"两弹一星"等尖端科技的突破

这一时期，中国以国防为主的尖端科技取得突破性的进展，其中震撼世界的是"两弹一星"研制成功。

1956年，国家编制《一九五六——一九六七年科学技术发展远景规划纲要（修正草案)》，将原子能的和平利用列为重中之重的项目。"两弹"（原子弹、导弹）的研制随即提上日程。毛泽东说："在今天的世界上，我们要不受人家欺负，就不能没有这个东西。"我国在研制"两弹"的起步阶段曾得到苏联重要援助，1960 年苏联撤走全部专家后，中共中央在 1961 年 7 月作出突破原子能技术、加速原子能工业建设的重大决策。"两弹"研制进入全面自力更生的阶段。1962 年 11 月，以周恩来为主任的 15 人专门委员会（后改称"中央专门委员会"）成立，负责"两弹一星"研制的组织、领导工作。全国各有关部门大力协同，集中攻关，充分显示出社会主义制度的优势。

1964 年 10 月 16 日 15 时，中国第一颗原子弹在新疆罗布泊戈壁滩上爆炸成功。17 时，毛泽东、刘少奇、周恩来等在人民大会堂接见音乐舞蹈史诗《东方红》创作和演出的全体人员，周恩来向大家宣布了这个特大喜讯。全场雀跃，欢声雷动。同日，中国政府发表声明宣布：中国政府一贯主张全面禁止和彻底销毁核武器；中国进行核试验，发展核武器，是被迫的，是为了防御，为了保卫中国人民免受核威胁。在任何时候、任何情况下，中国都不会首先使用核武器。中国成功爆炸第一颗原子弹，有力地打破了超级大国的核垄断和核讹诈，大大提高了中国的国际地位。

1966 年 10 月 27 日，中国首次发射导弹核武器试验获得成功。核弹头精确地命中目标，实现了核爆炸，使中国有了实用型导弹核武器。1967 年 6 月 17 日，中国第一颗氢弹空爆试验成功。中国成为世界上第四个掌握氢弹制造技术的国家。从原子弹试验成功到突破氢弹技术，中国仅用了两年零八个月，比美国、苏联都快得多。1970 年，中国毅然迈出了和平利用原子能的重大一步，组织科研力量大会战，开展30万千瓦的"七二八"工程（后为秦山核电站）设计。
这是中国核电事业的起步。1970年4月24日，中国第一颗
人造地球卫星"东方红一号"在酒泉基地发射成功。这是中
国航天空间技术的一个重要里程碑。

　　"两弹一星"的研制，饱含着一大批科学家、干部职工
和解放军官兵的心血和奉献。他们"干惊天动地事，做隐姓
埋名人"，长期工作生活在戈壁荒漠、深山峡谷的基地，艰
苦创业，不少人献出了宝贵生命。郭永怀在1956年冲破重
重阻挠，毅然回到祖国，成为"两弹一星"研制的主要科学
家之一。1968年12月5日，他在试验中发现了一个重要线
索，匆匆从青海基地赶回北京，不幸因飞机失事牺牲。在事
故现场，人们发现他和警卫员紧紧地拥抱在一起，衣服已烧

★ 1970年4月24日，我国自行设计、制造的第一颗人造地球卫星"东方
红一号"发射成功。自2016年起，将每年4月24日设立为"中国航天日"

焦了大半，那只装有绝密资料的公文包安然无损地夹在他们胸前。在新疆马兰核试验基地烈士陵园里，就长眠着这样一批为祖国伟大事业默默捐躯的优秀中华儿女。

"两弹一星"是中国人民在攀登科学高峰征途中创造的辉煌伟业。正如邓小平在 1988 年所说："如果六十年代以来中国没有原子弹、氢弹，没有发射卫星，中国就不能叫有重要影响的大国，就没有现在这样的国际地位。"热爱祖国、无私奉献，自力更生、艰苦奋斗，大力协同、勇于登攀的"两弹一星"精神激励和鼓舞了几代人，永远是中华民族宝贵的精神财富。

这一时期，其他尖端科技方面也取得突破性成就。中国科学院上海生物化学研究所等单位开始协作研究用化学方法合成胰岛素，1965 年首次人工合成结晶牛胰岛素。这在当时处于世界领先地位，是人类为揭开生命奥秘迈出的一大步。

加快民族自治地区的经济社会发展

经过较长时间的酝酿，广西壮族自治区于 1958 年 3 月 5 日成立。壮族在全国 55 个少数民族中人数最多。起初，考虑到广西全省总人口中汉族比壮族多，有广西省分为自治区和省两个部分的方案。全国政协邀请广西省各族各界代表进行了热烈讨论。全国政协主席周恩来和中央、地方有关部门做了大量工作，指出少数民族聚居地区占广西面积 70%，开发利用需要各民族联合在一起。广西省各族各界人士一致赞成把全省改建为壮族自治区。

随后，宁夏回族自治区于 1958 年 10 月 25 日成立。回族在全国55个少数民族中人数居第三位。一届全国人大四次会议于1957年7月通过了成立宁夏回族自治区的决议。此后，经过反复协商，确定划出甘肃省的银川专区，吴忠、固原回族自治州和隆德、泾源等19个市、县，作为宁夏回族自治区的辖区。

西藏自治区筹备委员会于1956年成立。1959年3月10日，西藏上层反动集团发动背叛祖国的全面武装叛乱，并向解放军部队和政府机关发动进攻。人民解放军驻藏部队根据中共中央、中央军委的平叛决定，向叛乱武装发起反击，仅用两天时间就彻底粉碎了拉萨市区的叛乱。十四世达赖逃往印度。在西藏各族、各界人民的大力支持下，1961年底，西藏平叛取得胜利。在平叛的过程中，西藏地区成功进行了民主改革，百万农奴翻身得解放。1965年9月9日，西藏自治区正式成立。

中共八大以后，根据中央民族工作方针，中央统战部制定《一九五六年到一九六七年全国民族工作规划大纲（草案）》，提出必须进一步领导和帮助各民族人民进行社会主义建设，发展政治、经济、文化事业，根据各民族的不同情况，大力发展农业和牧业生产，有计划有重点地进行工业建设，逐步提高人民物质文化生活水平。

国家大力支持少数民族地区的工业发展。"一五"计划时期，在西北的新疆、宁夏、青海少数民族地区投资兴建了一批钢铁、机械、棉纺等工业。1964年开始的三线建设，把西南、西北少数民族地区当作重点，修建铁路，建设航空、航天、电子、机械等工业基地，辐射和带动了少数民族地区的工业发展。1965年，全国民族自治地方工农业总产值比 1957 年增长了 57.2%。

国家努力发展少数民族的教育事业，确定了兴办民族教育的总方针。在中央和地方设立领导民族教育事业的行政管理部门，规定少数民族地区的教育经费除按一般标准拨付之外，还另外拨付专款，予以照顾。到 1965 年，全国少数民族大学生、中学生、小学生人数分别比 20 世纪 50 年代初期增长了 9 倍、8 倍、5 倍。

国家积极帮助少数民族发展文艺事业。在各少数民族地区广泛组织民族表演团体，建立文联、剧协等有关文化组织，发掘整理了藏族史诗《格萨尔王传》、柯尔克孜族史诗《玛纳斯》等少数民族文化遗产。大型音乐舞蹈史诗《东方红》从创作到演出，都邀请了各个民族的文艺工作者代表，吸收了一批少数民族曲目，充分展示了少数民族艺术的独特魅力。

国家下大力气改变少数民族地区缺医少药、地方病流行的落后状况。大批巡回医疗队进入深山僻壤，免费向少数民族同胞提供救治，发放医疗药品和器械，宣传卫生知识。到 1957 年，少数民族地区普遍建立起医疗卫生机构。到 1965 年，少数民族地区的卫生医疗机构、病床、卫生技术人员数量大幅度增长，分别为新中国成立前的 70 倍、36 倍、44 倍。

文教卫生体育事业的发展和弘扬奋发图强精神

20 世纪 50 年代后期到 60 年代中期，新中国的文教卫生体育事业取得了较大发展。

　　1961 年，邓小平主持讨论通过了《中华人民共和国教育部直属高等学校暂行工作条例（草案）》（"高教六十条"）。1962 年，由周恩来督促，经过调查研究，形成了《关于当前文学艺术工作若干问题的意见（草案）》（"文艺八条"）。这些条例的主要内容，是调整党和知识分子的关系，贯彻落实"百花齐放、百家争鸣"的方针。中央在批转这两个文件时指出，近几年对待知识、知识分子简单粗暴现象有所滋长，必须引起严重注意，加以清理甄别，批判错了的要纠正，解除他们的思想疙瘩；在学术问题上，必须鼓励自由探讨、自由辩论、自由竞争；在文艺创作中，作家、艺术家有选择、处理题材的自由，提倡风格多样化；在文艺批评中，有批评的自由，也有保留意见和反批评的自由。文件颁布以后，受到广大知识分子的衷心拥护。有的教授提出，要把文件刻在石碑上，世世代代传下去。

　　1962 年 3 月，周恩来在广州参加全国科学工作会议和全国话剧、歌剧和儿童剧创作座谈会，专门作了《论知识分子问题》讲话。他指出："我们历来都把知识分子放在革命联盟内，算在人民的队伍当中。"国务院副总理陈毅事前征得周恩来同意，在会上充满感情地宣布为广大知识分子"脱帽加冕"，即脱"资产阶级知识分子"之帽，加"劳动人民知识分子"之冕。3 月 28 日，周恩来在二届全国人大三次会议上的政府工作报告中正式提出，知识分子中的绝大多数是属于劳动人民的知识分子。

　　这一时期，文艺事业如沐春风，优秀作品不断涌现。小说有《青春之歌》《红岩》《创业史》《敌后武工队》《李自成》等；剧作有《茶馆》《第二个春天》《霓虹灯下的哨兵》

等；电影有《洪湖赤卫队》《江姐》《英雄儿女》《苦菜花》《甲午风云》《李双双》《小兵张嘎》等。这些作品至今被人们喜爱。

在众多文艺作品中，1964年10月演出的大型音乐舞蹈史诗《东方红》是一颗璀璨的明珠。史诗概括了中国人民在中国共产党领导下进行革命和建设的伟大历程，展现了中国人民自力更生、奋发图强、决心战胜一切困难的坚强意志。史诗采用歌舞、大合唱、齐唱、独唱、群舞、独舞等多种艺术表现方法，由民族乐队和西洋管弦乐队联合演奏。70多个单位的音乐舞蹈工作者、舞台美术人员以及工人、学生、少先队员等业余演员共计3000多人参加了演出。《东方红》因其独特的魅力，在中国艺术史上留下了浓墨重彩的一笔。

★ 大型音乐舞蹈史诗《东方红》演出场景

这一时期，卫生工作取得了旧中国无法比拟的成就。旧中国每年疟疾发病人数达 3000 万左右，1958 年发病人数已降低到 78 万。全国 12 个省份流行近百年的血吸虫病，已在半数以上的流行区基本被消灭。这年夏天，毛泽东获悉江西余江县消灭血吸虫病的消息后，"浮想联翩，夜不能寐"，挥笔写下《七律二首·送瘟神》。

1965 年 6 月 26 日，毛泽东提出"把医疗卫生工作的重点放到农村去"。卫生部决定主治医师以上的医药卫生技术人员，都要分期分批轮流到农村开展巡回医疗。大批医务工作者包括林巧稚等知名专家，下乡与农民同吃、同住、同劳动，在农民家中或田间地头看病治疗，同时手把手地辅导农村卫生人员，提高他们的技术水平。

这一时期，体育工作也取得了相应发展。1959 年 9 月至 10 月，中华人民共和国第一届运动会在北京举行，4 次打破世界纪录，844 次打破全国纪录。1960 年 5 月，中国登山队在人类历史上第一次从北坡登上了世界最高峰——珠穆朗玛峰。1961 年 4 月，中国队在第二十六届世界乒乓球锦标赛上夺得 3 项世界冠军和 4 项亚军。这些成就对当时中国人民战胜暂时困难，起到了鼓舞斗志的作用。

"为有牺牲多壮志，敢教日月换新天。"在战胜国内外困难的斗争中，中国人民经受了严峻考验，涌现了大批不畏艰难、勇于奉献的英雄模范。

工业战线创业精神的样板是大庆精神。1959 年，党中央作出石油勘探战略东移的重大决策，广大石油、地质工作者历经艰辛发现大庆油田，翻开了中国石油开发史上具有转折意义的一页。几万名石油职工和退伍军人在亘古荒原上艰

★ 大庆油田钻井第二大队大队长王进喜（左二）和工人们一起钻井

苦创业，接力奋斗，建成我国最大的石油生产基地。到 1965 年，我国基本实现石油自给。以"铁人"王进喜为代表的大庆石油工人、科技人员和干部，提出"宁肯少活二十年，拼命也要拿下大油田"的口号，以"有条件要上，没有条件创造条件也要上"的决心，秉持"三老四严""四个一样"① 的科学态度和工作作风，创造出了辉煌业绩。全国工业战线通

———————

① "三老四严"：对待革命事业，要当老实人、说老实话、办老实事；对待工作，要有严格的要求、严密的组织、严肃的态度、严明的纪律。"四个一样"：对待革命工作要做到，黑天和白天一个样，坏天气和好天气一个样，领导不在场和领导在场一个样，没有人检查和有人检查一个样。

过开展学大庆活动，涌现出一批"大庆式"的先进企业。

农业战线的旗帜是红旗渠精神。河南林县位于太行山腰，水贵如油。有的地方几十里才有一口井，还经常干涸。在县委书记杨贵的带领下，林县人民决心开凿太行山，引来漳河水。他们在高耸入云的悬崖绝壁上，吊着绳子，悬空施工，苦干了10年。从1960年到1969年工程全面完成，削平1250座山头，架设152座渡槽，开凿211个隧洞，终于建成了"人工天河"红旗渠。周恩来赞誉，这条盘绕在太行山千嶂绝壁上的蓝色飘带，是新中国创造的奇迹之一。

这一时期，英雄辈出。沈阳军区某部运输连班长雷锋，在平凡的工作岗位甘当螺丝钉，勇于奉献，乐于助人，"出差一千里，好事做了一火车"，体现了崇高的共产主义情操。1962年8月，雷锋因公殉职时年仅22岁。1963年3月5日，毛泽东发出"向雷锋同志学习"的号召，全国各行各业掀起了持久的学习雷锋热潮。雷锋，成为中华民族的时代精神楷模。

河南兰考县委书记焦裕禄，带领全县人民治理盐碱地和沙丘。他忍着晚期肝癌的病痛，坚持在治沙第一线，"生也沙丘，死也沙丘，父

★中华民族的时代精神楷模——雷锋

老生死系"。鞠躬尽瘁，死而后已，用实际行动塑造了一名优秀共产党员和优秀县委书记的光辉形象。1966 年 2 月，新华社播发了长篇通讯《县委书记的榜样——焦裕禄》，在全国引起了强烈反响。

四、维护国家主权的斗争和对外交往

20 世纪 60 年代前后，国际形势处于大动荡时期。中国共产党在领导新中国维护国家主权的斗争中，挫败了美国分裂中国的图谋，同时也和苏联共产党发生了严重分歧，中苏关系随之恶化。中国周边国际环境日趋严峻复杂。

炮击金门和挫败美国分裂中国的图谋

1956 年中共八大政治报告提出和平解放台湾问题：我们愿意用和平谈判的方式，使台湾重新回到祖国的怀抱，而避免使用武力。但是，从 1957 年起一系列事件导致台湾海峡局势和中美关系紧张起来。美国派遣导弹部队进驻台湾，继续对中国大陆实行封锁和贸易禁运。

面对这一形势，毛泽东开始考虑采取对台维护主权的军事措施。1958 年 8 月 23 日，人民解放军福建前线部队奉中央军委命令向金门国民党军实施大规模猛烈炮击，摧毁国民党军的大批军用设施。到 9 月 11 日，共实施 4 次大规模炮击，迫使为国民党军舰护航的美国军舰逃离金门海域。

10 月 6 日和 26 日，《人民日报》发表由毛泽东起草的《告台湾同胞书》和《再告台湾同胞书》，向台湾当局和台湾同胞晓以民族大义，指出双方都同意台、澎、金、马是中国领土，世界上只有一个中国，没有两个中国，并再次提出举行国共两党和谈以解决中国内部争端的建议。文告还宣布，福建前线逢双日不炮击金门。此后，台湾海峡的斗争就从以军事形式为主转向以政治和外交形式为主，海峡形势的"危机"阶段基本结束。

经过集政治、军事和外交于一体的炮击金门较量，毛泽东请人给台湾领导人带话，表示：只要蒋氏父子能抵制美国，我们可以同他合作；台、澎、金、马要整个回来，可以照原有方式生活，军队可以保存，继续搞"三民主义"。1963年1月，周恩来将毛泽东提出的这些原则概括总结为"一纲四目"，转达给台湾当局。"一纲"是：只要台湾回归祖国，其他一切问题悉尊重台湾领导人意见妥善处理。"四目"是：台湾回归祖国后，除外交必须统一于中央外，所有军政大权人事安排等悉由台湾领导人全权处理；所有军政及建设费用，不足之数，悉由中央拨付；台湾之社会改革，可以从缓，必俟条件成熟，并尊重台湾领导人意见协商决定，然后进行；双方互约不派人进行破坏对方团结之事。

"一纲四目"的祖国统一构想，体现了中国共产党以中华民族根本利益为重的胸怀和从现实出发的精神，对以后争取和平统一祖国的政策产生了深远的影响。

反对大国沙文主义和中苏关系恶化

1959年，中苏两党在禁止试验核武器协议、中印边界冲突、台湾问题上发生了分歧。1960年4月，《红旗》杂志发表题为《列宁主义万岁》的文章，在国际共产主义理论一系列问题上对赫鲁晓夫的观点进行了不点名的批驳。6月下旬，在罗马尼亚布加勒斯特的会议上，赫鲁晓夫猛烈攻击中国共产党，中共代表团予以反击。7月16日，苏联政府突然照会中国政府，单方面决定召回在中国的苏联专家，废止两国政府签订的合作协定。9月，邓小平在中苏两党高级会谈中指出，中国共产党永远不会接受"父子党"的关系。你们对中国单方面撤回专家，撕毁协议，给我们带来很大损失，但中国人民决心把这一损失吞下去，用自己双手的劳动来弥补这个损失。

1963年7月，为改善两党两国关系，中苏两党代表团在莫斯科举行会谈。但是7月14日苏共中央发表公开信，在国内各大报刊展开对中共的攻击，将中苏两党论战公开。随后，《人民日报》、《红旗》杂志编辑部从1963年9月6日至1964年7月14日连续发表9篇评论苏共中央公开信的文章，点名批判"赫鲁晓夫修正主义"，并系统论述了社会主义国家"和平演变"和"资本主义复辟"的世界历史教训。

中苏论战对国际共产主义运动产生了重大而深远的影响，直接后果是导致了第二次世界大战后社会主义阵营的分裂，也使得中国共产党对国内政治形势的判断出现失误。

这一时期，还发生了印度挑起边界武装冲突的事件。1959年西藏发生叛乱以后，印度政府向中国提出大片领土要求，印度武装人员不断侵入中国管辖、控制的地区，设立多个哨所和据点。1962年10月，印军在中印边境东段、西段同时向中国边防部队发动大规模进攻。中国边防部队奉命于 10 月 20 日进行自卫反击作战，收复了 1959 年 8 月以后被印军侵占的中国领土。为了表示和平解决边界问题的诚意，中国政府于 11 月 1 日宣布在中印边界全线停火，从实际控制线单方面后撤 20 公里。随后，遣返被俘印军官兵，归还缴获物资。此后，中印边界的形势基本稳定下来。

支援亚非拉和越南抗美斗争

20 世纪 60 年代中期，在同美苏两个大国对抗的过程中，毛泽东提出"两个中间地带"理论。毛泽东认为，中间地带有两部分：一部分是指亚洲、非洲和拉丁美洲的广大经济落后的国家，一部分是指以欧洲为代表的帝国主义国家和发达的资本主义国家。这两部分都反对美国的控制。在东欧各国则发生反对苏联控制的问题。按照毛泽东的分析，第一个中间地带国家是中国反对美苏两霸的直接同盟军，第二个中间地带国家是间接同盟军。根据这个战略，争取中间地带成为中国外交工作的重点。

对亚非拉国家反对帝国主义和殖民主义、争取和维护民族独立的运动，中国政府给予了积极支援。国家主席刘少奇、国务院总理周恩来、国务院副总理兼外交部部长陈毅曾多次出访亚非国家。周恩来 1963 年底出访亚非欧 14 国，1964 年 1 月提出了中国对外经济技术援助的八项原则：根据平等互利原则对外提供援助；尊重受援国主权，不附带任何条件，不要求任何特权；以无息或者低息贷款方式提供；援助目的是使受援国逐步走上自力更生、独立发展的道路；援

★ 由中国、坦桑尼亚和赞比亚三国合作建设的坦赞铁路全长 1860.5 公里，是中国最大的援外成套项目之一。图为坦赞铁路建设场景

建项目力求投资少、见效快，使受援国能够增加收入、积累资金；中国提供自己生产的最好的设备和物资，根据国际市场议价；保证使受援国充分掌握技术；中国派遣的专家与受援国专家同等待遇。八项原则体现了中国援助亚非拉国家的真诚愿望，受到他们的热烈欢迎。

1965 年起，支援越南人民的抗美战争，成为中国当时最重要的援外任务。1966 年 7 月 22 日，国家主席刘少奇代表中国政府发表声明：7 亿中国人民是越南人民的坚强后盾，辽阔的中国土地是越南人民可靠的后方；中国人民准备承担最大的民族牺牲，坚决支持越南人民的抗美救国斗争。

应越南方面的请求，1965 年 6 月到 1968 年 3 月，中国先后派出防空、铁道、工程、筑路部队等共 23 个支队 32

万余人，在越南北方执行防空作战、修建工程等任务。有4200余人负伤，约1100人牺牲并安葬在越南土地上。

1965年到1975年，中国应越方要求，提供了从飞机到牙膏的大批装备、物资和现汇。包括现汇63462万美元，165架飞机、810辆坦克和装甲车、3万余门火炮、35035辆汽车、686艘船舶、4730台拖拉机、127台铁路机车、540万吨粮食、26960万米棉布等。许多物资是当时中国还非常匮乏的。到1978年，按国际价格计算，中国援越物资总值达200亿美元左右。援越抗美斗争，体现了中国人民反对侵略威胁、维护世界和平的无私无畏精神。

五、"文化大革命"时期的曲折发展

新中国成立以后，复杂、严峻的外部环境对党和国家作出判断和决策产生了重要影响。西方敌对势力的长期军事威胁、经济封锁以及"和平演变"的企图，使毛泽东一直在考虑，如何保证中国的社会主义政权不改变颜色。他提出了干部参加劳动、反对腐败和特权、反对官僚主义等一系列重要措施。20世纪60年代初期中苏两党大论战之后，面对苏联施加的巨大压力，毛泽东又认为，修正主义已经成为主要危险，必须开展"反修"斗争。

"文化大革命"的爆发

由于中国共产党对在一个贫穷落后的国家如何建设社会

主义缺乏经验和思想准备,在分析和处理国内新的矛盾时,往往沿用过去战争年代开展阶级斗争和大规模群众运动的经验。从1962年起,毛泽东把党内在"大跃进"、国民经济调整、社会主义教育运动等一些重要问题上的认识分歧,认为是两个阶级、两条路线的斗争,对党内国内的政治形势逐步作出错误判断,甚至得出了各个领域都面临着资本主义复辟的危险,相当一部分权力"不在我们手里"的严重脱离实际的结论。他认为,必须寻找一种新的形式,公开地、全面地、由下而上地发动广大群众,打倒所谓的"党内走资本主义道路的当权派",从而防止资本主义复辟。

毛泽东的这种错误判断,给了党内一些野心家兴风作浪的可乘之机。经过江青、张春桥等秘密策划,1965年11月10日,姚文元署名的长篇文章《评新编历史剧〈海瑞罢官〉》在上海《文汇报》发表。这一事件成为"文化大革命"的导火索,批判矛头开始指向中共中央宣传部和中共北京市委。

1966年5月,中共中央政治局召开扩大会议。在党内民主生活遭到破坏的情况下,通过的《中国共产党中央委员会通知》("五一六通知")断言:"混进党里、政府里、军队里和各种文化界的资产阶级代表人物,是一批反革命的修正主义分子,一旦时机成熟,他们就会要夺取政权,由无产阶级专政变为资产阶级专政。"在"五一六通知"的影响下,北京大学贴出了一张针对中共北京市委和北大党委的大字报,各地学校纷纷揪斗"黑帮",内乱迅速推向社会,一些中学率先成立了群众造反组织——红卫兵。

　　红卫兵运动席卷全国，出现了大串连、"破四旧①"、冲击当地党政领导机关等严重破坏法制的行为，国家机构的正常工作遭到严重干扰。三届全国人大常委会从1966年7月召开会议后，一直到1974年底没有再举行会议。1966年8月下旬，全国政协机关、各民主党派机关也先后停止办公。1967年1月，首先在上海，然后在全国掀起了造反派夺取党和政府各级领导权的浪潮，导致全国动乱升级。

　　毛泽东起初设想"文化大革命"进行三个月至半年就收尾。但是，这场运动如狂烈的脱缰之马，难以控制，他不得不采取一些强力措施。1967年1月，毛泽东指示人民解放军介入运动，执行"三支两军"（支左、支工、支农，军管、军训）任务。他还要求各地筹备成立"革命委员会"。当年夏季，他视察华北、中南、华东地区，发出了解散跨行业、跨系统的群众组织和实现"大联合"的号召，并且指示隔离审查了煽动动乱的中央文革小组一些成员。1968年7月，他又派出工人、解放军宣传队进驻大中学校。严重动乱的局势开始逐步得到遏止。

　　经过艰难努力，到1968年9月，全国各省、自治区、直辖市（除台湾地区外）都先后成立了"革命委员会"。地方革命委员会代行地方人民代表大会、人民政府的职能，这在1975年前的宪法中没有依据。但"革命委员会"的成立，毕竟对恢复社会秩序起到了一定作用，军队和地方干部得以发挥重要作用，使经济建设仍然能够维持。

　　1968年10月，中共八届扩大的十二中全会召开，在党

---

　　① "四旧"即所谓旧思想、旧文化、旧风俗、旧习惯。

内生活极不正常的情况下，宣布撤销刘少奇党内外一切职务，永远开除党籍。1969年4月1日至24日，中共九大召开。林彪代表中央作政治报告。报告的基本思想，就是所谓的"无产阶级专政下继续革命的理论"。这个理论是"文化大革命"的总的指导思想。它违背了马列主义、毛泽东思想的基本原理，在理论上和实践上都是错误的。

"文化大革命"期间，一批以老干部为代表的中国共产党正确力量和许多有勇气的群众，以各种方式对"左"倾错误进行抵制和抗争。1967年2月前后，谭震林、陈毅、叶剑英、李富春、李先念、徐向前、聂荣臻等中央政治局和中央军委的领导同志，在不同会议上对江青、陈伯达、康生、张春桥等把国家、军队搞乱的做法进行激烈的驳斥，被诬为"二月逆流"，受到压制和打击。然而，这次抗争所表现出的凛然正气，对人民群众是一个有力的鼓舞。

许多群众以各种形式表达了对"文化大革命"的不满和希望制止内乱的心声。河南开封一位工人，给中央、毛泽东、周恩来写信，列举了"文化大革命"以来社会秩序混乱的种种现象，呼吁采取有力措施纠正"左"的错误。河北枣强一位青年农民，多次投寄文章驳斥对刘少奇的种种诬蔑。四川成都一位知识分子向全国投寄传单，指出"文化大革命"极大地打击了干部群众建设社会主义的积极性和对党的忠诚。爱国民主人士周世钊、胡愈之等人利用各种渠道向毛泽东进言，希望总结教训，发扬民主，落实干部政策，解放知识分子，恢复尖端科学研究和理工科、文科大学，开放书禁，受理群众申诉并健全法制，等等。

更多的人胸怀对祖国始终不渝的热爱，在逆境中坚守工作岗位，抵制"文化大革命"错误。从开国元勋到普通群众，处处可见到这种感人肺腑的事例。彭德怀身陷囹圄、屡遭批斗之际，致信周恩来，建议将安顺场石棉矿渣加工制成钙镁磷肥。归国华侨、飞机设计专家陆孝彭被诬蔑为"特务"，在勒令交代"罪行"的纸上，继续论证着试制强-5 喷气式飞机的技术问题。水稻专家袁隆平在试验室的稻种几次被人捣毁的情况下，秘密坚持籼型杂交水稻的育种工作。

广大干部、群众对"文化大革命"的抵制与斗争，体现了对党、国家、社会主义建设事业的忠诚热爱和战胜困难、走出激流险滩的坚定信念。

四届全国人大和全面整顿

中共九大以后，全国人民代表大会及地方各级人民代表大会仍然没有得到恢复。为了使国家政治生活走上正轨，毛泽东开始考虑筹备召开四届全国人大的问题。在此后 5 年中，四届全国人大历经了四次筹备，但三次都因林彪、江青集团制造内乱而中断。

1970 年 3 月，毛泽东第一次提出修改宪法、召开四届全国人大的建议。林彪、江青两个集团也开始了争权夺利的斗争。8 月，在中共九届二中全会上，出现了可能造成分裂的严重态势。毛泽东写文章批判了投靠林彪集团的陈伯达，林彪集团被迫退却，但仍在暗中顽抗。四届全国人大的第一次筹备工作被搁置。

1971 年 9 月，周恩来根据毛泽东指示，再次筹备四届全国人大的工作初步就绪之时，林彪集团的分裂活动也走向极端。为了使党的高级干部认清形势，毛泽东从 8 月中旬起到南方视察，沿路吹风批评林彪集团，打乱了他们的部署。9 月 13 日凌晨，林彪和妻子叶群、儿子林立果及策划政变的骨干乘坐飞机仓皇出逃，在蒙古温都尔汗附近机毁人亡。"九一三"事件的发生，使四届全国人大的第二次筹备工作再度中断。

"九一三"事件的发生，是"文化大革命"推翻党和国家一系列基本原则的结果，客观上宣告了"文化大革命"理论和实践的失败。"九一三"事件后，周恩来在毛泽东的支持下主持中央日常工作，积极领导开展对林彪极左思潮的批判，落实党的各项政策。这些努力在 1972 年取得了明显成效，各方面的工作有了转机。根据毛泽东的指示，1973 年 3 月 10 日，中共中央作出决定，恢复邓小平党的组织生活和国务院副总理职务。

1973 年 8 月，中共十大召开。根据毛泽东的意见，周恩来在大会上宣布，近期要召开四届全国人大。但是，从1973 年底起，"四人帮"利用毛泽东错误发动的"批林批孔"运动，兴风作浪，全国局势再次出现动荡。四届全国人大的第三次筹备工作又被中断。

1974 年 10 月，毛泽东第四次提出筹备召开四届全国人大的建议，并确定由周恩来继续负责筹备工作。在此之前，毛泽东多次批评江青和王洪文、张春桥、姚文元，要他们不要搞"四人帮"宗派活动。但"四人帮"认为这是他们篡夺权力的时机，不顾毛泽东的批评，加紧了阴谋活动。周恩来、邓小平同"四人帮"进行了坚决斗争，挫败了他们的"组阁"图谋，最后确定了新的全国人大、国务院及各部委领导的人选。

1975 年 1 月 13 日至 17 日，历经坎坷的四届全国人大一次会议终于召开。周恩来抱病在政府工作报告中重申了三届全国人大通过的分两步走、在 20 世纪末实现国家"四个现代化"的宏伟目标。这反映了久经内乱而人心思治的大势，举起了一面和"文化大革命"内乱作斗争的旗帜。会议选举朱德为全国人大常委会委员长，董必武、宋庆龄、陈云等为副委员长；确立了周恩来为总理、邓小平为第一副总理的国务院领导集体。国家的主要权力没有被"四人帮"控制，人民从中看到了新的希望。

四届全国人大一次会议后，邓小平接替病重的周恩来主持党中央和国务院日常工作。他根据毛泽东提出的"要安定团结""把国民经济搞上去"的指示，大刀阔斧地展开了全面整顿工作。

整顿的中心在经济领域，首先解决的是铁路问题。铁路是国民经济的命脉，但当时，徐州、南京、郑州等几个重要的铁路局都被造反分子把持，他们猖獗地煽动动乱。京广、湘桂两条干线一度全部瘫痪，运输长期陷于堵塞状态，严重影响了工业生产。1975 年 2 月至 3 月，中共中央召开全国主管工业党委书记会议，着重解决铁路运输问题。邓小平在讲话中严厉指出，解决铁路问题的办法是要加强集中统一，建立必要的规章制度和纪律，对少数闹派性的坏头头，要坚决予以处理。会后，中共中央发出《关于加强铁路工作的决定》，派出工作组，前往问题特别严重的地方，调整领导班子，逮捕了一批破坏分子。全国铁路整顿立即见效，4 月，

20 个局有 19 个完成计划，煤炭日装车量 58 个月来、卸车量 57 个月来第一次完成月生产计划。

6 月至 7 月，邓小平、叶剑英主持召开军委扩大会议，着手整顿军队编制，解决军队臃肿、闹派性、纪律松弛等问题。8 月，胡耀邦、周荣鑫分别领导中国科学院和教育部制定了恢复落实科技、教育政策的文件。

文艺界的整顿叫作调整。从"文化大革命"之初，文艺领域就是"重灾区"，人们所能看到的，只有几个"样板戏"。毛泽东对此很不满意，他对反映"四人帮"批判打击电影《创业》的材料批示：罪名有十条之多，太过分了，不利调整党的文艺政策。邓小平抓住这个有利时机，以"调整文艺政策"的方式对文艺界进行整顿。文艺界开始出现一些生机。

1975 年的整顿工作在短时间内就取得明显的经济成效。当年是"四五"计划的最后一年，计划的工农业总产值和大多数产品产量指标基本完成；全国工农业总产值比上年增长 11.9%，成为"文化大革命"以来经济状况最好的一年。

1966 年到 1976 年的"文化大革命"是一场由领导者错误发动，被反革命集团利用，给党、国家和各族人民带来严重灾难的内乱。但是，我们也应该将"文化大革命"与这个历史时期国家的发展、党和各族人民建设社会主义的活动区别开来。

20 世纪 70 年代，经过周恩来、邓小平先后主持的批判极左思潮和全面整顿，国家建设事业在一些领域取得了突破性的进展。

1972 年，袁隆平开创的杂交水稻研究，由中国农业科学院和湖南省农业科学院牵头列为全国农林重大科研协作项目。1973 年籼型杂交水稻优良品种育成，1976 年在全国进行大面积推广应用，大幅度提高了产量，被联合国誉为"第二次绿色革命"。

中国中医研究院接受抗疟药研究任务，屠呦呦任科技组组长，1972 年成功提取出新型抗疟药青蒿素。这项科研成果被广泛运用，挽救了世界上数百万名患者的生命。2015年，屠呦呦获诺贝尔生理学或医学奖，这是中国科学家在中国本土进行的科学研究首次获得诺贝尔科学奖。

环境保护开始起步，并成为基本国策。1972 年 6 月，

★ 青年屠呦呦（右）和老师楼之岑在实验室攻关

中国派出恢复联合国席位后最大的一个代表团前往瑞典斯德哥尔摩，参加联合国第一次人类环境会议。周恩来提出，要通过这次会议，了解世界环境状况和各国环境问题对经济、社会发展的重大影响，并以此作为镜子，认识中国的环境问题。会后，中国代表团向周恩来汇报说，中国城市、江河污染和自然生态破坏的程度已经相当严重。周恩来说，我所担心的问题在我们国家还是发生了。周恩来指示，立即召开一次全国性的会议，专题研究和部署环境保护问题。1973年8月，国务院召开第一次全国环境保护会议。会议确定了第一个环境保护工作方针："全面规划，合理布局，综合利用，化害为利，依靠群众，大家动手，保护环境，造福人民"；审议通过了第一部环境保护的法规性文件《关于保护和改善环境的若干规定（试行草案）》。11月17日，国务院颁布《工业"三废"排放试行标准》，结束了治理污染无章可循的历史。1974年10月，国务院环境保护领导小组正式成立。中国的环境保护事业迈出了重要一步。

农村合作医疗制度得到迅速发展。根据毛泽东的批示，20世纪70年代，农村合作医疗在全国各地农村普遍推广。"赤脚医生"①成为农村合作医疗的主要组织者和实施者。到1975年底，全国"赤脚医生"的数量达到150多万名。1976年，实行合作医疗的农村生产大队的比重由1968年的20%上升到90%，由合作医疗担负的卫生保健服务覆盖了全国85%的农村人口。

计划生育正式列入国民经济计划，成为基本国策。1971

---

① 即不脱离农业生产劳动的农村卫生人员。

年 7 月，国务院转发卫生部等《关于做好计划生育工作的报告》，提出在"四五"计划期间，使人口自然增长率逐年降低，力争到 1975 年，一般城市降到 10‰左右，农村降到 15‰以下。这是国家首次提出全国计划生育指标。1973 年 7 月，国务院成立计划生育领导小组，年底召开全国第一次计划生育工作汇报会，提出"晚、稀、少"政策。自此，计划生育工作在全国城乡全面铺开。

普及中小学教育取得了一定成果。1971 年 8 月 13 日，中共中央提出，争取在"四五"计划期间，在农村普及小学五年教育。国家采取措施，努力解决学龄期少年儿童占全国大多数、失学率较高的农村地区的小学普及教育问题。1975 年"四五"计划完成时，全国中小学生在校数量出现了一个新中国成立以来的高峰。与 1965 年相比，1976 年小学生人数增加了 29.1%，初中生人数增加了 4.4 倍，高中生人数增加了 10.3 倍。

恢复在联合国合法席位和调整国际战略

20 世纪 60 年代至 70 年代，国际形势发生了重大变化。广大亚非国家纷纷独立，美国深陷越南战争不能自拔。毛泽东、周恩来敏锐地抓住这一时机，调整国际战略，开创了对外关系的新局面。中美关系的缓和，是其中关键性的一环。

1969 年初，尼克松就任美国总统后，为了从越南战争脱身，通过多种渠道同中国进行接触，表示有意改善中美关系。中国政府作出了积极回应。1970 年 12 月，毛泽东在会见美国作家斯诺时，请他转告美方："如果尼克松愿意来，我愿意和他谈，谈得成也行，谈不成也行。" 1971 年 4 月，毛泽东同意了在日本参加第三十一届世界乒乓球锦标赛的美国乒乓球队访华请求。这一事件引起了世界关注。"小球转动大球"的乒乓外交，打开了中美两国人民友好往来的大门。

7 月，受尼克松总统派遣，美国总统国家安全事务助理基辛格秘密访华，同周恩来举行了会谈。中美双方决定次年尼克松访问中国。消息公布后，在世界上引起了极大震动。

10 月 25 日，第二十六届联合国大会根据 76 票赞成、35 票反对、17 票弃权的表决结果，通过了 23 国提案，恢复中华人民共和国在联合国的合法席位，并立即将台湾国民党当局的"代表"从联合国的一切机构中驱逐出去。这就是著名的联合国 2758 号决议。它挫败了美国在联合国搞"一中一台""两个中国"的图谋。表决结果出来以后，会议厅里一片欢腾。11 月 15 日，中国代表团出席联合国大会，引起了空前轰动，57 个国家的代表在会上致辞欢迎。中国代表团团长在经久不息的掌声和欢呼声中讲话，衷心感谢许多联合国成员国为恢复中国在联合国的合法席位作出的努力，并向联合国全体会员国全面阐述了中国的外交政策。

从此，作为联合国安全理事会常任理事国之一的中国，为实现《联合国宪章》的宗旨、维护世界和平、加强各国友好合作、促进人类进步事业，在世界舞台上发挥了重要作用。

1972 年 2 月，美国总统尼克松访问中国。毛泽东同他就中美关系和国际事务坦率地交换了意见。周恩来同尼克松

★ 1972 年 2 月尼克松访华时，毛泽东会见尼克松

举行了会谈，中美于 2 月 28 日在上海发表了联合公报。中国政府明确指出，台湾问题是中国的内政，用什么方式解决应该由中国自己来决定。美方声明：美国认识到，在台湾海峡两边的所有中国人都认为只有一个中国，台湾是中国的一部分；美国政府对这一立场不提出异议，并确认从台湾撤出全部美国武装力量和军事设施的最终目标。联合公报的发表，标志着中美关系开始走向缓和，为以后中美关系的发展奠定了原则基础。

1972 年 9 月，日本新任首相田中角荣应周恩来邀请访华，签署了中日两国建交联合声明。日方声明：痛感过去由于战争给中国人民造成重大损害的责任，表示深刻的反省；承认中华人民共和国是中国的唯一合法政府，理解和尊重中国政府对台湾的立场，并坚持遵循《波茨坦公告》第八条的立场。中日建交结束了两国长期敌对的历史，开始了新的睦邻友好关系。

20世纪70年代初，中国外交迎来了新局面。1969年底，世界上与中国建立大使级外交关系的国家只有49个，其中西欧北美只有法国等6个国家。到1976年底，已经猛增到113个国家，主要资本主义国家除美国外基本都已和中国建交。

1972年到1973年，毛泽东、周恩来审时度势，批准实施从西方国家引进计划总额43亿美元的26个大型技术设备方案（"四三方案"），配套建成武钢一米七轧机、北京和上海石化总厂、四川长寿维尼纶厂等几十个大型冶金、化工企业，形成了新中国成立以来第二次对外引进高潮。

这一时期外交的重大突破，极大地改善了中国的外部环境，拓宽了外交活动的舞台，为后来中国对外开放和积极参与国际事务，创造了有利条件。

★ 1972年2月，毛泽东圈阅、周恩来和李先念批示同意国家计委《关于进口成套化纤、化肥技术设备的报告》

六、拨乱反正初步展开和经济复苏

1976 年，中国经历了种种大事件，人民经受了政治动荡和自然灾害的严峻考验，最终以粉碎"四人帮"为转折点，结束了"文化大革命"。

粉碎"四人帮"和"文化大革命"的结束

1975 年邓小平主持的整顿工作，引起"四人帮"的恐慌，他们利用"反经验主义""评水浒"活动等各种机会，竭力对整顿进行攻击。毛泽东虽然严厉批评"四人帮"，也批评"文化大革命"中"怀疑一切、打倒一切"的错误，支持邓小平的整顿工作，但他仍然认为"文化大革命"的成绩是主要的，不允许系统纠正"文化大革命"的错误。1975年秋，毛泽东批评邓小平"要翻文化大革命的案"。随后，全国开展了"反击右倾翻案风"运动，整顿的大好形势急转直下。

1976 年 1 月 8 日，党和国家的重要领导人周恩来逝世，全国人民陷入巨大的悲痛之中。"四人帮"却压制人民的悼念活动，加紧展开"反击右倾翻案风"运动，这激起了人民的极大愤慨，长期积蓄的对"文化大革命"的不满如火山般爆发出来。

自 3 月下旬起，南京、杭州、郑州、西安等城市的群众利用清明节的传统习俗，冲破重重阻力，举行各种形式的悼念周恩来的活动。4月4日清明节这一天，天安门广场聚集了百万以上群众，悼念活动达到高潮。"四人帮"十分惊恐，利用毛泽东病重，操纵中央政治局会议通过决定，把悼念活动定为"反革命性质的"事件（"天安门事件"）。4月7日，经毛泽东批准，华国锋任中共中央第一副主席、国务院总理；撤销邓小平党内外一切职务，保留党籍。

这场反对"四人帮"、悼念周恩来的大规模群众运动虽然被压制下去，但充分显示了人民群众对"文化大革命"错误的广泛反对，对以周恩来、邓小平为代表的中国共产党正确力量的积极拥护，为后来中共中央政治局顺应民心采取断然措施隔离审查"四人帮"、结束"文化大革命"，奠定了坚实的群众基础。

7月6日，党和国家的重要领导人朱德逝世。7月28日，河北省唐山发生7.8级强烈地震。唐山市被夷为废墟，人民群众生命财产遭受巨大损失，累计死亡24.2万多人，重伤16.4万多人。中共中央和国务院立即组织人民解放军和各有关部门积极进行抗震救灾活动。

9月9日，毛泽东逝世。毛泽东是伟大的马克思主义者，伟大的无产阶级革命家、战略家和理论家，是马克思主义中国化的伟大开拓者，是近代以来中国伟大的爱国者和民族英雄，是党的第一代中央领导集体的核心，是领导中国人民彻底改变自己命运和国家面貌的一代伟人。他的逝世使全国人民沉浸在巨大的哀痛之中，人民也为国家的命运忧心忡忡。

国家多难之际，"四人帮"却加紧进行争夺党和国家最高领导权的活动。主持中央日常工作的中共中央第一副主席华国锋，认识到与"四人帮"的斗争不可避免，提出要采取断然措施解决"四人帮"问题，这一意见得到叶剑英、李先念以及中央政治局多数同志的支持。

10 月 6 日晚，华国锋、叶剑英代表中央政治局，执行党和人民的意志，对王洪文、张春桥、江青、姚文元实行隔离审查。在粉碎"四人帮"这场关系党和国家命运的斗争中，华国锋、叶剑英、李先念等起了重要作用。当晚，中共中央政治局召开会议，决定华国锋任中共中央主席、中央军委主席。中共中央随后采取坚决措施，挫败了"四人帮"余党在上海发动叛乱的图谋，控制和稳定了上海等地的局势。10 月 19 日，粉碎"四人帮"的消息向全国传达后，人民群众欢欣鼓舞，奔走相告，各地纷纷举行盛大集会和游行，热烈庆贺这一伟大历史性胜利。

"文化大革命"使党、国家和人民遭到新中国成立以来的最大挫折。党组织和国家政权受到削弱，民主和法制受到破坏，大批干部和群众遭受打击，教育、科学、文化事业受到摧残，人们的思想和道德伦理陷于混乱。10 年中，国民经济遭到巨大损失，人民群众生活水平长期没有提高，甚至有所下降。国家一度面临严重的政治、经济和社会危机。当时世界许多国家和地区正处于快速发展期，我国却陷于内乱之中，痛失了宝贵的历史机遇。

"文化大革命"时期，中国共产党和人民对极左错误的抵制，对林彪和江青两个反革命集团的斗争，一直没有停止过。正是这种抵制和斗争，使得"文化大革命"的破坏受到一定程度的限制，社会主义建设在一些重要领域仍然取得一定进展，外交工作取得明显成就。当然，这一切绝不是"文

★ 1976 年 10 月 24 日，首都各界群众在天安门广场集会，热烈庆祝粉碎"四人帮"的胜利

化大革命"的成果。如果没有"文化大革命"，社会主义建设事业会取得大得多的成就。

拨乱反正的初步展开

隔离审查"四人帮"以后，为了稳定局势，中央采取了一系列政治上、组织上的措施，在全国开展揭发、批判"四人帮"及清查其帮派势力运动。中央决定由叶剑英重新主持中央军委工作，李先念等同志参与分管经济等领域的工作。同时对党政军一些重要领导机构以及一些地方主要负责人进行调整，夺回了被"四人帮"篡夺的领导权。经过艰苦努力，人民群众长期渴望的安定的社会局面初步形成。

这时，广大干部群众普遍希望尽快为 1976 年的"天安门事件"平反。叶剑英、李先念、陈云、王震等也在不同场合呼吁，让邓小平早日出来工作，这实际上反映了人民群众的意愿。然而，要解决这些重大问题，不能不涉及对"文化大革命"的评价，涉及对毛泽东过去指示和决定的态度，当时的中央主要领导人采取了"瓜熟蒂落，水到渠成"的处理办法。

1977年7月，中共十届三中全会在北京召开，追认华国锋为中共中央主席、中央军委主席；决定开除王洪文、张春桥、江青、姚文元的党籍并撤销其一切职务；决定恢复邓小平中共中央委员，中央政治局委员、常委，中共中央副主席，中央军委副主席，国务院副总理等领导职务。8月，中国共产党第十一次全国代表大会在北京召开，华国锋在政治报告中宣布"文化大革命"结束。但是，由于"文化大革命"造成的思想混乱难以在短时间内清除，报告仍然肯定"无产阶级专政下继续革命"的理论，认为"文化大革命"今后还要进行多次。邓小平在闭幕词中号召全党一定要恢复和发扬毛泽东倡导的优良传统和作风，造成又有集中又有民主，又有纪律又有自由，又有统一意志又有个人心情舒畅、生动活泼，那样一种政治局面。

国家政治生活和社会秩序开始走上正常轨道。1978年2月26日至3月5日，第五届全国人民代表大会第一次会议在北京举行。大会选举叶剑英为全国人大常委会委员长，宋庆龄、聂荣臻、陈云、邓颖超等为副委员长；决定华国锋为国务院总理，邓小平、李先念等为副总理。一批在"文化大革命"中被排斥打击的劳动模范当选为人民代表。大会通过了重新修订的《中华人民共和国宪法》，确定了全国人民在新时期的总目标是实现"四个现代化"，恢复了被撤销的人民检察院制度。

与此同时，全国政协五届一次会议在北京举行。会议选举邓小平为全国政协主席。各民主党派、无党派人士恢复了参政议政和参与国家政治生活的权利，中国共产党领导的多党合作和政治协商制度得到恢复。

此后，被"文化大革命"中断了的共青团、工会、妇联的全国代表大会也相继召开。

恢复高考与召开全国科学大会

从 1966 年夏季起，全国大学和中专先后停止招生，使我国知识分子队伍培养出现了一个断层。1971 年，张春桥、姚文元等人在《全国教育工作会议纪要》中，提出了所谓"两个估计"，即新中国成立后 17 年，教育领域基本是"资产阶级专了无产阶级的政"，是"黑线专政"；大多数教师和学生的"世界观基本上是资产阶级的"。"两个估计"成为广大知识分子的精神枷锁，严重压制了他们的社会主义建设积极性，导致社会上出现了不尊重知识、不尊重人才的恶劣风气。

恢复中央领导工作的邓小平，深知教育、科技领域拨乱反正的重要性，主动要求分管教育、科技工作，并以恢复全国高考和召开全国科学大会为突破口，进一步推动了全国的拨乱反正工作。

1977 年 8 月，邓小平主持召开科学和教育工作座谈会。参加座谈的几十位科学家、教育工作者一致要求澄清"两个估计"的是非，改革高校招生制度，恢复文化考试。邓小平当即表示：今年就下决心从高中生直接招考，恢复文化考

试。他肯定地说，新中国成立后 17 年教育战线"主导方面
是红线"，"知识分子绝大多数是自觉自愿地为社会主义服务
的"。会后，邓小平又专门致信华国锋、叶剑英、李先念等，
提出必须在社会上招考，才能保证质量。他找教育部负责人
谈话，严肃指出，"两个估计"是不符合实际的，怎么能把
几百万、上千万知识分子一棍子打死呢？11 月 18 日，《人
民日报》发表教育部文章《教育战线的一场大论战——批判
"四人帮"炮制的"两个估计"》，公开推倒了压在知识分子
头上的"两块石头"。

　　"忽如一夜春风来，千树万树梨花开。"在邓小平的推动
下，中共中央和国务院决定 1977 年恢复高等学校招生考试
制度。11 月 28 日至 12 月 25 日，全国约 570 万名考生怀着
求知的渴望走进考场，其中 27.3 万人被录取。由于大学多
年没有高考招生，不少报考者年龄相差十几岁，出现了师生

★ 1977 年恢复高考时的北京某考场

同堂参加高考的空前盛况。社会上重新掀起努力学习科学文化知识的热潮。

科技战线的拨乱反正，是邓小平在复出前就关注的大事。1977年5月12日，他在和中国科学院负责人谈话时就指出，整个国家赶超世界先进水平，科学研究是先行官。9月18日，中央正式发出在1978年春召开全国科学大会的通知，全国掀起了向科学技术现代化进军的热潮。根据邓小平的建议，恢复了国家科学技术委员会。各地科研机构纷纷行动起来，落实知识分子政策，恢复科研队伍，收集失散的科研资料，恢复评定学术职称。中国科学院破格晋升了陈景润、杨乐、张广厚等科研成就突出的中青年科学家的职称，在社会上引起强烈反响。

1978年3月，全国科学大会在北京隆重举行。邓小平在大会开幕式上讲话。他强调，"四个现代化"关键是科学技术的现代化；指出科学技术是生产力，而且正在成为越来越重要的生产力；针对新中国成立以来争议不休的知识分子的阶级属性问题，他一锤定音地宣布：绝大多数知识分子"已经是工人阶级和劳动人民自己的知识分子，因此也可以说，已经是工人阶级自己的一部分"。大会制定了《一九七八年——一九八五年全国科学技术发展规划纲要（草案）》，表彰了先进工作者和先进集体，号召大家树雄心、立壮志，向科学技术现代化进军，提高全民族的科学文化水平。中国科学院院长郭沫若在全国科学大会闭幕式书面发言中饱含激情地说："科学的春天来到了！"这句话道出了全国人民的心声。

恢复高考和召开全国科学大会这两件大事，对社会主义现代化建设产生了深远的影响。尊重知识、尊重科学、尊重人才迅速成为社会风尚。

国民经济复苏与急于求成倾向

粉碎"四人帮"以后的两年，中共中央和国务院先后召开了农业、计划、铁路、基建、工业、财贸、煤炭、电力、运输、粮食等一系列专门会议，努力扭转"文化大革命"造成的混乱局面，对国民经济的恢复和发展作出新的部署。

1978年4月，中共中央颁发了《关于加快工业发展若干问题的决定（草案）》（"工业三十条"），对整顿企业提出了具体标准，明确规定了工业企业的任务、制度、工作方法和管理政策。这个文件是在1975年邓小平指示制定的"工业二十条"基础上修订的。由此，"文化大革命"时期遭到破坏的各项经济制度基本得到恢复。

经过近两年的整顿，到1978年，全国经济形势明显好转。工业方面，1977年工业总产值比上年增长14.3%，1978年又比上年增长13.5%，80种主要产品产量有68种完成或超额完成了计划。农业方面，1978年农业总产值和粮食、棉花、油料产量都达到了新中国成立以来的最好水平。

粉碎"四人帮"以后，干部和群众普遍怀有加快建设的良好愿望，大多数中央领导人在这个问题上的意见也是一致的，加上国民经济具有恢复性质地较快好转，因此急于求成的倾向又出现了。1977年11月，全国计划会议向中央政治局提出《关于经济计划的汇报要点》，建议1978年到2000年的23年，分三个阶段打几个大战役：到20世纪末，使我国的主要工业产品产量分别接近、赶上和超过最发达的资本主义国家，各项经济技术指标分别接近、赶上和超过世界先进水平。具体安排是：1978年至1980年，重点抓农业和燃料、动力、原材料工业；1981 年至 1985 年展开基本建设的宏大计划，工业方面要建成 120 个大项目，其中包括十大油气田；在 2000 年以前全面实现"四个现代化"，使我国国民经济走在世界前列。

1978 年 3 月，五届全国人大一次会议通过了包括上述指标的《一九七六年至一九八五年发展国民经济十年规划纲要（草案）》。从当时的经济状况看，要实现上述指标是脱离实际的。1978 年，国民经济虽然有了较大好转，但多年积累的问题没有得到根本解决，主要反映在农、轻、重比例失调上。农产品严重不足，很多农民需要国家救济，外出逃荒讨饭现象严重。为了保证供应，国家还要大批进口粮食、棉花、食油、食糖。一些工业建设项目没有落实，如建设十大油气田并没有得到地质勘探结果的支持。

当时，西方国家正处于经济萧条期，资金急需寻找出路。1978 年春夏，受中央委派，谷牧等分别率领代表团访问考察了欧洲五国、日本和我国港澳地区。回来后，他们分别向中央政治局汇报，提出我们比发达国家和地区已经落后很多，许多国家愿意向中国提供资金，许多国际通行办法我们可以采用。中央政治局同志听后表示：该是下决心采取措施的时候了。

积极利用外资，引进外国先进技术设备，是改革开放时期确立的一项重大政策，对中国经济的快速发展起到了重要的促进作用。但是，引进之初也出现了项目缺乏论证、借贷超过中国偿还能力等急于求成的倾向。

邓小平积极支持对外引进，他又较早地看到了实现现代化不能仅依靠引进外国资金、技术，更需要用改革来推动生产力发展。1978 年 10 月，他在中国工会第九次全国代表大会上的致辞中说，"各个经济战线不仅需要进行技术上的重大改革，而且需要进行制度上、组织上的重大改革。进行这些改革，是全国人民的长远利益所在"。

　　在"文化大革命"结束后的两年间，党和国家工作有所前进，一些领域的拨乱反正已经开始，经济建设、社会各项事业和外交工作也有所恢复和发展。人们急切地期待着党和国家迅速摆脱困境，迈开大步前进。

第三章 ‖ 改革开放与中国特色社会主义的开创（1978—1992）

1978 年 12 月召开的中共十一届三中全会，开启了改革开放和社会主义现代化建设的新时期。以邓小平同志为主要代表的中国共产党人，团结带领全党全国各族人民，深刻总结我国社会主义建设正反两方面经验，借鉴世界社会主义历史经验，创立了邓小平理论，作出把党和国家工作中心转移到经济建设上来、实行改革开放的历史性决策，深刻揭示社会主义本质，确立社会主义初级阶段基本路线，明确提出走自己的路、建设中国特色社会主义，科学回答了建设中国特色社会主义的一系列基本问题，制定了到 21 世纪中叶分三步走、基本实现社会主义现代化的发展战略，成功开创了中国特色社会主义。

一、解放思想和实现伟大历史转折

1978 年全国开展了真理标准问题讨论，冲破"两个凡是"错误方针的禁锢，揭开了思想解放的序幕。12 月召开的中共十一届三中全会，实现了新中国历史上具有深远意义的伟大转折。随着拨乱反正的全面开展，我国社会主义建设逐步走上了正确的、健康发展的轨道，各方面工作都有了新的气象。

真理标准问题讨论与解放思想

"文化大革命"结束后，人们期待着中国迅速摆脱困境，早日踏上社会主义现代化建设征程。然而，1977年2月7日，《人民日报》、《红旗》杂志、《解放军报》发表社论《学好文件抓住纲》，提出"凡是毛主席作出的决策，我们都坚决维护，凡是毛主席的指示，我们都始终不渝地遵循"（"两个凡是"）的错误方针，使"左"的指导思想不能得到根本纠正。"文化大革命"结束后两年间，党和国家的工作在前进的道路上出现徘徊局面。

"两个凡是"的方针提出不久，邓小平等老一辈革命家多次予以批评，倡导实事求是。1977年2月，尚未恢复领导职务的邓小平同前来看望他的王震谈话时，对"两个凡是"提出异议，认为这不是马克思主义，不是毛泽东思想。4月，邓小平致信华国锋、叶剑英和中共中央，针对"两个凡是"的错误观点，指出："我们必须世世代代地用准确的完整的毛泽东思想来指导我们全党、全军和全国人民，把党和社会主义的事业，把国际共产主义运动的事业，胜利地推向前进。"7月，刚刚复出的邓小平在中共十届三中全会的讲话中，强调要用准确的完整的毛泽东思想作指导思想，提出要把毛泽东倡导的群众路线和实事求是的作风恢复起来。9月，

在纪念毛泽东逝世 1 周年之际，聂荣臻（5 日）、徐向前（19
日）、陈云（28 日）等人先后在《人民日报》发表文章，总
结党的历史经验，强调完整地准确地宣传毛泽东思想，阐述
恢复和发扬实事求是优良传统的重大意义。这引起一批理论
工作者和广大干部群众的共鸣，激发人们对"两个凡是"造
成的思想阻碍进行反思和质疑，并开始讨论判断历史是非的
标准。

1978 年 5 月 10 日，中共中央党校内部刊物《理论动
态》第 60 期刊登《实践是检验真理的唯一标准》一文，鲜
明地提出，检验真理的标准只有一个，就是千百万人民的社
会实践。实践是不断发展的，任何思想、理论，即使是已经
在一定的实践阶段上证明为真理，在其发展过程中仍然要接
受新的实践的检验而得到补充、丰富或者纠正。躺在马列主
义、毛泽东思想的现成条文上，甚至拿现成的公式去限制、
宰割、裁剪无限丰富的飞速发展的革命实践，这种态度是错
误的。5 月 11 日，《光明日报》以特约评论员文章的形式公
开发表此文，新华社全文转发。5 月 12 日，《人民日报》《解
放军报》全文转载。全国绝大多数省、自治区、直辖市报纸
也都陆续转载，从而引发了关于真理标准问题的讨论。这篇
文章得到广大干部和群众的认可和赞同，但是由于它从理论
上根本否定了"两个凡是"的错误方针，受到少数人的非议
责难，真理标准问题的讨论面临巨大压力。

邓小平等老一辈革命家旗帜鲜明地支持真理标准问题
的讨论。6 月 2 日，邓小平在全军政治工作会议上着重阐述
毛泽东关于实事求是、一切从实际出发、理论与实践相结合
的根本观点和方法，批评一些同志只照抄照搬马克思、列

宁、毛泽东的原话的错误态度，指出"这个问题不是小问题，而是涉及到怎么看待马列主义、毛泽东思想的问题"。邓小平这一讲话在《人民日报》上全文发表，对于推动真理标准问题讨论的深入开展起到很大的促进作用。6月24日，《解放军报》发表题为《马克思主义的一个最基本的原则》的文章，阐述理论与实践的统一，强调下大力气纠正理论脱离实际的坏作风。6月24日的《人民日报》、6月25日的《光明日报》全文转载这篇文章，推动真理标准问题讨论逐步深入。

在老一辈革命家的领导和支持下，理论界、新闻界纷纷举办关于真理标准问题的讨论会，各省、自治区、直辖市及中国人民解放军各大军区的主要负责人相继公开撰文或发表讲话，支持"实践是检验真理的唯一标准"的观点，促使真理标准问题讨论在全国范围内蓬勃开展起来。据不完全统计，到1978年底，报刊上发表关于真理标准问题的专文650多篇；专门的讨论会，不包括中央单位，仅地方上就召开了70余次。

通过这场大讨论，党内外思想日益活跃，出现了打破习惯势力和主观偏见的束缚，努力研究新情况、解决新问题的生动景象，为全党和全国人民冲破"两个凡是"的思想禁锢，重新确立实事求是的马克思主义思想路线，实现我国社会主义建设走上正确道路的历史转折，奠定了思想基础。

十一届三中全会实现伟大历史转折

在全党和全国人民思想解放的氛围中，中共中央开始探索如何通过改革开放加快发展。1978年，中共中央先后派出多个由党政领导人率领的代表团访问欧洲、日本、东南亚和我国港澳地区，其中邓小平先后出访了日本、新加坡等7个国家。通过出访，党和国家领导人深刻认识到我国在经济、科技领域同世界先进水平的差距，学习和借鉴国外的先进管理经验和科学技术成为他们日益关注的问题。

在1978年7月至9月召开的国务院务虚会上，许多同志提出了改革经济管理体制的建议。李先念在总结讲话中提出，"我们要改革一切不适应生产力的生产关系，改革一切不适应经济基础的上层建筑"，"实现四个现代化，必须坚持独立自主、自力更生的原则，但自力更生绝不是闭关自守。为了大大加快我们掌握世界先进技术的速度，必须积极从国外引进先进技术和设备"。9月至10月，国务院召开全国计划会议，进一步确定经济工作必须实行三个转变：一是把注意力转到生产斗争和技术革命上来；二是把管理制度和管理方法转到按照经济规律办事的科学管理的轨道上来；三是从闭关自守或半闭关自守状态转到积极引进国外先进技术，利用国外资金，大胆进入国际市场的开放政策上来。这实际上已经初步提出了把工作重点转移到经济建设和实行改革开放的要求。

邓小平多次发表关于改革开放和工作重点转移的主张。1978年9月，邓小平在东北三省以及唐山和天津等地视察，发表系列重要谈话，论及体制改革和开放，强调现代化抓经济建设、发展生产力的重要性，提出将党的工作重点转移到经济建设上来。10月，邓小平在中国工会九大上致辞，指出揭批"四人帮"的斗争"在全国广大范围内已经取得决定性的胜利，我们已经能够在这一胜利的基础上开始新的战斗任务"，"现在党中央、国务院要求加快实现四个现代化的步伐，并且为此而提出了一系列政策和组织措施。中央指出：这是一场根本改变我国经济和技术落后面貌，进一步巩固无产阶级专政的伟大革命。这场革命既要大幅度地改变目前落后的生产力，就必然要多方面地改变生产关系，改变上层建筑，改变工农业企业的管理方式和国家对工农业企业的管理方式"。

邓小平的主张得到党内很多领导同志的赞同和支持。在1978年11月10日至12月15日召开的中央工作会议上，从1979年起把全党工作重点转移到社会主义现代化建设上来成为一项主要议题。11月25日，中央政治局作出为"天安门事件"平反、为所谓"薄一波等六十一人叛徒集团"等冤假错案平反的决定，解决了一批重大历史遗留问题。12月13日，邓小平在闭幕会上作了题为《解放思想，实事求是，团结一致向前看》的讲话，强调"如果现在再不实行改革，我们的现代化事业和社会主义事业就会被葬送"。这篇纲领性讲话受到与会者的热烈拥护，实际上成为随后召开的十一届三中全会的主题报告，成为解放思想、开辟新时期新道路的宣言书。

1978年12月18日至22日，中共中央召开十一届三中全会，作出把党和国家工作中心转移到经济建设上来、实行改革开放的历史性决策。全会指出，"现在就应当适应国内外形势的发展，及时地、果断地结束全国范围的大规模的揭批林彪、'四人帮'的群众运动，把全党工作的着重点和全国人民的注意力转移到社会主义现代化建设上来"。全会强调，"实现四个现代化，要求大幅度地提高生产力，也就必

★ 为贯彻落实中共十一届三中全会精神，解放思想、提高认识，全国各地普遍组织学习、讨论中共十一届三中全会公报。图为 1978 年 12 月 24 日，北京市第六建筑工程公司一工区的干部、工人和技术人员认真学习全会公报

然要求多方面地改变同生产力发展不适应的生产关系和上层建筑，改变一切不适应的管理方式、活动方式和思想方式，因而是一场广泛、深刻的革命"。全会加强了中央领导机构，增选陈云为中央政治局委员、中央政治局常务委员会委员、中央委员会副主席；增选邓颖超、胡耀邦、王震为中央政治局委员；增补黄克诚、宋任穷、胡乔木、习仲勋、王任重等9 人为中央委员；选举产生以陈云为第一书记的中央纪律检查委员会。这次全会后，邓小平实际上已经成为中共中央领导集体的核心。

中共十一届三中全会，是新中国历史上具有深远意义的伟大转折。这次全会冲破长期"左"的错误的严重束缚，批评"两个凡是"的错误方针，充分肯定必须完整、准确地掌握毛泽东思想的科学体系，高度评价关于真理标准问题的讨论，果断结束"以阶级斗争为纲"，重新确立马克思主义的思想路线、政治路线、组织路线。从此，我国改革开放拉开了大幕。

拨乱反正的全面展开

中共十一届三中全会后，各领域的拨乱反正全面展开，为社会主义现代化建设提供了前提条件。

全面平反冤假错案，解决历史遗留问题，把"文化大革命"时期受到严重干扰的社会关系调整过来，是拨乱反正的重要内容。中共十一届三中全会以后，中共中央加快了平反冤假错案的步伐，陆续平反了以下冤假错案：一是平反涉及党、政、军一些高级领导干部的重大冤假错案，其中影响最大的是1980年2月中共十一届五中全会为刘少奇平反；二是平反民主党派人士、爱国民主人士、各界知名人士的冤假错案；三是平反有关部委的冤假错案；四是平反地方性事件中的重大冤假错案；五是平反"文化大革命"期间的"反革命"案件和刑事案件中的冤假错案；六是平反涉及重大历史是非的案件。到1982年底，全国大规模的平反冤假错案工作基本结束。据不完全统计，全国共平反纠正了300多万名干部的冤假错案，为47万多名共产党员恢复党籍。

中共中央妥善解决一些历史遗留问题，调整社会关系，落实各方面政策。一是全部摘掉右派分子帽子，对1957年错划的"右派分子"进行甄别改正，重新安排他们的工作生

★ 1979 年 3 月 30 日，邓小平在党的理论工作务虚会上作《坚持四项基本原则》的重要讲话

活。二是为完成改造的地主富农分子、反革命分子、坏分子全面评审摘帽。三是把全国 70 多万小商、小贩、小手工业者从原资产阶级工商业者中区别出来，恢复劳动者身份；摘掉约 16 万原工商业者的资本家或资本家代理人的帽子，一律改成干部或工人。四是全面落实知识分子、民族、宗教、侨务政策，纠正这些领域的错误政策和措施，巩固发展爱国统一战线。

拨乱反正，最重要的是指导思想的拨乱反正。20 世纪 70 年代末，无论是中国共产党内还是社会上都出现了一些政治上、思想上的不安定因素，尤其是极少数人极端夸大党在社会主义建设时期所犯的错误，怀疑和否定社会主义、无产阶级专政、党的领导、马列主义和毛泽东思想。针对这些错误倾向，1979 年 3 月 30 日，邓小平在党的理论工作务虚会上作了《坚持四项基本原则》的重要讲话，指出："要在中国实现四个现代化，必须在思想政治上坚持四项基本原则。这是实现四个现代化的根本前提。这四项是：第一，必须坚持社会主义道路；第二，必须坚持无产阶级专政；第三，必须坚持共产党的领导；第四，必须坚持马列主义、毛泽东思想。"这一讲话澄清了当时全党工作特别是思想理论战线的一些根本性问题。

为了正确认识新中国成立以来的历史，正确评价毛泽东的历史地位和毛泽东思想，1979 年 11 月，中共中央决定起草《关于建国以来党的若干历史问题的决议》。1980 年 3 月，邓小平提出了起草历史决议的三条总的要求：第一，确立毛泽东的历史地位，坚持和发展毛泽东思想。这是最核心的一条。第二，对建国 30 年来历史上的大事，要进行实事求是的分析，包括一些负责同志的功过是非，要作出公正的评价。第三，通过这个决议对过去的事情作个基本的总结。这个总结宜粗不宜细，总结过去是为了引导大家团结一致向前看。

1981 年 6 月 27 日至 29 日，中共十一届六中全会在北京举行，全会审议和通过《关于建国以来党的若干历史问题的决议》。《决议》对新中国成立 32 年来党的重大历史事件作出正确的总结和评价，从根本上否定了"文化大革命"和"无产阶级专政下继续革命"的错误理论。《决议》实事求是地评价了毛泽东的历史地位，指出毛泽东是伟大的马克思主义者，是伟大的无产阶级革命家、战略家和理论家，就他的一生来看，他对中国革命的功绩远远大于他的过失，他的功绩是第一位的，错误是第二位的。《决议》充分论述了毛泽东思想作为党的指导思想的伟大意义，指出毛泽东思想是马克思列宁主义在中国的运用和发展，是中国共产党集体智慧的结晶，是党宝贵的精神财富，将长期指导我们的行动。《决议》的通过，标志着中国共产党在指导思想上完成了拨乱反正的历史任务。

全面拨乱反正从根本上改变了"文化大革命"和长期以来"左"的错误造成的混乱局面，国家和社会重新焕发勃勃生机。

二、改革开放的起步

新时期最鲜明的特点是改革开放。中共十一届三中全会以后，经济体制改革首先从农村突破，实行以包产到户、包干到户为主要形式的家庭联产承包责任制，解决了我国社会主义农村体制的重大问题。政治体制改革的初步实践，以改革党和国家领导制度、坚持和加强党的领导为主要内容。对外开放，则以经济特区的创办而取得重大突破。同时，外交政策适应国际形势的发展变化和改革开放的需要，进行了重要调整。

经济体制改革的起步和率先在农村取得突破

1979年3月，邓小平强调，为了有效地实现四个现代化，必须认真解决各种经济体制问题。我国经济体制改革很快扬起风帆，并率先在农村取得突破和成功。

　　改革从农村开始不是偶然的，是由我国基本国情和当时农村的困境决定的。"文化大革命"结束后，农村的问题尤为突出，当时有 2.5 亿人吃不饱肚子，吃饭问题成为最紧迫的大事，不改革已经没有出路了。1978 年夏秋之际，安徽遭受百年不遇的特大旱灾，以万里为第一书记的中共安徽省委作出把土地借给农民耕种、不向农民征统购粮的决策。这一决策激发了农民的生产积极性，不仅战胜了特大旱灾，还引发凤阳县等地一些社队自发实行包产到户、包干到户。凤阳县小岗村 18 户农民，在包干契约上摁下手印，使小岗村成为农村改革的主要发源地。与此同时，其他地方的农民也实行类似改革。1979 年 1 月，《人民日报》先后报道了四川省广汉县、贵州省开阳县、云南省元谋县，以及安徽省和广东省实行农业生产责任制、有效调动农民生产积极性的情况。

　　农村改革引起一些人的疑虑，他们担心这种做法会偏离社会主义。针对这些疑虑，邓小平在 1980 年 5 月的一次谈话中，明确支持农村包产到户、包干到户，指出这种做法不会影响集体经济的发展。1980 年 9 月，中共中央印发《关于进一步加强和完善农业生产责任制的几个问题》的通知，首次打破多年来把包产到户等同于分田单干和资本主义的观念，肯定在生产队领导下实行的包产到户不会脱离社会主义轨道，没有复辟资本主义的危险。

　　1982 年 1 月 1 日，中共中央批转的《全国农村工作会议纪要》（即 1982 年"中央一号文件"）指出，目前，全国农村已有 90% 以上的生产队建立了不同形式的农业生产责任制，包括小段包工定额计酬，专业承包联产计酬，联产到劳，包产到户、到组，包干到户、到组，等等，都是社会主义集体经济的生产责任制，反映了亿万农民要求按照中国农村的实际状况来发展社会主义农业的强烈愿望。不论采取什么形式，只要群众不要求改变，就不要变动。至此，全国范围内有关包产（包干）到户性质的争论基本停止，以包产到户、包干到户为主要形式的家庭联产承包责任制在全国范围内迅速推广开来。

城市经济体制改革在局部领域开始探索，主要围绕扩大国营企业经营管理自主权、实行工业生产经济责任制、发展多种经济形式等展开。

1978 年 10 月，四川省率先在宁江机床厂等 6 家地方国营企业进行扩大企业自主权试点，得到中央的支持。1979 年 5 月，国家经委、财政部等 6 部门发出通知，确定在京津沪的首都钢铁公司、天津自行车厂、上海柴油机厂等 8 家企业进行企业管理改革试点。7 月，国务院发出《关于扩大国营工业企业经营管理自主权的若干规定》《关于国营企业实行利润留成的规定》等文件，要求各地选择少数国营企业进行扩大企业经营管理自主权试点，允许试点企业在完成国家计划的前提下制订补充计划扩大生产，并实行利润留成，推动了扩大企业自主权试点的深入。为了使企业把责、权、利进一步有机结合，1981 年春，山东省率先在企业中试行工业生产经济责任制，实行利润留成或盈亏包干办法，调动了企业干部和职工的积极性。1981 年 10 月、11 月，国务院分别批转《关于实行工业生产经济责任制若干问题的意见》《关于实行工业生产经济责任制若干问题的暂行规定》，明确提出建立和实行经济责任制的要求。

　　所有制结构也开始进行改革，实行在国营经济为主导、公有制经济为主体的前提下，允许多种经济形式、多种经营方式并存，支持和提倡发展城镇集体经济和个体经济。这项改革的最初动因，是为了解决大量城镇青年就业问题。1980年8月上旬召开的全国劳动就业会议，提出在政府统筹规划和指导下，实行劳动部门介绍就业、自愿组织起来就业和自谋职业相结合的方针。8月17日，中共中央转发全国劳动就业会议文件，肯定"三结合"就业方针，强调当年需要安排就业的1200万人，除安排在国营企事业单位和"大集体"所有制单位外，还必须通过大力扶持"小集体"企业、支持待业青年办合作社、发展以知青为主的集体所有制企业，以及鼓励扶持城镇个体经济发展等途径来解决。1981年10月，中共中央、国务院作出《关于广开门路，搞活经济，解决城镇就业问题的若干决定》，进一步强调"在社会主义公有制经济占优势的根本前提下，实行多种经济形式和多种经营方式长期并存，是我党的一项战略决策，决不是一种权宜之计"。在新的政策指引下，集体经济、个体经济有了新的发展，还出现全民、集体和个体联营共同发展的新经济形式。

　　为了解决多年来积累的国民经济比例失调问题，1979年3月召开的中央政治局会议，作出用3年时间对国民经济进行调整的决策。同年4月召开的中央工作会议上，李先念详细阐述调整的必要性和调整的主要任务、原则、措施，指出这次调整工作的方针是："调整、改革、整顿、提高。边调整边前进，在调整中改革，在调整中整顿，在调整中提高。"在国民经济调整中，国家采取了压缩计划外投资、加强农业、优先发展轻纺工业、扩大就业、调高职工工资等政策，使国民经济长期存在的积累率过高和农业、轻工业严重滞后的情况有了很大改变，轻重工业比例关系趋于协调，积累与消费关系趋于合理。1981年12月，五届全国人大四次会议通过的政府工作报告肯定了国民经济调整所取得的成绩。国民经济调整任务如期完成。

政治体制改革的初步实践

中共中央在改革开放酝酿过程中，提出进行政治体制改革，中共十一届三中全会公报中就有健全民主集中制、加强社会主义法制等改革内容。在开展农村与城市经济体制改革的同时，中共中央把政治体制改革也提上了工作日程。

中共十一届三中全会后，中共中央开始改革党和国家领导制度。1979年11月，邓小平指出，"我们的官僚主义、官僚机构、官僚制度的害处极大。……所以，我们要改革现行的干部工作制度，建立有利于提拔年轻干部的制度"，要搞顾问制度和建立退休制度。1980年8月，邓小平在中央政治局扩大会议上发表《党和国家领导制度的改革》的讲话，分析了党和国家现行的领导制度、干部制度中存在的官僚主义、权力过分集中、家长制、干部领导职务终身制和形形色色的特权现象以及产生这些弊端的社会历史原因，提出党和国家要逐步实行重大改革措施：建议修改宪法；设立中央顾问委员会；真正建立从国务院到地方各级政府从上到下的强有力的工作系统；有准备有步骤地改变党委领导下的厂长负责制、经理负责制；各企业、事业单位普遍成立职工代表大会或职工代表会议；各级党委要真正实行集体领导和个人分工负责相结合的制度；等等。这一讲话成为党和国家领导制度改革的纲领性文件。

在健全党的领导机构方面，1980年1月，中共中央发出《关于成立中央政法委员会的通知》，在健全社会主义法制和领导机构方面迈出重要一步。2月召开的中共十一届五中全会，决定恢复设立中央书记处作为中央政治局和政治局常务委员会领导下的经常工作机构。党中央领导机构的加强，对社会主义现代化建设的顺利进行起到积极促进作用。

在改善党的领导制度方面，1980年4月，中央政治局通过《中共中央关于丧失工作能力的老同志不当十二大代表和中央委员候选人的决定》。这是逐步更新领导班子的一个重要步骤。1982年2月，中共中央作出《关于建立老干部退休制度的决定》，建立老干部离休、退休和退居二线的制度，妥善解决新老干部适当交替的问题。在中央号召下，一大批老干部主动要求离开领导岗位。

为了提高工作效率、克服官僚主义，中共中央把精简行政机构的工作提上日程。1982年1月，中央政治局专门开会讨论中央机构精简问题，邓小平阐述了精简机构的重要性，提出实现干部队伍的革命化、年轻化、知识化、专业化的目标。此后，中央直属机关和中央国家机关的机构改革工作逐步展开。1982年3月，国务院提出了机构改革方案。3月8日，五届全国人大常委会第二十二次会议通过《关于国务院机构改革问题的报告》，原则批准国务院机构改革的初步方案。根据该方案，国务院副总理由13人减为2人，设国务委员，由国务院总理、副总理、国务委员和秘书长组成

国务院常务会议，作为国务院的日常领导工作机构。根据
撤销重叠机构、合并业务相近机构的原则，国务院所属部、
委、直属机构和办公机构由 98 个裁并精简为 52 个，工作人
员总编制减少 1/3 左右。首批 12 个单位机构精简后，部级
领导干部的平均年龄由 64 岁降到 57 岁，司、局级干部的平
均年龄由 59 岁降到 53 岁；大学文化程度的干部，在部级领
导班子中所占比重由原来的 31% 提高到 48%，在司、局一
级由原来的 32% 提高到 45%。此后，中央直属单位经过精
简，局级机构减少 11%，工作人员总编制缩减 17.3%，各
部委的正副职减少 15.7%。在新的领导班子中，新选拔的中
青年干部占 16%，平均年龄由 64 岁降到 60 岁。这些情况
表明，干部队伍的年轻化、知识化和专业化，向前迈出可喜
的一步。

对外开放的启动与创办经济特区

对外开放的重要一步是吸收各种形式的外资，兴办中外
合资经营企业和中外合作经营企业（项目）。1979 年 2 月，
邓小平在一份简报上批示："合资经营企业可以办。"7 月，
五届全国人大二次会议通过《中华人民共和国中外合资经营
企业法》，允许外国投资者与国内企业组建合资企业，这是
我国第一部涉外经济法，为外商直接投资进入中国提供了法
律依据。

对外经济往来中，对外贸易是最主要的形式。1979 年 7
月，中共中央、国务院批准广东、福建两省拥有更多外贸经
营自主权。9 月，国务院将给予广东、福建两省的外贸经营

自主权扩大到北京、天津、上海三市。12月，又将外贸经营自主权扩大到沿海、沿长江各省区，同时扩大地方经营进出口商品的范围。外贸体制的初步改革，调动了各地发展对外贸易的积极性，推动了进出口贸易额大幅度增长和出口商品结构的变化，其中工业制成品占出口总值的比重上升。

　　对外开放的重大突破是创办经济特区，这是党和国家为推进改革开放和社会主义现代化建设进行的伟大创举。1978年四五月间，国务院派出赴港澳经济贸易考察组到香港、澳门实地调查。考察组在《港澳经济考察报告》中提出，发达国家的先进设备和技术，对港澳经济的发展起着至关重要的作用；可借鉴港澳的经验，把靠近港澳的广东宝安、珠海划为出口基地，力争经过三五年努力，在内地建设成具有相当水平的对外生产基地、加工基地和吸引港澳同胞的游览区。1979年1月，交通部和广东省联合向国务院报送《关于我驻香港招商局在广东宝安建立工业区的报告》，提出招商局初步选定在宝安县蛇口公社境内建立工业区，以便利用内地较廉价的土地和劳动力，利用境外的资金、先进技术和原材料，把两者现有的有利条件充分利用和结合起来。1月31日，中央批准了这份报告。7月，蛇口工业区破土动工，成为中国第一个出口加工区。这是兴办经济特区的开端。

　　1979年4月召开的中央工作会议，专门讨论经济建设问题，中共广东省委第一书记习仲勋在会议上提出希望中央"让广东先走一步，放手干"的意见。中央赞同广东省委提出的在邻近香港、澳门的深圳、珠海以及汕头兴办出口加工区的意见。邓小平说："还是叫特区好，陕甘宁开始就叫特

★ 中国第一个出口加工区于 1979 年 7 月在深圳蛇口破土开建，成为改革开放的"第一炮"

区嘛！中央没有钱，可以给些政策，你们自己去搞，杀出一条血路来。"

　　1979 年 6 月，中共广东省委、福建省委分别上报关于对外经济活动实行特殊政策和灵活措施的报告。7 月，中共中央、国务院批转这两个报告，同意先在深圳、珠海两市试办出口特区，待取得经验后，再考虑在汕头和厦门设置特区的问题。1980 年 5 月，中共中央、国务院批转《广东、福建两省会议纪要》，正式将"出口特区"定名为"经济特区"。8 月，五届全国人大常委会第十五次会议同意在广东省深圳、珠海、汕头和福建省厦门设置经济特区，并批准《广东省经济特区条例》。特区建设者发扬敢闯敢试、敢为人先、埋头苦干的特区精神，经济特区很快成为我国对外开放的窗口、经济体制改革的试验区和经济发展的示范区。

外交政策的调整

中共十一届三中全会以后，中共中央基于世界和平力量的增长超过战争力量的增长，以及世界新科技革命蓬勃发展的形势变化，作出一系列符合实际的判断，对外交政策进行重要调整，努力争取世界和平，为国内经济建设创造一个良好的环境。

一是改变过去认为大规模世界战争不可避免而且迫在眉睫的观点，对战争与和平问题作出新的判断。1980 年 4 月，邓小平在会见外宾时指出，我们说争取 20 年的和平环境是可能的，我们需要一个比较长期的和平环境来发展；在当前严峻的国际形势下，我们党面临的重要任务也是争取世界和平、安全和稳定。从争取和平、延缓战争的角度出发，中国提出了新时期基本外交政策。1982 年 8 月，邓小平在会见联合国秘书长佩雷斯·德奎利亚尔时指出："中国的对外政策是一贯的，有三句话，第一句话是反对霸权主义，第二句话是维护世界和平，第三句话是加强同第三世界的团结和合作，或者叫联合和合作。"

二是改变"一条线"外交战略。1973 年，毛泽东提出建立从日本经欧洲到美国的"一条线"战略，以应对苏联的挑战。1978 年 8 月，中国与日本签订《中日和平友好条约》；12 月，中国与美国同时发表《中华人民共和国和美利坚合众国关于建立外交关系的联合公报》，决定自 1979 年 1 月 1 日起建立外交关系。然而，中美建交后，两国关系发展并不顺利，其中最主要的障碍是台湾问题。为争取和平、寻求建立更均衡的对外关系，中国自 1982 年起改变联美抗苏的"一条线"战略。在实际外交工作中，一方面，中美两国关系基本保持着稳定发展的势头；另一方面，中苏两国从 1982 年开始就关系正常化问题进行磋商，恢复了边界谈判。

中共中央对国际形势的正确判断和外交方针政策的调整，使中国可以有效地利用和平的国际环境，集中精力进行改革开放和社会主义现代化建设。

三、社会主义现代化建设的新局面

在中共十一届三中全会以来改革开放实践取得初步成功的基础上，中共十二大提出了"建设有中国特色的社会主义"的重大命题，确定了全面开创社会主义现代化建设新局面的奋斗纲领。为实现这一纲领，党进一步加强组织和干部队伍建设，推进社会主义民主和法制建设，制定全面经济改革纲领和"七五"计划。

建设有中国特色的社会主义和小康目标的提出

1982 年 9 月 1 日至 11 日，中共十二大在北京召开。邓小平在开幕词中明确提出"建设有中国特色的社会主义"崭新命题，指出"把马克思主义的普遍真理同我国的具体实际结合起来，走自己的道路，建设有中国特色的社会主义，这就是我们总结长期历史经验得出的基本结论"。

大会确定了到 20 世纪末我国经济建设的小康目标，指出，从 1981 年到 20 世纪末的 20 年，我国经济建设总的奋斗目标是，在不断提高经济效益的前提下，力争使全国工农业的年总产值翻两番，即由 1980 年的 7100 亿元增加到 2000 年的 28000 亿元左右。实现了这个目标，我国国民收入总额和主要工农业产品的产量将居于世界前列，整个国民经济的现代化过程将取得重大进展，城乡人民的收入将成倍增长，人民的物质文化生活可以达到小康水平。为实现这一奋斗目标，大会确定分两步走的战略部署：前十年主要是打好基础，积蓄力量，创造条件；后十年要进入一个新的经济振兴时期。

大会提出新的历史时期总任务：团结全国各族人民，自力更生，艰苦奋斗，逐步实现工业、农业、国防和科学技术现代化，把我国建设成为高度文明、高度民主的社会主义国家。这个总任务包括把社会主义现代化经济建设继续推向前进、努力建设高度的社会主义精神文明、努力建设高度的社会主义民主、坚持独立自主的对外政策、把中国共产党建设成为领导社会主义现代化事业的坚强核心。

大会通过新的《中国共产党章程》，适应改革开放和社会主义现代化建设的需要，对党的民主集中制和各项组织制度、党的纪律作了更充分、更具体的规定。新党章清除了中共十一大党章中仍肯定"无产阶级专政下继续革命的理论"等"左"的错误，并根据新时期改革开放的特点，提出许多新的要求。大会选举了中央委员会，大批德才兼备、年富力强的中青年同志参加中央委员会的工作；选举了中央顾问委员会和中央纪律检查委员会，一部分德高望重、年迈体弱的老同志退居二线，担负起支持和帮助中央委员会的重任。

全面整党与加强党的建设

全面开创社会主义现代化建设的新局面，需要有坚强的党来领导。中共十二大提出"努力把党建设成为领导社会主义现代化事业的坚强核心"，并强调"党风问题是关系执政党生死存亡的问题"，对党的建设提出了新的要求。

针对党的队伍中实际存在的思想不纯、作风不纯和组织不纯等问题，中共十二大决定从1983年下半年开始，用3年时间分期分批对党的作风和党的组织进行一次全面整顿。1983年10月召开的中共十二届二中全会，通过《中共中央关于整党的决定》，确定从1983年冬季开始全面整党。整党的任务是统一思想，整顿作风，加强纪律，纯洁组织。这次整党要求全体党员参加，当时全党有4000多万名党员，其中有900多万名干部，有近250万个基层和基层以上的党组织。整党的步骤是：从中央到基层组织，自上而下、分期分批地整顿。每个单位党组织的整顿也是自上而下，先领导班子、领导干部，后党员群众。1987年5月，历时3年半的全国整党工作基本结束。经过整党，党内存在的思想、作风、组织严重不纯的状况有了改变，同时积累了一些正确处理党内问题的重要经验，为加强新时期党的建设奠定了良好的基础。

针对在商品经济大潮的冲击下出现的部分党员干部、党政机关直接参与经商活动，以权谋私、搞"权钱交易"的不正之风，1984年12月，中共中央、国务院发出《关于严禁党政机关和党政干部经商、办企业的决定》，要求各级党政领导机关特别是经济部门及其领导干部，正确发挥领导和组织经济建设的职能，决不允许运用手中的权力，违反党和国家的规定去经营商业、兴办企业、谋取私利、与民争利。中央纪律检查委员会对于新形势下出现的不正之风予以坚决纠正，严肃查处。从1982年到1986年，中央纪委和各级纪检机关共处分违纪党员650141人，其中开除党籍151935人。1985年和1986年，处分省军级干部74人、地师级干部635人。

针对干部队伍文化水平和业务能力不高，且年龄普遍老化，难以适应改革开放和社会主义现代化建设的迫切要求，中共十二大把"实现党的干部队伍的革命化、年轻化、知识化、专业化"写入党章。1983年6月召开的中央工作会议上，陈云提出干部队伍三个梯队的配备问题和建立第三梯队的设想。这次会议正式作出建立第三梯队干部队伍的决策。在中央的推动下，全国范围内进行了规模空前的干部新老交替，到1985年12月，有126.8万名新中国成立前参加革命工作的老干部办理离休手续，有46.9万名德才兼备、年富力强的中青年干部走上县级以上领导岗位，成为推进改革开放和社会主义现代化建设的中坚力量。

"八二宪法"与社会主义民主法制建设

由于1978年3月五届全国人大一次会议通过的《中华人民共和国宪法》的许多内容已经不适应新时期政治、经济生活和社会主义现代化建设的需要，1980年9月，中共中央向全国人民代表大会提出了关于修改宪法和成立宪法修改委员会的建议。9月10日，五届全国人大三次会议通过《关于修改宪法和成立宪法修改委员会的决议》，成立宪法修改委员会，主持宪法的修改工作。宪法修改委员会提出宪法修改草案，由全国人民代表大会常务委员会公布，交付全国各族人民讨论，宪法修改委员会根据讨论意见修改后，提交五届全国人大五次会议审议。1982年12月4日，五届全国人大五次会议以无记名投票方式通过了新修改的《中华人民共和国宪法》（"八二宪法"）。

"八二宪法"以坚持四项基本原则为总的指导思想，重新阐明了我国的政治经济制度、国家机构和内外基本政策。宪法恢复"人民民主专政"的提法并赋予新的内容，规定"中华人民共和国是工人阶级领导的、以工农联盟为基础的人民民主专政的社会主义国家"，"中华人民共和国的一切权力属于人民"。宪法肯定生产资料的社会主义公有制是我国社会

★ 1982年12月4日，出席五届全国人大五次会议的代表投票表决新修改的《中华人民共和国宪法》

主义经济制度的基础，在法律规定范围内的城乡劳动者个体经济是社会主义公有制经济的补充。宪法增加了有关社会主义精神文明建设的内容，包括道德建设、思想建设等。宪法对国家机构设置作了许多新规定，包括加强人民代表大会制度、恢复设立国家主席和副主席、国家设立中央军事委员会领导全国武装力量、国务院实行总理负责制等。宪法强调国家的统一和民族的团结，规定"国家在必要时得设立特别行政区。在特别行政区内实行的制度按照具体情况由全国人民代表大会以法律规定"，为通过"一国两制"方式正式解决香港、澳门问题提供法律基础。

　　1983年6月召开的六届全国人大一次会议，是按照"八二宪法"选举产生的首届全国人民代表大会。会议选举李先念为中华人民共和国主席，选举彭真为全国人大常委会委员长，决定赵紫阳为国务院总理，选举邓小平为中华人民共和国中央军事委员会主席。同月召开的全国政协六届一次会议选举邓颖超为全国政协主席。

　　此后，以"八二宪法"为依据，六届全国人大及其常委会不断加强立法工作，努力健全社会主义的法律体系。为适应进一步对外开放和深化经济体制改革的需要，制定有关经济方面的法律成为立法工作的重点。六届全国人大期间制定的29部法律中，经济方面的有16部，包括涉外经济合同法、外资企业法、海关法、统计法、会计法等。国家政治、经济、社会生活的主要方面已有法可依。

　　在发展社会主义民主方面，着重健全和完善人民代表大会制度、中国共产党领导的多党合作和政治协商制度、民族区域自治制度。为了改进和完善选举制度和人民代表大会制

度，六届全国人大常委会第十八次会议于 1986 年 12 月通过
了关于修改《中华人民共和国全国人民代表大会和地方各级
人民代表大会选举法》和《中华人民共和国地方各级人民代
表大会和地方各级人民政府组织法》的决定，对选举程序和
方式作了一些改进，以切实保障选民的民主权利，更好地
建设社会主义民主政治。各民主党派在国家政治生活中的
作用进一步发挥，在全国人大代表中，民主党派和无党派
人士的比例，从四届全国人大的 8.2% 上升到六届全国人大
的 18.2%；各级政协委员中有 60% 以上是民主党派和无党
派人士。在全国人大常委会副委员长和全国政协副主席中，
有 30% 以上是民主党派和无党派人士。1984 年 5 月，六届
全国人大二次会议通过《中华人民共和国民族区域自治法》，
把宪法关于民族区域自治的基本原则具体化，充分尊重和保
障各少数民族管理本民族内部事务的民主权利。

　　基层民主建设取得较大进展。1983 年 10 月，中共中央、
国务院发出《关于实行政社分开建立乡政府的通知》，决定
政社分开，建立乡政府作为基层政权，同时成立村民委员
会作为基层群众性自治组织，村委会由村民民主选举产生，
协助乡人民政府搞好本村的行政工作和生产建设工作。到
1985 年，全国农村共建立村民委员会 94.8 万多个。在普遍
建立村民委员会的基础上，1987 年 11 月，六届全国人大常
委会第二十三次会议通过《中华人民共和国村民委员会组
织法（试行）》，推动村民依法积极参加村委会的选举和建
设。城市的基层民主建设，以发挥街道居民委员会的自治
作用为主要特征。"八二宪法"首次以国家根本法的形式明
确规定了居民委员会的性质、任务和作用。到 1986 年底，

全国各地建立居民委员会 8 万多个。1989 年 12 月，七届全国人大常委会第十一次会议通过《中华人民共和国城市居民委员会组织法》，标志着城市居民委员会的建设进入新的历史阶段。

全面经济体制改革纲领和"七五"计划的制定

中共十一届三中全会后农村改革取得成功，城市改革还只是初步的，城市经济体制中严重妨碍生产力发展的弊端需要从根本上消除。1984 年 5 月，六届全国人大二次会议通过的政府工作报告提出："城市改革的步子要加快，要从解决国家与企业、企业与职工的关系入手，把适合于当前情况的各项改革措施初步配起套来，同步进行。"

1984 年 10 月，中共十二届三中全会在北京召开，会议通过《中共中央关于经济体制改革的决定》，把经济体制改革的重点从农村转向城市。《决定》阐述了加快以城市为重点的整个经济体制改革的必要性和紧迫性，规定了改革的性质、基本任务和各项方针政策，明确指出，改革经济体制，是在坚持社会主义制度前提下，改革生产关系和上层建筑中不适应生产力发展的一系列相互联系的环节和方面；这种改革，是在党和政府领导下有计划、有步骤、有秩序地进行的，是社会主义制度的自我完善和发展。经济体制改革的基本任务就是进一步解放思想，走自己的路，建立起具有中国特色的、充满生机和活力的社会主义经济体制，促进社会生产力的发展。围绕这一基本任务，《决定》要求把增强企业的活力作为经济体制改革的中心环节，建立自觉运用价值规律的计划体制，发展社会主义商品经济。

《决定》突破把计划经济同商品经济对立起来的传统观念，强调我国社会主义计划经济必须自觉依据和运用价值规律，是在公有制基础上的有计划的商品经济；商品经济的充分发展，是社会经济发展不可逾越的阶段，是实现我国经济现代化的必要条件。这是中国共产党根据马克思主义基本原理同我国实际相结合的原则在社会主义经济理论上的新突破。邓小平对《决定》高度评价，认为它"写出了一个政治经济学的初稿，是马克思主义基本原理和中国社会主义实践相结合的政治经济学"。《决定》为建设有中国特色的社会主义经济提供新的理论指导，成为经济体制全面改革的纲领性文件。

1983 年、1984 年我国经济社会发展成效显著。这集中体现于"六五"计划的顺利实施、国民经济以较高的速度持续稳定增长、经济效益有了比较明显的提高、城乡居民收入大幅度增长。这一切都使全国各族人民对改革开放和社会主义现代化建设的信心大为增强，促进经济社会发展的愿望更加强烈。在这种形势下，中共中央、国务院开始着手制定"七五"计划。

"七五"计划的制定，从 1983 年开始着手进行。1985 年 9 月中国共产党全国代表会议审议通过的《中共中央关于制定国民经济和社会发展第七个五年计划的建议》，建议将"七五"期间经济和社会发展的主要奋斗目标确定为：争取基本上奠定有中国特色的新型社会主义经济体制的基础，大力促进科学技术进步和智力开发，不断提高经济效益，使

1990 年的工农业总产值和国民生产总值比 1980 年翻一番或者更多一些，使城乡居民的人均实际消费水平每年递增 4%到 5%，使人民的生活质量、生活环境和居住条件都有进一步的改善。各个领域、各条战线的工作和各项改革，都要为实现这个主要奋斗目标服务。

国务院根据中共中央建议，编制出"七五"计划草案。1986 年 4 月，《中华人民共和国国民经济和社会发展第七个五年计划(1986—1990)》经六届全国人大四次会议审议批准。

四、改革开放的全面展开和各项事业的发展

中共十二届三中全会以后，全国迅速掀起全面改革开放的热潮。以城市为重点的经济体制改革全面展开，对外开放格局初步形成，科教文卫体制改革有序推进，社会主义精神文明建设逐步开展，国防、外交等领域进行战略性转变并形成新的格局。与此同时，中共中央创造性提出"一国两制"科学构想并推进香港、澳门回归祖国的进程，为改革开放和现代化建设创造了良好的发展环境。

以城市为重点推进经济体制改革

以城市为重点的经济体制改革，围绕进一步增强企业活力、改革计划管理体制、改革价格体制等环节，陆续开展起来。

第一，进一步搞活国营企业。按照政企分开、所有权与经营权适当分离的原则，国营企业改变统收统支的经营方式，生产经营自主权进一步扩大，探索承包经营责任制、租赁制等多种搞活企业的经营方式。承包经营责任制能够调动企业经营者和职工的积极性，迅速产生增产增收效应，因而很快在国营大中型企业得到普遍实行。国营小型企业、小型商业和服务业则开展租赁制改革，由国家授权的出租方将企业有期限并附加一定条件交给承租者经营，承租者定期交付租金，企业实行自主经营。一些企业还试行股份制改革。1984年11月，经中国人民银行上海市分行批准，上海飞乐音响公司向社会发行每股面值50元的股票1万股，成为改革开放以来全国第一家经批准向社会公开发行股票的股份制企业，其股票成为我国改革开放以来发行的第一种上市股票。1986年11月，邓小平会见约翰·范尔霖为团长的美国纽约证券交易所代表团，向范尔霖赠送了面值50元的上海飞乐音响公司的股票。此外，1985年启动国营企业工资改革，实行职工工资总额同企业经济效益按比例浮动的办法；1986年对国营企业用工招工制度进行改革，新招收的工人都实行劳动合同制。通过一系列的改革，国营企业活力得到很大增强。

第二，培育社会主义市场体系。发展社会主义有计划的商品经济，必须培育社会主义市场体系。一是改革计划体制，改进国家宏观调节的范围和方式。1984年10月，国务院批转国家计委《关于改进计划体制的若干暂行规定》，根据"大的方面管住管好、小的方面放开放活"的原则，规定对关系国计民生的重要经济活动实行指令性计划，对大量的一般经济活动实行指导性计划，对饮食业、服务业和小商品生产等实行市场调节。农产品统购派购制度也进行了改革。1985年"中央一号文件"《中共中央、国务院关于进一步活跃农村经济的十项政策》规定了改革农产品统购派购制度的政策。从1985年起，除个别品种外，国家不再向农民下达农产品统购派购任务，按照不同情况分别实行合同定购和市场收购。二是改革不合理的价格体系和过于集中的价格管理体制。1985年1月，国家放开属于企业自销和完成国家计划后的超产部分的工业生产资料的出厂价格，取消原定的不高于国家定价20％的规定。从此，出现了同种产品计划内部分实行国家统一定价、计划外部分实行市场调节价的生产资料价格双轨制。1986年4月，国家下放了部分轻工业消费品价格管理权限，对于花色品种繁多、供求变化快以及地区之间成本、质量差别较大的商品，实行浮动价格。5月，农产品价格管理实行国家定价、国家指导价和市场调节价三种形式，并且适当扩大国家指导价的品种，减少国家定价的品种，逐步形成少数重要的农产品实行国家定价，多数实行国家指导价或市场调节价。此外，投资体制、财税体制、金融体制等都进行了改革并取得一些进展，逐步形成一整套把计划和市场、微观搞活和宏观控制有机结合起来的机制和手段。

第三，进一步发展多种所有制经济。按照发展社会主义有计划商品经济的要求，在坚持公有制经济主体地位的前提下，发展多种经济形式。1984年3月，中共中央、国务院转发农牧渔业部和部党组《关于开创社队企业新局面的报告》并发出通知，将社队企业更名为乡镇企业，充分肯定乡镇企

★ 1984年，浙江萧山万向节厂厂长鲁冠球（中）和第一批进厂大学生交谈

业在整个国民经济和社会发展中的地位和作用，并提出发展乡镇企业的若干政策，促进乡镇企业异军突起，有利于农村集体经济快速发展。1984年，浙江萧山乡镇企业万向节厂把产品卖到了美国，引起了很大轰动。在国家的扶持和引导下，个体工商业发展的步子迈得很快，个体经济成为国民经济中不可缺少的组成部分。"三资"企业（中外合资、中外合作、外商独资企业）发展也很迅速，投产开业的企业多数经济效益良好。多种所有制经济的发展，对于增强经济活力、方便人民生活和扩大就业发挥了积极作用。

在全面推进经济改革的同时，对外开放逐步形成由沿海向内地扩展的格局。深圳等4个经济特区创建后，在吸引和利用外资、引进先进技术以及各项建设中取得突出成就，为进一步扩大开放积累了经验。1984年1月下旬到2月中旬，邓小平到深圳、珠海、厦门3个经济特区和上海视察，充分肯定了经济特区建设成就。回京后，同几位中央负责同志谈话时提出增加开放城市的建议。1984年3月26日至4月6日，中共中央书记处和国务院联合召开沿海部分城市座谈会。5月4日，中共中央、国务院转发《沿海部分城市座谈会纪要》，正式确定开放14个沿海港口城市，即天津、上海、大连、秦皇岛、烟台、青岛、连云港、南通、宁波、温州、福州、广州、湛江和北海。

1985年1月，国务院召开长江三角洲、珠江三角洲和闽南厦（门）漳（州）泉（州）三角地区座谈会，建议将这3个地区开辟为沿海经济开放区。2月，中共中央、国务院批转《长江、珠江三角洲和闽南厦漳泉三角地区座谈会纪要》，指出这3个经济开放区应逐步形成贸—工—农型的生产结构，即按出口贸易的需要发展加工工业，既是对外贸易的重要基地，又成为扩展对外经济联系的窗口。这样，我国初步形成由经济特区、沿海开放城市和沿海经济开放区组成，由点到面、由沿海到内地滚动发展的对外开放格局。

科教文卫体改革与发展

20世纪80年代中期，科技、教育、文化、卫生等领域的改革提上日程。1983年，国务院成立科技领导小组，领导科技改革试点。1985年3月，中共中央作出《关于科学技术体制改革的决定》，从运行机制、组织结构、人事制度等方面部署科技体制改革。此后，我国科技体制改革逐步展开，主要包括进一步放开技术市场、扩大科研机构的自主权、加强科研经费管理、促进科技人员合理流动等。这一时期国家启动实施了"星火计划""863 计划""火炬计划"等重大科技计划，不仅使科技事业得到快速发展，产生了银河计算机系统、北京正负电子对撞机等达到世界先进水平的科技成果，而且对经济发展发挥了重要促进作用。

1983 年 10 月，邓小平为北京景山学校题词："教育要面向现代化，面向世界，面向未来"，为教育事业的改革和发展指明方向。1985 年 5 月，中共中央作出《关于教育体制改革的决定》，提出把发展基础教育的责任交给地方，有步骤地实行九年制义务教育；调整中等教育结构，大力发展职业技术教育；改革高等学校的招生计划和毕业生分配制度，

★ 1986 年 3 月联名向中央提出"863 计划"建议的 4 位中国科学院院士，左起：王大珩、王淦昌、杨嘉墀、陈芳允

扩大高等学校的办学自主权。此后，教育体制改革全面展开，并取得显著成绩。尤其是 1986 年 4 月，六届全国人大四次会议审议通过《中华人民共和国义务教育法》，使普及九年制义务教育得以依法有效地贯彻，学龄儿童入学率得到很大提高。

文化体制改革方面，主要进行艺术表演团体的经营机制市场化改革，实行承包经营责任制。1985 年 4 月，中共中央办公厅、国务院办公厅转发文化部《关于艺术表演团体的改革意见》，针对艺术团体人浮于事、机构臃肿、在分配上吃"大锅饭"、领导体制和经营管理不适应艺术生产等问题，提出改革艺术表演团体领导体制、扩大自主权、改革和完善管理制度、繁荣艺术创作、加强培养艺术人才等措施。此后，各地普遍进行了承包经营责任制等形式的艺术表演团体体制改革，增强了文化事业的发展活力。

卫生体制改革方面，1985 年 4 月，国务院批转卫生部《关于卫生工作改革若干政策问题的报告》，指出卫生工作改革要调动各方面的积极性，放宽政策，简政放权，多方集资，把卫生工作搞活。卫生事业逐步适应改革开放新形势，从改革中找出路，从单一地向国家"等、靠、要"转为多渠道、多层次、多形式办医，坚持国家、集体、个人一起上的方针，为卫生事业的发展增添了活力，也方便了群众就医。

体育事业在改革开放中迎来欣欣向荣的春天。中国女排在 1981 年获得世界杯冠军，在后来的 5 年中又在世界锦标赛、奥运会和世界杯这三大赛事中 4 次夺冠，创下女子排球史上第一个"五连冠"。女排的顽强战斗、勇敢拼搏精神成为鼓舞全国人民努力奋斗的精神动力。1984 年，我国首次

★ 1981 年 11 月 16 日，中国女排获得第三届世界杯女子排球赛冠军

派出体育代表团参加在美国洛杉矶举行的第二十三届奥运会，许海峰等运动员共赢得 15 块金牌，改写中国在奥运会史上金榜无名的历史。1984 年至 1988 年，聂卫平在前三届中日围棋擂台赛中获得"三连冠"，由此全国掀起学围棋的热潮。1990 年 9 月 22 日至 10 月 7 日，第十一届亚运会在北京举行，这是中国第一次举办综合性国际体育大赛，中国体育代表团取得金牌和奖牌总数第一的优异成绩。体育事业蓬勃发展所取得的优异成绩，极大地振奋了民族精神。

开展社会主义精神文明建设

随着改革开放的全面推进，社会主义精神文明建设逐步地开展起来。加强革命理想道德建设是社会主义精神文明建设的重要内容。在中共十二大以后，许多地方开展了热爱祖国、热爱社会主义、热爱中国共产党的"三热爱"活动，它与1981年全国开展的以讲文明、讲礼貌、讲卫生、讲秩序、讲道德和心灵美、语言美、行为美、环境美为主要内容的"五讲四美"文明礼貌活动汇合成为"五讲四美三热爱"的统一活动，成为建设社会主义精神文明的重要组成部分。人民解放军也根据自己的特点，开展了"四有三讲两不怕"的教育活动，"四有"是有理想、有道德、有文化、有纪律，"三讲"是讲军容、讲礼貌、讲卫生，"两不怕"是不怕艰难困苦、不怕流血牺牲。社会主义精神文明建设活动中还涌现出一批时代楷模，如"知识分子的优秀代表"蒋筑英、"中国式的保尔"罗健夫、身残志坚的"优秀共青团员"张海迪、"新时期的活雷锋"朱伯儒等，他们在改革开放和现代化建设中发挥了先锋模范作用。

　　加强思想政治建设也是社会主义精神文明建设的重要组成部分。改革开放以来，一些人在党内外散布形形色色的资产阶级思想，造成思想混乱和消极情绪。1983年10月召开的中共十二届二中全会，提出在思想战线清除精神污染的问题。之后，以理论界、文艺界为重点的思想战线，以座谈会、发表文章等形式，展开清除污染的斗争。20世纪80年代中期，社会主义精神文明建设虽然取得了一些成绩，但是还没有得到全党全社会的足够重视。1985年9月，邓小平在中国共产党全国代表会议上发表讲话专门谈到这个问题，指出："社会主义精神文明建设，很早就提出了。中央、地方和军队都做了不少工作，特别是群众中涌现了一大批先进人物，影响很好。不过就全国来看，至今效果还不够理想。主要是全党没有认真重视。"

★ 1983 年 3 月 4 日，张海迪（左）与朱伯儒在北京亲切会面

　　为了进一步明确社会主义精神文明建设的重要性，切实推进精神文明建设的实际工作，1986 年 9 月，中共十二届六中全会召开，通过《中共中央关于社会主义精神文明建设指导方针的决议》，从社会主义现代化建设总体布局的高度，规定了社会主义精神文明建设的战略地位、指导方针和根本任务。《决议》还对精神文明建设中的一些重要问题给予明确的回答，旗帜鲜明地写入反对资产阶级自由化的内容，指出："搞资产阶级自由化，即否定社会主义制度、主张资本主义制度，是根本违背人民利益和历史潮流，为广大人民所坚决反对的。"《决议》是中国共产党制定的新时期关于社会主义精神文明建设的纲领性文件，为在改革开放新的历史条件下加强社会主义精神文明建设提供了科学指导。

　　然而，《决议》所强调的加强马克思主义在精神文明建设中的指导地位和反对资产阶级自由化，没有立即得到认真有力的贯彻。1986 年底，发生了波及不少城市的学潮。1987 年 1 月，中共中央政治局召开扩大会议，胡耀邦在会上检讨了在重大政治原则问题上的失误。会议对胡耀邦进行了严肃的同志式的批评，同时也如实地肯定了他工作中的成绩。会议接受他辞去中央委员会总书记职务的请求，继续保留他的中央政治局委员、政治局常委的职务。赵紫阳被推选为代理总书记。这次政治局扩大会议的决定，后经 10 月召开的中共十二届七中全会确认。

推进军队改革和国防现代化建设

改革开放新时期，党和国家工作重点转移到社会主义现代化建设上来，这就要求其他一切工作包括国防和军队建设，都要围绕经济建设这一中心展开。1981 年 9 月，邓小平指出，我国正处在继往开来的重要历史时期，"必须把我军建设成为一支强大的现代化、正规化的革命军队"。由此，国防现代化建设进入新的历史发展时期。

1985 年 5 月 23 日至 6 月 6 日，中央军委召开扩大会议，邓小平在会上对国际形势和我国周边安全进行科学分析，指出虽然世界战争的危险还是存在的，但是世界和平力量的增长超过战争力量的增长，因此"在较长时间内不发生大规模的世界战争是有可能的，维护世界和平是有希望的"。这就改变了原来认为战争不可避免且迫在眉睫的看法。会议作出把中国人民解放军的员额减少 100 万的决策，通过《军队体制改革、精简整编方案》，对军队体制改革、精简整编的原则、体制编制的改革和实施步骤等问题作了具体规定。此后，在中央军委的领导下，全军进行大规模的体制改革、精简整编工作，到 1987 年，百万大裁军基本完成，人民解放军的总员额由 423.8 万减到 323.5 万。

军队体制改革方面，先后制定 3 个条例，建立军官军衔、文职干部和军官服役 3 项制度。1984 年 5 月，六届全国人大二次会议通过《中华人民共和国兵役法》，重新规定人民解放军实行军衔制度。1988 年 7 月，七届全国人大常委会第二次会议通过《中国人民解放军军官军衔条例》，以一级上将为最高军衔。同年 4 月，中央军委正式颁布《中国人民解放军文职干部暂行条例》，规定：文职干部是中国人民解放军编制定额内不授予军衔的干部，实行任命和聘任相结合的制度。8 月，全军共有 10 万多人转为文职干部。9 月，七届全国人大三次会议审议通过《中国人民解放军现役军官服役条例》，对现役军官的基本条件和培训、考核和职务任免、奖励和处分、待遇、退出现役等作出具体规定。经过改革，人民解放军向革命化、现代化、正规化迈出一大步。

与此同时，国防建设服从和服务于国家经济建设大局，一段时间内较大幅度地减少了国防投入，国防费占国内生产总值的比例一直在下降。1978 年中国国防费占国内生产总值比例为 4.63%，1980 年下降为 4.29%，1983 年下降为 2.98%，1986 年下降为 1.97%，1988 年仅为 1.46%。

中国实行防御性的国防政策，贯彻积极防御的军事战略方针，在战略上实行防御、自卫和后发制人的原则，坚持"人不犯我，我不犯人；人若犯我，我必犯人"。按照这一方针，人民解放军坚决完成了巩固国防、抵抗侵略，保卫国家的主权、统一、领土完整和安全的任务。1979 年二三月间，我边防部队实施对越边境自卫反击作战。1984 年实施收复老山作战，此后又进行长达数年的老山坚守防御作战。1988 年 3 月，我海军舰船对窜到我南沙群岛赤瓜礁海区进行挑衅的越南海军舰船进行还击。此外，人民军队在完成教育训练任务的同时，积极参加和支援国家经济建设，为国家的繁荣和发展作出了重要贡献。

"一国两制"科学构想的提出

实现祖国统一，始终是全体中华儿女的共同愿望，是中国共产党矢志不渝的历史任务。改革开放新时期，中共中央在毛泽东、周恩来等老一辈革命家关于和平解放台湾思想的基础上，创造性地提出"一国两制"科学构想，开辟了以和平方式推进祖国统一大业的新途径。

1979 年 1 月 1 日，全国人大常委会发表《中华人民共和国全国人民代表大会常务委员会告台湾同胞书》，郑重宣布争取和平统一祖国的大政方针。同日，中国人民解放军福建前线部队停止对大金门、小金门等岛屿的炮击，迈出实行和平统一政策的第一步。1981 年 8 月，邓小平会见台湾、香港知名人士时，进一步阐明中央政府对台湾的政策，指出台湾不搞社会主义，社会制度不变，外国资本不动，甚至可以拥有自己的武装力量。台湾人民的生活水平不降低。9 月，叶剑英向新华社记者发表谈话，进一步阐述中央关于台湾回归祖国、实现和平统一的九条方针政策。1982 年 1 月，邓小平在会见美国华人协会主席时明确提出"一个国家，两种制度"的概念，他说：九条方针是以叶副主席的名义提出来的，实际上就是一个国家两种制度。两种制度是可以允许的，他们不要破坏大陆的制度，我们也不破坏他们那个制度。1982 年底，"一国两制"构想的实质内容载入《中华人民共和国宪法》，实行"一国两制"具有国家根本法的保证。1983 年 6 月 26 日，邓小平在会见外宾时进一步阐明了解决台湾问题的六条方针，充实了"一国两制"构想的内容。

"一国两制"构想虽然主要是为了解决台湾问题而提出的，但是首先被成功运用于解决香港和澳门回归祖国的问题。1981 年 12 月，中共中央作出 1997 年 7 月 1 日收回香港的决定。1982 年 10 月，中英关于香港问题的谈判正式开始，到 1984 年 9 月，中英双方在中方政策基础上达成协议。1984 年 12 月，中英两国政府在北京正式签署《中华人民共和国政府和大不列颠及北爱尔兰联合王国政府关于香港问题的联合声明》，确认中国政府将于 1997 年 7 月 1 日对香港恢复行使主权。1985 年 5 月，中英两国政府在北京互换批准书，联合声明正式生效，香港回归进入过渡时期。

香港回归进程启动后，澳门回归问题随即被提上日程。1986 年 6 月，中国和葡萄牙两国政府开始就澳门问题举行谈判，到 1987 年 3 月，双方就全部有关澳门回归的协议文件达成了共识。1987 年 4 月，中葡两国政府在北京正式签署《中华人民共和国政府和葡萄牙共和国政府关于澳门问题的联合声明》，宣布中国政府将于 1999 年 12 月 20 日对澳门恢复行使主权。中葡两国政府在 1988 年 1 月互换批准书，联合声明正式生效，澳门进入回归祖国的过渡时期。

外交工作新格局

20 世纪 80 年代中期，中国基本完成外交政策的调整，中国外交显示出向全方位发展的新特点。这一时期，美苏、中苏关系都有所改善，国际形势明显趋于缓和。1985 年 3 月，邓小平明确指出，现在世界上真正大的问题，带全球性的战略问题，一个是和平问题，一个是经济问题或者说发展问题。1986 年 4 月，六届全国人大四次会议通过的《关于第七个五年计划的报告》，明确把中国外交政策概括为"独立自主的和平外交政策"，并从十个方面阐述了这一政策的主要内容和基本原则。

外交政策的重大调整，使中国在发展同世界各国友好关系方面取得重要进展。一是在处理同美苏两个超级大国关系方面，稳定中美关系的同时，逐步实现中苏关系正常化。中美之间虽然在台湾问题上始终存在障碍，但是两国在经济、贸易及科技交流合作方面保持较好的势头，20 世纪 80 年代中期，美国已经成为中国第三大贸易伙伴。1984 年、1985 年，中苏两国政府先后签订经济技术合作协定、科学技术合作协定等，使得两国贸易额逐渐增长，技术合作日益密切。到 1989 年 5 月，中苏两国关系实现正常化。二是在与周边国家的关系方面有了重要改善。1983 年 11 月，中日双方共同确定"和平友好、平等互利、互相信赖、长期稳定"四项原则，为中日睦邻友好关系的健康发展奠定基础。中国同老挝就关系正常化问题进行谈判，两国恢复互派大使。中国同印度尼西亚关系有所好转，双方恢复直接贸易。中国同蒙古人民共和国的贸易和友好往来也有所增加。三是中国同亚非拉第三世界国家的友好关系进一步巩固。1983 年至 1987 年，中国又同 10 个国家建立外交关系，与中国建交国总数达到 135 个。中国还积极参与以联合国为中心的多边外交活动，广泛参加各种国际多边条约和国际公约，大力发展与国际组织的关系，在一些国际机构中积极发挥作用，扩大中国的国际影响。

五、深化改革与扩大开放

改革开放的全面展开，深化了中国共产党对于国情和建设有中国特色社会主义道路的认识。1987 年，中共十三大阐明社会主义初级阶段理论和党在社会主义初级阶段基本路线，提出"建设有中国特色的社会主义理论"概念，确定"三步走"发展战略，极大地鼓舞了全国人民的热情和干劲，改革开放的步伐大为加快。针对经济领域在前进中出现的问题，中共中央决定用一段时间治理经济环境、整顿经济秩序，以利于更好地推进改革和建设。

党在社会主义初级阶段基本路线的确立

1987 年 10 月 25 日至 11 月 1 日，中共十三大召开。大会对中共十一届三中全会以来改革开放和社会主义现代化建设经验进行总结和理论概括，明确地阐明了社会主义初级阶段的理论，完整地概括了党在社会主义初级阶段的基本路线。大会指出，第一，我国社会已经是社会主义社会，必须坚持而不能离开社会主义；第二，我国的社会主义社会还处在初级阶段，必须从这个实际出发，而不能超越这个阶段。我国所处的社会主义初级阶段，特指我国在生产力落后、商品经济不发达条件下建设社会主义必然要经历的特定阶段，从生产资料私有制的社会主义改造基本完成，到社会主义现代化的基本实现，至少需要上百年时间，都属于这个阶段。在社会主义初级阶段，主要矛盾是人民日益增长的物质文化需要同落后的社会生产之间的矛盾，党和国家的主要任务是发展生产力，推进社会主义现代化建设。大会把党在社会主义初级阶段的基本路线概括为：领导和团结全国各族人民，以经济建设为中心，坚持四项基本原则，坚持改革开放，自力更生，艰苦创业，为把我国建设成为富强、民主、文明的社会主义现代化国家而奋斗。实践证明，党的基本路线是国家的生命线、人民的幸福线，以经济建设为中心是兴国之要，四项基本原则是立国之本，改革开放是强国之路。

　　大会依据社会主义初级阶段理论和党的基本路线，制定了加快和深化改革的基本方针和行动纲领。关于经济体制改革，大会对中共十二届三中全会提出的社会主义经济是公有制基础上的有计划的商品经济作了进一步阐述，指出社会主义有计划商品经济的体制，应该是计划与市场内在统一的体制；社会主义商品经济与资本主义商品经济的本质区别，在于所有制基础不同；计划和市场的作用范围都是覆盖全社会的，新的经济运行机制，总体上来说应当是"国家调节市场，市场引导企业"。关于政治体制改革，大会指出：政治体制改革的长远目标，是建立高度民主、法制完备、富有效率、充满活力的社会主义政治体制；改革的近期目标，是建立有利于提高效率、增强活力和调动各方面积极性的领导体制。

大会提出"建设有中国特色的社会主义理论"概念，并从十二个方面对改革开放和社会主义现代化建设实践中形成和发展的科学理论观点进行归纳，使建设有中国特色的社会主义理论有了比较清晰的轮廓。

"三步走"发展战略的确定

"三步走"发展战略是在改革开放实践中逐步形成的，它发端于邓小平等中央领导人对于中国如何实现四个现代化的思考。自1975年领导整顿工作后，邓小平开始对到20世纪末实现四个现代化的目标进行重新思考，关注在中国这样一个贫穷落后、人口众多的东方大国搞社会主义现代化建设所面临的困难，尤其是同世界发达国家的差距。到1979年，邓小平先后提出"中国式的四个现代化"和"中国式的现代化"的概念，在他看来，到20世纪末中国大概只能达到发达国家20世纪70年代的水平。1979年12月，邓小平与日本首相大平正芳会谈时，用"小康"的概念来指代到20世纪末中国达到的现代化水平。这一小康构想在中共十二大上确定为我国到20世纪末的经济社会发展目标。

中共十二大以后，邓小平重点思考达到小康水平之后中国如何发展的问题。1984年4月，邓小平在会见英国外宾时提出，我们的第一个目标就是到本世纪末达到小康水平，第二个目标就是要在30年至50年内达到或接近发达国家的水平。1987年4月，邓小平在会见西班牙外宾时，明确提出中国现代化建设"三步走"发展战略。他说："我们原定的目标是，第一步在八十年代翻一番。以一九八〇年为基数，当时国民生产总值人均只有二百五十美元，翻一番，达到五百美元。第二步是到本世纪末，再翻一番，人均达到一千美元。实现这个目标意味着我们进入小康社会，把贫困的中国变成小康的中国。那时国民生产总值超过一万亿美元，虽然人均数还很低，但是国家的力量有很大增加。我们制定的目标更重要的还是第三步，在下世纪用三十年到五十年再翻两番，大体上达到人均四千美元。做到这一步，中国就达到中等发达的水平。"

根据这一设想，中共十三大正式确定了我国"三步走"发展战略，指出："第一步，实现国民生产总值比一九八〇年翻一番，解决人民的温饱问题。这个任务已经基本实现。第二步，到本世纪末，使民生产总值再增长一倍，人民生活达到小康水平。第三步，到下个世纪中叶，人均国民生产总值达到中等发达国家水平，人民生活比较富裕，基本实现现代化。然后，在这个基础上继续前进。"

中共十三大高度重视第二步战略目标任务的实现，提出重点解决三个重要问题：一是把发展科学技术和教育事业放在首要位置，使经济建设转到依靠科技进步和提高劳动者素质的轨道上来；二是保持社会总需求和总供给基本平衡，合理调整和改造产业结构；三是进一步扩大对外开放的广度和深度，不断发展对外经济技术交流与合作。中共十三大强调，经济发展战略的实现，从根本上说要依靠经济体制改革的加快和深化。这就对进一步改革开放提出新的要求。

国家行政管理体制改革与建立国家公务员制度

要加快和深化经济体制改革，必须首先克服原有行政管理体制存在的弊端。中共十三大分析了"政府机构庞大臃肿，层次过多，职责不清，互相扯皮"的问题，提出"必须下决心对政府工作机构自上而下地进行改革"的任务。

根据这一要求，国务院立即着手制定改革中央政府机构的方案。1988年3月25日至4月13日召开的七届全国人大一次会议，审议并原则批准了国务院机构改革方案。这次大会还选举杨尚昆为中华人民共和国主席，选举万里为全国人大常委会委员长，选举邓小平为中华人民共和国中央军事委员会主席，决定李鹏为国务院总理。

1988年，国务院机构改革主要内容包括以下几个方面：一是以政企分开、政事分开为核心，落实职能转变，弱化政府部门直接干预企业微观管理的职能，强化经济部门的宏观管理职能。二是加强监督与调控部门，精简和削弱专业部门。三是在转变职能的基础上，合理设置机构，确定编制。国务院部委从原有的45个减为41个，直属机构从原有的22个减为19个，非常设机构从原有的75个减为44个，部门内设司局级机构减少约20%。国务院机构改革后的人员编制比改革前实有人员总计减少9700多人，占原有人数的19.7%。四是解决一批部门之间职能交叉、重复的问题。五是进行深化机构改革的试点工作，为逐步实行国家公务员制度创造一定的条件。

建立国家公务员制度，是为了造就一大批德才兼备的国家工作人员，从根本上提高各级政府的工作水平和工作效率。中共十三大把建立国家公务员制度作为干部人事制度改革的重点，提出国家公务员分为政务和业务两类。政务类公务员严格依照宪法和组织法进行管理，实行任期制，并接受社会的公开监督；中共中央和地方各级党委，依照法定程序向人大推荐各级政务类公务员的候选人，监督管理政务类公务员中的共产党员。业务类公务员按照国家公务员法进行管理，实行常任制；凡进入业务类公务员队伍，应当通过法定考试，公开竞争。由此，国家公务员制度的推行正式启动。

七届全国人大一次会议决定组建人事部，人事部既是国家公务员管理机构，又是建立和推行国家公务员制度的职能部门。1989年，国家公务员制度在国务院6个部门开始试点，进行试点的单位是经过机构改革、人员优化组合的单位，试点的内容包括考试录用、职务晋升、考核奖惩等全套管理制度以及新旧体制过渡问题。对新进机关的人员实行公开招考、择优录用的办法，将公务员的实绩作为评价公务员的主要依据，在严格考核的基础上，把公务员的工作成绩与其职务升降、工资待遇和奖惩联系起来。

深化经济体制改革和扩大对外开放

中共十三大以后，经济体制改革围绕转变企业经营机制这个中心环节展开，同时进行计划、投资、物资、财政、金融等方面的配套改革，逐步建立有计划商品经济新体制的基本框架。

深化企业改革方面，明确重点是配套、完善、深化、发展承包经营责任制，进一步解决全民大中型企业经营机制问题，提高经济效益。1988 年实行承包制的预算内全民所有制企业，由 1987 年底占企业总数的 83％扩大到 90％以上。承包企业中，约 1/3 采取了竞争招标的办法，涌现出一批优秀企业家，促进了企业内部的各项改革。超过半数的承包企业实行了工资总额同经济效益指标挂钩，特别是有不少企业积极推行优化劳动组合，这对于打破"铁饭碗""铁交椅"，改变企业人浮于事的状况，起了一定作用。投资体制改革方面，为解决中央包揽过多、投资结构不合理、资金来源不稳定等问题，采取了划分中央、地方、企业的投资范围，实行基本建设基金制，建立专业投资公司，采取经济办法管理经营性投资等措施。物资体制改革方面，着重减少生产资料分配和管理的中间层次，促进生产资料市场的形成，解决物资分配的条块分割问题。财政体制改革方面，主要是改革地方财政包干办法，全国 39 个省、自治区、直辖市和计划单列市，除广州、西安两市财政关系仍分别与广东、陕西两省联系外，对其余 37 个地区分别实行 6 种不同形式的包干办法，包盈和包亏都由地方自行负责。金融体制改革方面，主要是在搞好社会资金综合平衡的前提下，进一步发展和完善金融市场，提高资金使用效益，并强化中央银行的宏观管理职能，严格控制货币发行量和信贷规模，完善存款准备金制度，加强银行对企业的监督等。

与此同时，对外开放的步伐进一步加大。1988 年 3 月 4 日，国务院召开沿海地区对外开放工作会议，讨论实施发展外向型经济战略。3 月 18 日，国务院发出《关于扩大沿海经济开放区范围的通知》，决定适当扩大沿海经济开放区。

新划入沿海经济开放区的有 140 个市、县，包括辽东半岛、胶东半岛、河北省环渤海湾地区和广西北部湾地区一些市县，以及杭州、南京、沈阳 3 个省会城市。

　　1988 年 4 月 13 日，七届全国人大一次会议通过国务院提出的关于设立海南省和建立海南经济特区的议案。4 月 14 日，国务院批转《关于海南岛进一步对外开放加快经济开发建设的座谈会纪要》，提出在海南岛实行特殊经济政策，建立经济管理新体制，把海南岛建设成全国最大的经济特区，是贯彻沿海经济发展战略、进一步扩大对外开放的重要措施。4 月 26 日，中共海南省委和省人民政府正式挂牌。5 月 4 日，国务院作出《关于鼓励投资开发海南岛的规定》，规定国家对海南经济特区实行更加灵活开放的经济政策，授予海南省人民政府更大的自主权。海南经济特区的设立，开启

★ 1988 年 4 月 26 日，海南省人民政府正式挂牌

了扩大开放、深化改革、加快发展的新篇章。

至此，我国形成从南到北由 5 个经济特区、14 个沿海开放城市、3 个沿海开放地区、2 个开放半岛构成的对外开放格局。

开展治理整顿

改革开放的加快推进，促进了经济快速增长。1984 年至 1987 年，国民收入由 5485 亿元增加到 9153 亿元。城乡人民生活水平得到大幅度提高。1984 年城镇居民平均每人可用于生活费的收入为 608 元，农民平均每人纯收入为 355.3 元；到 1987 年，城镇居民平均每人可用于生活费的收入为 916 元，农民平均每人纯收入为 463 元。城乡储蓄存款由 1984 年的 1214.7 亿元增加到 1987 年的 3075 亿元。

在加速发展的过程中，经济领域出现了一些问题，1988 年突出表现为"四过一乱"，即过旺的社会需求、过快的工业发展速度、过多的信贷和货币投放、过高的物价涨幅与经济秩序特别是流通秩序混乱。经济生活中存在的这些矛盾和问题，加上生产资料价格双轨制引发"官倒"等腐败现象，群众反映强烈。

1988 年 4 月至 5 月，中共中央多次召开会议，讨论生产资料价格双轨制改革、部分农产品价格改革等问题，提出在深化价格改革中解决物价问题的思路。5 月 30 日至 6 月 1 日召开的中共中央政治局第九次全体会议决定要制定价格、工资改革的系统方案。从 6 月 2 日起，中央责成专门机构组织有关部门研究并提出此后五年特别是 1989 年价格、工资改革方案。8 月 15 日至 17 日，中共中央在北戴河召开中央政治局第十次全体会议，讨论并原则通过《关于价格、工资改革的初步方案》。会议提出，价格、工资改革实际上是改革的全面深化，此后五年左右的时间，价格改革的目标是初步理顺价格关系，即解决对经济发展和市场发育有严重影响、突出不合理的价格问题。工资改革总的要求是，在价格改革过程中，通过提高和调整工资、适当增加补贴，保证大多数职工实际生活水平不降低，并能随着生产的发展而有所改善。会议决定，9 月先后召开中央工作会议和十三届三中全会，讨论和审议关于价格、工资改革的方案。在此之前，还要在党外人士和有关专家中就这一方案广泛征求意见。

虽然这个改革方案还没有正式实施，但是 1988 年 8 月 19 日清晨中央人民广播电台播报了中央政治局讨论并原则通过《关于价格、工资改革的初步方案》的消息，同日《人民日报》也进行报道，引起广大人民群众对于物价上涨的担忧和恐慌。当天，全国不少地方出现抢购，进而出现挤兑。老百姓纷纷大量提取存款抢购商品，认为存货比存钱好。一些商家利用群众怕涨价的心理，趁机制造要涨价的谣言引诱群众抢购，从而使涨价风、抢购风愈演愈烈。

面对上述形势，中共中央认识到经济环境恶化、经济秩序混乱的严重性。1988 年 9 月，中共中央召开十三届三中全会，决定在坚持改革开放总方向的前提下，把 1989 年和 1990 年两年改革和建设的重点突出地放到治理经济环境和整顿经济秩序上，以扭转物价上涨幅度过大的态势，创造理顺价格的条件，使经济建设持续、稳步、健康地发展。

从 1988 年 9 月开始，国务院组织各部门、各地方开展治理整顿。治理经济环境，主要是压缩社会总需求，抑制通货膨胀；整顿经济秩序，主要是整顿经济生活特别是流通领域中出现的各种混乱现象。治理整顿很快取得初步成效，到1989年上半年，国民经济运行发生明显变化，农业生产增收，工业发展速度逐步下降，固定资产投资规模有所控制，金融形势有所缓和，消费市场比较平稳，物价涨幅逐步回落。然而，就在治理整顿有序进行的时候，1989年春夏之交国内爆发了政治风波，对改革开放和社会主义现代化建设各方面工作造成严重影响。

六、在严峻考验中推进改革开放

20世纪80年代末90年代初，面对国内外复杂形势，党和政府依靠广大人民群众平息政治风波，捍卫了我国社会主义国家政权；沉着应对风云变幻，在国际上站稳脚跟；继续改革开放，完成治理整顿任务。中国的社会主义制度经受住了严峻考验，显示出强大的生命力。邓小平南方谈话，极大地鼓舞了全党全国各族人民进一步发展中国特色社会主义的信心。

经受1989年政治风波的考验

1989年政治风波的发生不是偶然的，"这是国际的大气候和中国自己的小气候所决定了的"。从国际来看，长期以来一些西方国家通过种种渠道对社会主义国家进行"和平演变"，竭力支持和扶植各种反共反社会主义活动，到20世

80 年代末，东欧一些社会主义国家开始出现动荡。就国内来说，推进改革开放、大力发展经济的同时，教育和思想政治工作没有跟上，国内资产阶级自由化思潮没有受到有效遏制；改革开放以来，少数干部滋生的严重腐败现象没有得到及时纠正，加上物价上涨，导致社会上出现不满情绪。

在复杂的国内外形势下，1989 年，极少数主张"全盘西化"的人借五四运动 70 周年、新中国成立 40 周年之机，挑起事端，煽动反对中国共产党领导、反对社会主义制度。4 月 15 日，胡耀邦在北京逝世，中共中央发布讣告并举行追悼会，人民群众以各种形式表达自己的哀思。在悼念活动期间，极少数人借机制造谣言，攻击党的领导和社会主义制度；蛊惑群众冲击中共中央、国务院所在地中南海的新华门；在西安、长沙等城市发生一些不法分子打、砸、抢、烧的犯罪活动。

4 月 24 日，中央政治局常委会会议对事态发展进行了讨论，认为一场有计划、有组织的反党、反社会主义的政治动乱已经摆在面前。4 月 26 日，《人民日报》发表社论《必须旗帜鲜明地反对动乱》，向全党全国人民指出这场斗争的性质。然而，极少数别有用心的人仍煽动群众占据天安门广场，组织各种非法活动，最终发展成为一场反革命暴乱。在关系党和国家生死存亡的紧要关头，中共中央政治局在邓小平和其他老一辈革命家坚决有力的支持下，依靠人民，旗帜鲜明地反对动乱，于 6 月 4 日采取果断措施，一举平息北京地区的反革命暴乱。北京和其他大中城市很快恢复正常秩序。这场斗争的胜利，捍卫了我国社会主义国家政权，维护了人民的根本利益。

政治风波中，赵紫阳犯了支持动乱和分裂党的严重错误。1989年6月，中共中央召开十三届四中全会，审议并通过《关于赵紫阳同志在反党反社会主义的动乱中所犯错误的报告》。全会决定撤销赵紫阳担任的党内领导职务，并对中央领导机构部分成员进行调整，选举江泽民为中央委员会总书记。全会强调，要继续坚决执行中共十一届三中全会以来的路线、方针和政策，继续坚决执行中共十三大确定的"一个中心、两个基本点"的基本路线。

在新的中央领导集体已卓有成效开展工作的情况下，1989年9月，邓小平向中央政治局正式提出辞去中共中央军事委员会主席职务的请求，11月召开的中共十三届五中全会批准了邓小平这一请求，同时决定江泽民为中共中央军事委员会主席。以邓小平同志为核心的党的第二代中央领导集体和以江泽民同志为核心的党的第三代中央领导集体顺利实现新老交替，保证了党的理论、路线、方针、政策的稳定性、连续性和国家的稳定。

中共十三届五中全会审议并通过《中共中央关于进一步治理整顿和深化改革的决定》，强调用三年或者更长一些时间基本完成治理整顿任务，并且继续深化改革和扩大对外开放。随后，展开进一步治理整顿，在继续坚持和改进总量控制的同时，把重点放到调整结构和提高效益上来，使整个经济进一步沿着良性循环的方向发展。

沉着应对国际风云变幻

1989年政治风波平息以后，以美国为首的西方国家纷纷向中国施压，实行"制裁"。6月5日，美国总统布什宣布对中国采取5项"制裁"措施，包括中止一切中美政府间军售和商业性武器出口，中断中美两国军事领导人之间的互访活动等。6月20日，美国政府声明对中国采取新的"制裁"措施，包括停止与中国政府官员的所有高层接触、要求国际金融机构推迟考虑向中国提供新的贷款等。7月，西方七国首脑和欧洲共同体会议宣布对中国采取中止高层政治接触、延缓世界银行贷款等"制裁"措施。

从1989年下半年起，东欧社会主义国家发生剧变，各国共产党和工人党先后失去执政地位。1991年底，苏联解体。世界格局发生巨大变化，持续几十年的冷战格局宣告结束，社会主义在世界范围内陷入低潮。

面对国际风云变幻，邓小平反复强调，要保持稳定和坚持改革开放，并提出冷静观察、稳住阵脚、沉着应付、韬光养晦、善于守拙、决不当头、有所作为等一系列指导方针。他指出，发达国家欺侮落后国家的政策没有变，中国自己要稳住阵脚；帝国主义肯定想要社会主义国家变质，东欧、苏联社会主义国家动乱不可避免，中国自己不要乱，"中国肯定要沿着自己选择的社会主义道路走到底。谁也压不垮我们。只要中国不垮，世界上就有五分之一的人口在坚持社会主义。我们对社会主义的前途充满信心"。在对外关系的处理上，对于西方国家，邓小平强调，虽然发达国家对中国戒心更大，但是"我们还是友好往来。朋友还要交，但心中要有数"；对于苏东剧变，邓小平指出："不管苏联怎么变化，我们都要同它在和平共处五项原则的基础上从容地发展关系，包括政治关系，不搞意识形态的争论。"

根据上述方针，中国同东欧各国保持正常的友好关系，并妥善解决与原苏联加盟共和国的关系，中国政府承认原苏联加盟共和国独立，及时和独联体国家建立外交关系，并加强与这些国家的经济贸易往来。中国稳定和积极发展同周边国家的睦邻友好关系，很快取得丰硕成果，中国与韩国建立外交关系，与印度尼西亚恢复外交关系，中越关系实现正常化，中印关系有很大改善。在此期间，中国还与沙特阿拉伯、以色列等国家建立了外交关系。

针对西方国家出于各自利益在"制裁"中国的政策、做法上不尽一致的情况，中国逐个突破，推动西方国家陆续取消对华"制裁"。1990年7月，日本政府率先在西方七国首脑会议上宣布逐步恢复对中国的第三批日元贷款。10月，欧共体在卢森堡举行外长会议，决定取消对华"制裁"，恢复同中国在政治、经济和文化领域的正常关系。到1991年底，中国同大多数西方国家的关系基本回到正常轨道。对于美国，中国始终坚持严正立场，谴责美国干涉中国内政，申明中国不怕"制裁"、不怕孤立，决不会让步；与此同时，为恢复和发展中美关系作出艰苦努力，使得中美关系逐步得到改善。到1993年11月，亚太经济合作组织领导人非正式会议在美国西雅图召开，中美两国元首举行正式会晤，标志着以美国为首的西方发达国家对中国的所谓"制裁"被完全打破。

继续推进改革开放

坚持改革开放是决定中国命运的一招。平息1989年政治风波以后，中共中央把经济工作的重点放在通过治理整顿继续推进改革开放上，在一些领域取得显著进展。

一是粮油统销价格改革取得突破。1991年4月，国务院作出《关于调整粮油统销价格的决定》，从1991年5月1日起，适当提高粮油统销价格。这次改革是20多年来粮油价格的一次重大调整，为后来取消凭票定量供应粮油、实行敞开供应建立了良好开端。10月，国务院发出《关于进一步搞活农产品流通的通知》，要求在保证完成国家定购任务的情况下，对粮食实行长年放开经营政策。自20世纪50年代起使用的粮票开始逐步退出历史舞台。

二是初步建立股票市场。1989年稳步试行以公有制为主的股份制，股份制企业的发展，特别是股票的公开发行，必然推动股票市场的产生。1990年11月，经国务院授权、中国人民银行批准，上海证券交易所正式宣布成立。12月，上海证券交易所开业并进行首批30种证券上市交易，其中股票8种。1991年4月，中国人民银行批准成立深圳证券交易所。7月3日，深圳证券交易所正式开业，实现了股票的集中交易。

三是开发开放浦东。1990年邓小平在上海过春节期间，提出"请上海的同志思考一下，能采取什么大的动作，在国际上树立我们更加改革开放的旗帜"。1990年2月，中共上海市委、市政府正式向中共中央、国务院提出《关于开发浦东、开放浦东的请示》。4月18日，李鹏在上海大众汽车有限公司成立5周年大会上宣布：中共中央、国务院同意上海市加快浦东地区的开发，在浦东实行经济技术开发区和某些经济特区的政策。4月30日，上海市政府召开新闻发布会，宣布以引进外资为主的开发浦东十项政策。浦东的开发开放迅速启动，并取得较快的进展。开发开放浦东是党中央全面研判国际国内大势，统筹改革发展大局作出的重大决策，掀开了我国改革开放向纵深推进的崭新篇章。

"七五"时期尤其是后期，虽然外有压力、内有困难，但是经过治理整顿和深化改革，1990年底，"七五"计划胜利完成。1986年至1990年间，国民生产总值计划平均每年增长7.5%，实际增长7.8%；农业总产值计划平均每年增长4.0%，实际增长4.6%；工业总产值计划平均每年增长7.5%，实际增长13.1%。人民生活明显改善，全国绝大多数地区解决了温饱问题，开始向小康过渡；少数地区已经实现小康；温饱问题尚未完全解决的少数地区，人民生活也有不同程度的改善。

1991年，整个国民经济继续向好发展，国民经济增长速度超过原定计划，投资、消费和出口需求回升，工业生产保持较快、均衡的增长势头，城乡居民收入也有明显增加。1991年9月，中共中央工作会议认为，经过3年努力，整个国民经济已经恢复到正常的增长速度，经济秩序有比较明显的改善，治理整顿的主要任务已经基本完成，经济工作的重点应当是在保持总量基本平衡的基础上，进一步转向调整结构和提高效益，努力保持国民经济的持续、稳定、协调发展。12月，国务院举行第十二次全体会议，指出治理整顿的任务已经基本完成，1992年全国经济工作的任务是进一步深化改革、扩大开放。

★ 1992 年 1 月 23 日，邓小平在广东考察时指出，广东要上几个台阶，力争用 20 年的时间赶上亚洲"四小龙"

邓小平南方谈话

苏东剧变以后，冷战结束，世界格局呈现政治多极化、经济全球化趋势，既向中国提出了严峻挑战，也为中国提供了新的发展机遇。在这个重大关头，一些人在思想上产生困惑：有的对社会主义的前途缺乏信心，对中国的改革开放产生疑虑；有的则提出改革开放究竟是姓"社"还是姓"资"的问题。

邓小平于 1992 年 1 月 18 日至 2 月 21 日到武昌、深圳、珠海、上海等地视察，发表重要谈话，科学总结中共十一届三中全会以来实行改革开放的基本实践和基本经验，从理论上深刻回答了长期困扰和束缚人们思想的许多重大问题，推动改革开放和社会主义现代化建设进入新阶段。

邓小平强调，要毫不动摇地坚持"一个中心、两个基本点"的基本路线，不坚持社会主义，不改革开放，不发展经济，不改善人民生活，只能是死路一条。针对人们对中国改革开放姓"资"还是姓"社"的问题，邓小平提出，判断的标准，应该主要看是否有利于发展社会主义社会的生产力，是否有利于增强社会主义国家的综合国力，是否有利于提高人民的生活水平。计划多一点还是市场多一点，不是社会主义与资本主义的本质区别。计划和市场都是经济手段。社会主义的本质，是解放生产力，发展生产力，消灭剥削，消除两极分化，最终达到共同富裕。

邓小平强调，发展才是硬道理，要抓住时机，发展自己，关键是发展经济。要坚持两手抓，两手都要硬，在抓改革开放的同时，要抓打击各种犯罪活动，建设社会主义精神文明。邓小平指出，正确的政治路线要靠正确的组织路线来保证，中国的事情能不能办好，社会主义和改革开放能不能坚持，经济能不能快一点发展起来，国家能不能长治久安，从一定意义上说，关键在人，说到底关键是共产党内部要搞好。邓小平告诫人们要用马克思主义的历史唯物主义认识人类社会发展规律，指出社会主义经历一个长过程发展后必然代替资本主义，这是社会历史发展不可逆转的总趋势。

正是在邓小平的倡导和支持下，改革大潮汇聚成时代洪流，使中国人民的面貌、社会主义中国的面貌、中国共产党的面貌发生了历史性变化。

第四章 ‖ 建立社会主义市场经济体制和把中国特色社会主义全面推向21世纪（1992—2002）

中共十四大以后，以江泽民同志为主要代表的中国共产党人攻坚克难，团结带领全国各族人民，坚持党的基本理论、基本路线，确立邓小平理论在全党的指导地位，提出"三个代表"重要思想，确立社会主义市场经济体制的改革目标和基本框架，确立社会主义初级阶段的基本经济制度和分配制度，开创全面改革开放新局面，推进党的建设新的伟大工程，把中国特色社会主义全面推向21世纪。

一、社会主义市场经济体制目标的确立

根据邓小平南方谈话指明的改革方向，中共十四大确立了社会主义市场经济体制的改革目标，中共中央紧紧依靠全党全国各族人民，成功地稳住了改革和发展的大局，改革开放和社会主义现代化建设进入新的阶段。

确立社会主义市场经济体制改革目标

1992 年邓小平南方谈话对中国的改革和发展、开好中共十四大发挥了重要的指导作用。1992 年 2 月 28 日，中共中央发出通知，要求全党传达、学习邓小平南方谈话。6 月 9 日，江泽民在中央党校省部级干部进修班上发表重要讲话，全面阐发了邓小平南方谈话精神。在谈到加快经济体制改革时，江泽民列举了关于计划与市场关系和建立新经济体制的几种不同提法，表示："我个人的看法，比较倾向于使用'社会主义市场经济体制'这个提法。"这一讲话，从思想上、理论上为中共十四大作了直接准备。

把建立社会主义市场经济体制确立为我国经济体制改革的目标，是 1992 年 10 月中共十四大作出的一项具有深远意义的重大决定。中共十四大报告明确指出："实践的发展和认识的深化，要求我们明确提出，我国经济体制改革的目标是建立社会主义市场经济体制，以利于进一步解放和发展生产力。"

经济体制改革确定什么样的目标，是关系中国整个社会主义现代化建设全局的一个重大问题，其核心是正确认识和处理计划与市场的关系。过去一些人认为，市场经济是资本主义特有的东西，计划经济才是社会主义经济的基本特征。中共十一届三中全会以来，随着改革的深入、思想的解放，中国共产党逐步摆脱这种观念，不断形成新的认识。中共十二大提出计划经济为主，市场调节为辅；十二届三中全会指出商品经济的充分发展，是社会经济发展不可逾越的阶段，我国社会主义经济是在公有制基础上的有计划的商品经济；十三大提出社会主义有计划商品经济的体制应该是计划与市场内在统一的体制；十三届四中全会后，提出建立适应有计划商品经济发展的计划经济与市场调节相结合的经济体制和运行机制。

邓小平南方谈话对这个问题进行了精辟论述，为中共十四大确立经济体制改革的目标模式奠定了思想基础，提供了理论依据。对此，江泽民在中共十四大报告中作了明确阐述。他说，邓小平关于计划经济和市场经济的精辟论断，从根本上解除了把计划经济和市场经济看作属于社会基本制度范畴的思想束缚，使我们在计划与市场关系问题上的认识有了新的重大突破。

社会主义市场经济体制是同中国社会主义基本制度结合在一起的。在所有制结构上，以公有制（包括全民所有制和集体所有制）经济为主体，个体经济、私营经济、外资经济为补充，多种经济成分长期共同发展，不同经济成分还可以自愿实行多种形式的联合经营。国有企业、集体企业和其他企业都进入市场，通过平等竞争发挥国有企业的主导作用。在分配制度上，以按劳分配为主体，其他分配方式为补充，兼顾效率与公平。运用包括市场在内的各种调节手段，既能够鼓励先进，促进效率，合理拉开收入差距，又可以防止两极分化，逐步实现共同富裕。在宏观调控上，社会主义国家能够把人民的当前利益与长远利益、局部利益与整体利益结合起来，更好地发挥计划和市场两种手段的长处。国家计划是宏观调控的重要手段之一，重点是合理确定国民经济和社会发展的战略目标，搞好经济发展预测、总量调控、重大结构与生产力布局规划，集中必要的财力物力进行重点建设，综合运用经济杠杆，促进经济更好更快地发展。把社会主义制度与市场经济结合起来，是中国共产党人对马克思主义的重大发展，是社会主义发展史上的重大突破。

社会主义市场经济体制改革目标的确立，使中国经济体制改革和社会主义现代化建设的方向更加明确，对中国的经济体制改革具有重大指导意义。

宏观调控等系列改革举措与实行分税制

1993年3月，八届全国人大一次会议选举江泽民为中华人民共和国主席、中华人民共和国中央军事委员会主席，乔石为全国人大常委会委员长，决定李鹏为国务院总理。全国政协八届一次会议选举李瑞环为全国政协主席。在抓住机遇、加快发展方针指导下，1993年我国经济得到较快发展，国内生产总值首次突破3万亿元大关，比上年增长13.4%。

与此同时，在深化改革、扩大开放的过程中，由于一些地方和部门片面追求高速度，加之旧的宏观调控机制逐渐失效，新的调控机制尚未健全，出现了新的经济过热现象。这次过热表现为"四热、四高、四紧、一乱"："四热"是房地产热、开发区热、集资热、股票热；"四高"是高投资规模、高工业增长、高货币发行和信贷投放、高物价上涨；"四紧"是交通运输紧张、能源紧张、重要原材料紧张、资金紧张；"一乱"是经济秩序混乱，特别是金融秩序混乱。

中共中央和国务院及时发现了上述问题并果断采取一系列加强宏观调控的措施。1993年6月，中共中央、国务院下发《关于当前经济情况和加强宏观调控的意见》，提出了严格控制货币发行、稳定金融形势等 16 条加强宏观调控的措施。其中有 13 条是经济手段，强调的是强化间接调控，主要是实行适度从紧的财政政策和货币政策，整顿金融秩序和流通环节，控制投资规模，加强价格监督。这次以经济手段为主的间接调控，是市场经济条件下宏观调控方式变革的成功实践，为此后一系列宏观领域改革方案的出台创造了条件。

为确保宏观调控措施落实到位，中共中央、国务院在 1993 年 7 月连续召开了全国金融工作会议和全国财政、税务工作会议，提出了两个"约法三章"。金融系统的"约法三章"是：立即停止和认真清理一切违章拆借，已违章拆借出的资金要限期收回；任何金融机构不得擅自或变相提高存贷款利率；立即停止向银行自己兴办的各种经济实体注入信贷资金，银行要与自己兴办的各种经济实体彻底脱钩。财税部门的"约法三章"是：严格控制税收减免；严格控制财政赤字，停止银行挂账；财税部门及所属机构，未经人民银行批准，一律不准涉足商业性金融业务，所办公司要限期与财税部门脱钩。

这次宏观调控，从加快新旧体制转换中找出路，运用经济、法律手段，把解决问题变成加快改革、建立社会主义市场经济体制的动力。改革从 1992 年着手设计，1993 年方案出台，到 1994 年正式推开。1993 年 12 月，国务院作出《关于实行分税制财政管理体制的决定》，从 1994 年 1 月 1 日起改革现行地方财政包干体制，实行分税制财政管理体制。其主要内容是：按照中央与地方政府的事权划分，合理确定各级财政的支出范围；根据事权与财权相结合的原则，按税种划分中央与地方收入。将维护国家权益、实施宏观调控所必需的税种划分为中央税；将同经济发展直接相关的主要税种划分为中央与地方共享税；将适合地方征管的税种划分为地方税，并充实地方税税种，增加地方税收入。建立中央税收和地方税收体系，分中央和地方两套税务机构分别征管。分税制改革，理顺了中央与地方分配关系，为增强中央的权威、发挥财政的宏观调控作用创造了条件。

通过这次涉及价格、税收、财政、金融、外贸、投资等多个领域的整体性改革，市场配置基础上的国家宏观调控新体制基本建立，宏观调控措施取得显著成效：经济结构得到调整，过度投资得到控制，金融秩序逐步好转，物价涨幅明显回落。到1996年底，中国经济成功实现从发展过快到"高增长、低通胀"的"软着陆"，避免了经济的大起大落。

建立现代企业制度和加快国有企业改革

由计划经济体制转向市场经济体制，必然要求建立现代企业制度，而公司制是现代企业制度的主要形式。20世纪80年代后期，已经有一些经济学家建议在国有大中型企业建立现代企业制度。中共十四大报告提出，适应建立社会主义市场经济体制的要求，国有企业改革要进一步从放权让利为主，转向机制转换、制度建设为主。十四大报告在国有企业改革方面实现了两个重大突破，一是用"国有企业"概念替换了"国营企业"概念，二是确定了国有企业改革主线从放权让利转向制度建设。"国营企业"改为"国有企业"，意味着由"全民所有、国家授权经营"改为"国家所有、企业独立经营"。

1993 年 11 月召开的中共十四届三中全会，明确提出现代企业制度的基本特征是"产权清晰、权责明确、政企分开、管理科学"，并指出国有企业实行公司制，是建立现代企业制度的有益探索；公司可以有不同的类型：具备条件的国有大中型企业，单一投资主体的可依法改组为独资公司，多个投资主体的可依法改组为有限责任公司或股份有限公司，一般小型国有企业可以采用承包经营、租赁经营、股份合作制、出售等多种形式的产权改革。

国有企业改革从以往的放权让利、政策调整进入转换机制、制度创新阶段。其主要任务是引导国有企业确立与市场经济要求相适应的现代企业制度，通过国有经济布局与结构战略性调整，解决整个国有经济部门如何适应市场竞争优胜劣汰的问题，改变国有经济量大面广、经营质量良莠不齐和国家财政负担过重的局面。

按照中共十四届三中全会的要求，国务院开始在 100 家国有大中型企业中进行建立现代企业制度的试点，在 18 个城市进行优化资本结构和资产重组的配套改革试点。在试点企业中进行了公司制、股份制改造，使企业成为自主经营、自负盈亏、自我发展、自我约束的市场主体。

国有企业的改革围绕两条主线展开：一是建立现代企业制度，二是实施国有经济战略性改组。前者贯穿整个时期，后者主要从 1996 年全面展开。以建立现代企业制度为主的国有企业改革，从 1993 年开始，到 1997 年初见成效。

国家还启动了一系列国有企业改革措施，主要包括：优化资本结构试点，积极推进试点城市国有企业兼并破产；进行企业债务清理和重组，分离企业办社会职能；减员增效，

★ 国企改革"邯钢经验"的创造者刘汉章（右二）在邯钢车间向工人了解生产情况

实施下岗职工再就业工程；实施改组、改制和改造有机结合并加强企业内部管理；学习"邯钢经验"①，提高管理科学化水平；探索国有资产管理有效形式，设立国有控股公司；进一步进行企业集团试点；"抓大放小"搞活国有小型企业；等等。

中共十五大以后，中央提出要用三年左右的时间使大多数国有大中型亏损企业摆脱困境，在大多数国有大中型骨干企业初步建立现代企业制度，开展国有企业改革攻坚战。为此，一方面对纺织、煤炭、冶金、建材等行业进行结构调整；另一方面在1999年下半年开始全面推进"债转股"和剥离企业不良资产，以减轻企业债务负担、促进企业扭亏为盈。同时，深化养老、失业、医疗等社会保障制度改革，实施下岗职工再就业工程。

到2000年底，国有大中型企业建立现代企业制度的改

---

①　河北省邯郸钢铁总厂从1991年开始推行以"模拟市场核算、实行成本否决"为核心的企业内部改革，加大了企业技术改造力度，加强了企业内部经营管理，坚持走集约化经营的道路，使效益大幅度提高。这一做法为国有企业实行从传统的计划经济体制向社会主义市场经济体制、从粗放经营向集约经营两个具有全局意义的根本性转变提供了借鉴经验。

革取得重要进展。大多数国有重点企业进行了公司制改革，其中相当一部分在境内外上市。2000 年国有及国有控股工业企业实现利润 2392 亿元，为 1997 年的 2.9 倍。国有大中型企业改革和脱困的三年目标基本实现。

从 1995 年开始，中共中央不断强调从战略上调整国有经济布局和"抓大放小"的方针，发挥国有经济的主导作用。中共十五届四中全会明确指出，国有经济需要控制的行业和领域主要包括涉及国家安全的行业、自然垄断的行业、提供重要公共产品和服务的行业，以及支柱产业和高新技术产业中的重要骨干企业。在这个方针指导下，国有经济布局和结构不断调整优化，国有经济活力、控制力和影响力不断增强，为下一步国有资产管理体制改革奠定了基础。

初步建立社会主义市场经济体制

建立社会主义市场经济体制的目标确立后，1993 年 11 月，中共十四届三中全会审议通过《中共中央关于建立社会主义市场经济体制若干问题的决定》，明确了建立社会主义市场经济体制的基本任务和要求。《决定》指出，社会主义市场经济体制是同社会主义基本制度结合在一起的。建立社会主义市场经济体制，就是要使市场在国家宏观调控下对资源配置起基础性作用。为实现这个目标，必须坚持以公有制为主体、多种经济成分共同发展的方针，进一步转换国有企业经营机制，建立适应市场经济要求，产权清晰、权责明确、政企分开、管理科学的现代企业制度；建立全国统一开放的市场体系，实现城乡市场紧密结合，国内市场与国际市场相互衔接，促进资源的优化配置；转变政府管理经济的职能，建立以间接手段为主的完善的宏观调控体系，保证国民经济健康运行；建立以按劳分配为主体，效率优先、兼顾公平的收入分配制度，鼓励一部分地区、一部分人先富起来，走共同富裕的道路；建立多层次的社会保障制度，为城乡居民提供同中国国情相适应的社会保障，促进经济发展和社会稳定。

《决定》提出了建立社会主义市场经济体制的总体规划，勾画了社会主义市场经济体制的基本框架，回答了改革实践中提出的许多重大问题，是建立社会主义市场经济体制的纲领性文件，标志着中国经济体制改革开始向建立社会主义市场经济体制的目标整体性推进。

按照中共十四大和十四届三中全会的要求，中国加快了建立社会主义市场经济体制的步伐。经过不懈努力，到2000年，中国成功实现了由计划经济体制向社会主义市场经济体制的转变，社会主义市场经济体制基本框架初步建立。其主要表现是：第一，国有大中型企业建立现代企业制度的改革取得重要进展，三年脱困的目标基本实现；在公有制经济进一步发展的同时，非公有制经济得到较快发展，多种所有制经济共同发展的格局迅速形成。第二，市场体系建设继续推进，资本、技术、劳动力等要素市场迅速发展，以市场价格为主的价格形成机制逐步建立，到2000年，市场调节价在社会商品零售总额、农副产品收购总额和生产资料销售总额中所占比例分别达到95.8%、92.5%和87.4%，市场在资源配置中的基础性作用明显增强。第三，政府经济职能转变与财税体制改革继续深化，金融改革步伐加快，国家宏观调控体系进一步健全。第四，以养老、失业、医疗保险为主要内容的社会保障体系初步建立，城镇住房制度和政府机构等方面改革取得重大进展。

社会主义市场经济体制的初步建立，意味着中国经济发展的体制环境发生重大变化。"在社会主义条件下发展市场经济，是前无古人的伟大创举，是中国共产党人对马克思主义发展作出的历史性贡献，体现了我们党坚持理论创新、与时俱进的巨大勇气。由计划经济体制向社会主义市场经济体制的转变，实现了改革开放新的历史性突破，打开了我国经济、政治和文化发展的崭新局面。"

二、跨世纪发展战略和人民生活总体达到小康水平

在深化改革、扩大开放的新的发展阶段，中共中央、国务院先后出台一系列重大改革开放举措，应对亚洲金融危机和扩大内需，实施可持续发展、西部大开发、对外开放"走出去"等多项跨世纪战略，加入世界贸易组织，保证了经济平稳发展和人民生活总体小康的基本实现。

中共十五大与成功应对亚洲金融危机等风险挑战

1997 年 2 月 19 日，邓小平逝世。在 2 月 25 日的追悼大会上，江泽民明确指出，邓小平留给我们的最宝贵的财

富，就是他创立的建设有中国特色社会主义理论和在这个理论指导下制定的党在社会主义初级阶段的基本路线，这是我们必须遵循的行动指南。5 月 29 日，江泽民再次表明把邓小平开创的建设有中国特色社会主义事业全面推向 21 世纪的决心和信念。上述讲话集中反映了全党和全国人民的共同心愿，也为中共十五大的召开作了重要准备。

1997 年 9 月召开的中共十五大，通过了《高举邓小平理论伟大旗帜，把建设有中国特色社会主义事业全面推向二十一世纪》的报告。报告指出，中国共产党把马克思列宁主义同中国实际相结合有两次历史性飞跃，产生了两大理论成果。第一次飞跃的理论成果是毛泽东思想，第二次飞跃的理论成果是邓小平理论。邓小平理论围绕什么是社会主义、怎样建设社会主义这个根本问题，第一次比较系统地初步回答了中国社会主义的发展道路、发展阶段、根本任务、发展动力、外部条件、政治保证、战略步骤、党的领导和依靠力量以及祖国统一等一系列基本问题。它是贯通哲学、政治经济学、科学社会主义等领域比较完备而又需要进一步丰富和发展的科学体系。邓小平理论是当代中国的马克思主义，是马克思主义在中国发展的新阶段，是中国特色社会主义理论体系的开创之作，是邓小平留下的最重要的思想和政治遗产。

中共十五大提出了党在社会主义初级阶段的基本纲领，阐明了建设有中国特色社会主义的经济、政治、文化的基本特征和基本要求。大会对我国社会主义初级阶段的所有制结构和公有制实现形式，依法治国、建设社会主义法治国家，有中国特色社会主义文化建设等重大问题作出新阐述。大会指出，以公有制为主体、多种所有制经济共同发展，是我国社会主义初级阶段的一项基本经济制度。公有制经济不仅包括国有经济和集体经济，还包括混合所有制经济中的国有成分和集体成分。国有经济对经济发展起主导作用，主要体现在控制力上。公有制实现形式可以而且应当多样化。非公有制经济是我国社会主义市场经济的重要组成部分。依法治国，是党领导人民治理国家的基本方略，是发展社会主义市场经济的客观需要，是社会文明进步的重要标志，是国家长治久安的重要保障。建设有中国特色社会主义文化，就是以马克思主义为指导，以培育有理想、有道德、有文化、有纪律的公民为目标，发展面向现代化、面向世界、面向未来的，民族的科学的大众的社会主义文化。这些论述，体现了党在探索回答什么是社会主义、怎样建设社会主义问题上的又一次思想理论认识的深化。

大会在我国经济发展"三步走"战略的第二步目标即将实现之际，对如何实现第三步目标作出进一步规划，提出了新的"三步走"发展战略，即21世纪第一个十年实现国民生产总值比2000年翻一番，使人民的小康生活更加宽裕，形成比较完善的社会主义市场经济体制；再经过十年的努力，到中国共产党成立一百年时，使国民经济更加发展，各项制度更加完善；到21世纪中叶中华人民共和国成立一百年时，基本实现现代化，建成富强民主文明的社会主义国家。大会围绕这个发展战略，对我国跨世纪发展作出战略部署。

中共十五大通过的党章修正案把邓小平理论确立为党的指导思想，明确规定：中国共产党以马克思列宁主义、毛泽东思想、邓小平理论作为自己的行动指南。作出这个历史性决策，是中共十五大的重要贡献，对此后中国的发展进步产生了极其重大而深远的影响。

1998年3月，九届全国人大一次会议选举江泽民为中华人民共和国主席、中华人民共和国中央军事委员会主席，李鹏为全国人大常委会委员长，决定朱镕基为国务院总理。全国政协九届一次会议选举李瑞环为全国政协主席。

1997年下半年，东南亚国家爆发金融危机，很快波及整个亚洲和世界其他地区，造成国际金融市场持续动荡，世界经济受到严重冲击。中国的经济发展也遇到严重困难。

面对金融危机冲击，中共中央及时提出"坚定信心，心中有数，未雨绸缪，沉着应付，埋头苦干，趋利避害"的指导方针，果断采取扩大国内需求的措施，实行积极的财政政策和稳健的货币政策。中央财政向商业银行增发长期建设国债，增加投资，加强基础设施建设；增加中低收入者的生活保障，改善人民生活；采取提高出口退税率、打击走私等措施，千方百计增加出口，从多方面拉动经济增长。

这些应对措施取得明显效果。外贸出口从1999年下半年开始大幅回升，国家外汇储备增加。到2000年，国民经济稳步回升。在许多国家因这场危机出现经济衰退、货币大幅度贬值的情况下，中国兑现了人民币不贬值的承诺，在克服亚洲金融危机中发挥了重要的作用，为缓解这场影响全球的金融危机作出了贡献。

1998年夏，中国遭遇历史罕见的特大洪涝灾害。长江、嫩江、松花江发生超历史纪录的特大洪水，珠江流域的西江

★ 1998 年 8 月 7 日，在武汉龙王庙闸口立下的生死牌

和福建闽江也一度发生大洪水，受灾人口达 2.23 亿。在特大灾害的考验面前，中共中央、国务院正确决断、周密部署，党和国家领导人多次亲临抗洪一线，各级领导干部奔赴抗洪现场。人民解放军和武警部队出动 30 余万官兵参加抗洪斗争，起到了中流砥柱的作用。全国上下齐心协力，奋力拼搏，夺取了抗洪抢险斗争的全面胜利。这场斗争，铸就了万众一心、众志成城，不怕困难、顽强拼搏，坚韧不拔、敢于胜利的伟大抗洪精神。

1999 年，针对极少数人利用"法轮功"蛊惑人心、破坏社会稳定的事件，中共中央领导人民及时果断地开展了反对"法轮功"邪教组织的重大政治斗争，依法取缔"法轮功"邪教组织，发动社会各界揭批邪教"法轮功"，对被"法轮功"邪教组织裹胁蒙蔽的人员进行教育转化，维护了社会政治稳定。

应对亚洲金融危机和一系列重大斗争的胜利，充分显示了社会主义制度的优越性，体现了党和政府驾驭全局、解决复杂问题的能力，增强了全国人民推进改革开放和社会主义现代化建设、实现跨世纪发展奋斗目标的信心。

可持续发展战略的制定与实施

20世纪90年代中期，为适应世界经济、科技发展潮流和中国社会主义现代化建设需要，中共中央提出可持续发展战略，有力地推动了中国特色社会主义事业的跨世纪发展。

1995年9月，中共十四届五中全会正式将可持续发展战略写入《中共中央关于制定国民经济和社会发展"九五"计划和二〇一〇年远景目标的建议》，提出"必须把社会全面发展放在重要战略地位，实现经济与社会相互协调和可持续发展"。1997年中共十五大进一步明确将可持续发展战略作为我国经济发展的战略之一。

实施可持续发展战略的实质，是要开创一条使国民经济和社会发展逐步走上良性循环的道路。其核心问题是实现经济社会和人口、资源、环境协调发展。

20世纪90年代，人口问题被提到可持续发展战略的首要位置。《中共中央、国务院关于加强人口与计划生育工作，稳定低生育水平的决定》《中华人民共和国人口与计划生育法》《中国21世纪人口与发展》白皮书等重要文件，对人口与计划生育工作作出了具体部署，明确了人口与计划生育工作奋斗目标、主要任务和方针原则，将我国推行20多年的基本国策以法律的形式予以确认，提出人口、资源、环境协调发展，着力抓好农村和流动人口的计划生育工作，严格控制人口增长。

人口和计划生育工作建立起以宣传教育为先导，依法管理、村（居）民自治、优质服务、政策推动、综合治理的长效工作机制，基本形成了综合治理人口问题的格局。中国人口高出生率得到控制，1996 年以后，我国总和生育率一直保持在 1.8 左右，进入稳定低生育水平阶段。人口的出生率和自然增长率逐年下降，1992 年人口出生率为 18.24‰，2002 年降至 12.86‰。2000 年，全国人口总数约为 12.67 亿，实现了到 2000 年将全国人口规模控制在 13 亿以内的目标。

2001 年 11 月，历经 20 年的全国土地资源调查工作圆满结束。此次调查摸清了我国各级行政区土地总面积为 960 多万平方公里，其中农民集体所有土地 439.03 万平方公里，国有土地 505.48 万平方公里；耕地占 13.7%，林地占 23.9%，牧草地占 28%，成为我国系统、全面、准确的土地国情国力资料。

保护环境是中国的一项基本国策，是可持续发展战略的重要内容。1996 年，国家将环境保护纳入经济社会发展的整体加以统筹规划和安排。国家先后制定了相关法律法规，制定和修改了 200 多项环境标准。2002 年，中国第一部循环经济法——《中华人民共和国清洁生产促进法》出台，标志着污染治理模式由末端治理开始向全过程控制转变。1998 年到 2002 年，国家在环境保护和生态建设方面的投入达 5800 亿元，占同期国内生产总值的 1.29%，是 1950

年至 1997 年这方面投入总和的 1.8 倍。"九五"期间，国务院坚持污染防治和生态保护并重的方针，大力推进"一控双达标"（控制主要污染物排放总量、工业污染源达标和重点城市的环境质量按功能区达标）工作，全面展开"三河"（淮河、海河、辽河）、"三湖"（太湖、滇池、巢湖）水污染防治，"两控区"（酸雨污染控制区和二氧化硫污染控制区）大气污染防治，以及"一市"（北京市）、"一海"（渤海）的污染防治，简称"33211"工程，环境污染防治取得初步、阶段性进展。逐年加大生态环境保护工作的力度，推进实施"三北"（西北、华北、东北）防护林体系建设、天然林保护、退耕还林（还草）、京津风沙源治理、湿地保护与恢复、野生动植物保护及自然保护区建设、速生丰产林建设等工程。全面展开以解决流域、区域和城市环境问题为重点的大规模污染防治工作，部分城市和地区的环境质量有所改善。

西部大开发和区域协调发展

新中国成立以后，国家对西部开发进行了积极探索，在西部地区建设了交通、通信、能源等基础设施和产业，形成和发展了一批中心城市，初步奠定了现代工业和科技基础。改革开放以来，由于历史原因和客观条件限制，西部地区与东部地区的发展差距较大，并有逐步扩大的趋势，区域发展不协调的矛盾日益突出。因此，加快西部地区的开发与建设，成为党和国家面临的一项日益紧迫的战略任务。

对于西部地区的发展，中共中央在 20 世纪 90 年代中期相继作出了一系列重大决策。从 1996 年开始，中共中央组织沿海发达省、直辖市对口帮扶西部贫困地区，促进东西部地区优势互补，缩小贫困地区与发达地区差距。1997 年 3 月，八届全国人大五次会议批准了中共中央和国务院关于设立重庆直辖市的决定。这是加快西部地区发展的一项重要举措。中共十五大明确要求，加快中西部地区改革、发展，加大对中西部地区的支持力度，发展东部地区同中西部地区多种形式的联合和合作，努力缩小地区发展差距。国家实施了一系列有利于缓解地区差距扩大趋势的政策。

随着综合国力显著增强，1999 年 9 月，中共十五届四中全会明确提出，国家要实施西部大开发战略，要通过优先安排基础设施建设、增加财政转移支付等措施，支持中西部地区和少数民族地区加快发展。11 月，中共中央、国务院召开中央经济工作会议，宣布实施西部大开发战略。

2000 年 10 月，国务院发出《关于实施西部大开发若干政策措施的通知》，标志着西部大开发战略的正式实施。该通知把巩固农业基础地位、调整工业结构、发展特色旅游业作为实施西部大开发的重点任务之一，明确规定需要实现的目标是：力争用 5 年到 10 年时间，使西部地区基础设施和生态环境建设取得突破性进展，西部开发有一个良好开局；到 21 世纪中叶，要建成一个经济繁荣、社会进步、生活安定、民族团结、山川秀美的新西部。

国家制定了一系列政策，鼓励外商向西部投资，积极引导国际援助项目向西部倾斜。西部各省区市陆续成立了开发领导小组，国家有关部委也相继宣布实行"西部行动"计划，东部发达地区许多单位和企业到西部地区进行开发洽谈。西

部大开发战略扎实推进，特别是加快了基础设施建设，2000
年，西部地区的十大重点工程 ① 全部开工。随后，西电东
送、青藏铁路、西气东输等一批重大工程相继开工。

国家在西部开发过程中特别注意综合实施生态建设和环
境保护工程。从 2000 年起，国家投入巨资先后实施了退耕
还林、退牧还草、天然林资源保护、防护林建设和京津风沙
源治理五大生态建设工程，加强对西部地区生态状况、环境
质量、资源变化、灾害性天气和地质地震灾害的监测、预报
和防治。

西部开发投资对西藏、新疆作了重点安排。至 2001 年，
直接安排援藏建设项目 117 个，组织有关省市对口支持建设
项目 71 个，总投资约 312 亿元；在新疆安排了一批重点项
目，涉及西气东输、水利开发、流域治理、退耕还林、交通
建设、商品棉基地建设、优势资源开发等多个方面。

2002 年 2 月，国家计委、国务院西部开发办印发
了《"十五"西部开发总体规划》，明确了"十五"时期西
部开发的主要任务、重点区域和政策措施。4 月至 5 月，
江泽民在西安和重庆两次主持召开西部大开发工作座谈会，
对西部大开发实施情况进行总结，确定了下一步的工作
方向。

实施西部大开发战略，有力地推动了西部地区的经济发
展和社会进步，对加强民族团结、保持社会稳定、发展中国

---

① 十大重点工程，即西安至南京铁路西安至合肥段、重庆至怀化铁路、西部
地区公路、西部地区机场、重庆高架轻轨交通、柴达木盆地涩北—西宁—兰州天然气
输气管道、四川紫坪铺和宁夏黄河沙坡头水利枢纽、中西部退耕还林（草）和生态建
设及种苗工程、青海钾肥工程、西部高校基础设施建设。

同相邻国家的经贸合作、平衡地缘政治力量、巩固西部边防、确保国家发展与安全获得战略纵深和广阔的回旋余地，都具有十分重大的意义。

扩大开放与加入世界贸易组织

加入世界贸易组织是中共中央、国务院从经济发展和改革开放需要出发作出的重大战略决策。早在 1986 年 7 月，中国政府就作出申请恢复我国关税及贸易总协定缔约国地位的决定，成立专门机构组织对外谈判工作。1993 年 11 月，江泽民同美国总统克林顿会晤时，阐明了中国处理"复关"问题的三项总原则：第一，关贸总协定是一个国际性组织，如果没有中国这个最大的发展中国家参加是不完整的；第二，中国要参加，毫无疑问是作为发展中国家参加；第三，中国加入这个组织，其权利和义务一定要平衡。1995 年，关贸总协定改为世界贸易组织，此项谈判随之成为加入世贸组织谈判。

中国"复关"和"入世"的谈判，历经 15 年的艰难过程。2001 年 11 月 10 日，在卡塔尔首都多哈举行的世界贸易组织第四届部长级会议，审议通过了中国加入世贸组织的决定。12 月 11 日，中国正式成为世界贸易组织的第 143 个成员。

加入世界贸易组织，中国不仅有分享经济全球化成果的权利，还能够参与制定有关贸易规则，在建立国际经济新秩序中把握主动权，并且可以利用世贸组织争端解决机制在国际贸易争端中占据有利位势，是中国进一步推进全方位、多

★ 2001 年 11 月 11 日，中国加入世界贸易组织签字仪式现场

层次、宽领域对外开放的重要契机，对于中国扩大开放、促进改革和经济发展具有十分重大的意义，标志着中国对外开放进入了一个新的阶段。

在加入世贸组织前后，中共中央、国务院在实施沿海经济发展战略的同时，出台了沿边开放、沿江开放和内陆开放等一系列重大政策措施，推动对外开放。1992 年，决定开放长江沿岸的芜湖、九江、岳阳、武汉、重庆 5 个沿江城市和三峡库区，形成了以上海浦东为龙头的长江开放带。随后又陆续开放合肥等 17 个内陆省会城市，开放珲春等 15 个沿边城市，开放一批符合条件的内陆市县。全国大陆所有省区都有对外开放的旅游城市。为满足中国大陆公民出境旅游的需要，经国务院批准可以由指定的旅行社组织中国大陆公民出境旅游的目的国（地区）不断增加，到 2001 年底已达 18

个。从 1992 年到 2002 年 3 月，国务院在全国还先后批准设立 15 个国家级出口加工区、14 个国家级保税区和 14 个国家级边境经济合作区。

在申请加入世贸组织过程中，中国实施了对外开放"引进来"和"走出去"相结合的战略，推动对外开放迈上新台阶。到 2001 年，累计参与境外资源合作项目 195 个，总投资 46 亿美元；累计设立各种境外企业 6610 家，其中中方投资 84 亿美元。1990 年至 2001 年，实际利用外资 5108 亿美元，其中外商直接投资 3780 亿美元，占改革开放以来全部外商直接投资的 96%。2001 年，中国进出口贸易总额达 5098 亿美元，比 1990 年增长 3.4 倍，在世界贸易中的排名由 1990 年的第 16 位上升到第 6 位。

20 世纪 90 年代，中国的对外开放由南到北、由东到西层层推进，基本上形成了"经济特区—沿海开放城市—沿海开放经济带—沿江和内陆开放城市—沿边开放城市"全方位、多层次、宽领域、有重点、点线面结合的对外开放格局。

人民生活总体达到小康水平

到 2000 年实现国民生产总值比 1980 年翻两番，人均国民生产总值达到 1000 美元，人民生活达到小康水平，是邓小平提出的"三步走"发展战略的重要内容。

完成"九五"计划与到 20 世纪末人民生活基本实现小康在时间节点上高度契合。2000 年，"九五"计划的主要任务完成或超额完成，国内生产总值达 89404 亿元，人均国民生产总值比 1980 年翻两番的目标在 1997 年提前 3 年完成。在经济持续增长和效益改善的基础上，国家财政收入达13395亿元，主要工农业产品产量位居世界前列，商品短缺状况基本结束，产业结构调整取得积极进展。粮食等主要农产品生产能力明显提高，实现了农产品供给由长期短缺到总量基本平衡、丰年有余的历史性转变。淘汰落后和压缩过剩工业生产能力取得成效，重点企业技术改造不断推进。信息产业等高新技术产业迅速成长。基础设施建设成绩显著，能源、交通、通信和原材料的"瓶颈"制约得到缓解。

在推进农村改革中，加大扶贫攻坚力度，效果明显。农村居民家庭人均纯收入和城镇居民家庭人均可支配收入，2000年分别达到2253元和6280元。市场商品丰富，人民群众衣、食、住、行、用消费水平不断提高。城乡居民住房、电信和用电等生活条件有较大改善。居民储蓄存款余额、股票、债券等其他金融资产迅速增加。自20世纪80年代以来，党和政府在全国范围内开展了有组织有计划的大规模扶贫工作。1994年制定实施的《国家八七扶贫攻坚计划（1994—2000年）》提出，力争用7年左右的时间，基本解决8000万农村贫困人口的温饱问题。在计划实施过程中，中央扶贫资金累计投入1127亿元。到2000年底，全国农村没有解决温饱的贫困人口减少到3209万人，占农村人口的比重下降到3.5%左右。全国592个国家级贫困县生产生活条件明显改善，大部分行政村实现了通电、通路、通邮、通电话，贫困状况得到缓解。

科技、教育加快发展，社会事业全面进步。"国家高技术研究发展计划"（"863计划"）顺利实施。航空航天、信息、新材料和生物工程等高技术领域收获一批重要成果。基础研究和应用研究取得新进展。部门所属应用型科研院所企业化改革基本完成，其他科研院所体制改革全面展开。科技成果市场化、产业化进程加快。各级各类教育全面发展。基本普及九年义务教育和基本扫除青壮年文盲的目标初步实现，高等教育管理体制改革取得重大进展，扩大高校招生规模受到群众普遍欢迎。

人口和计划生育工作取得新成绩，生态建设和环境保护力度明显加大，文化、卫生、体育等各项社会事业继续发展，廉政建设和反腐败斗争不断取得成效，社会治安综合治理进一步加强，社会主义精神文明建设和民主法制建设取得新进展，国防和军队建设迈出新步伐。

"九五"计划的完成，人民生活总体上实现由温饱到小康的历史性跨越，标志着我国实现了社会主义现代化建设第二步战略目标，为迈向第三步战略目标奠定了良好基础。这是改革开放和社会主义现代化建设事业取得的伟大成就，是中华民族发展史上的一个新的里程碑。

面对发展中存在的问题和即将到来的 21 世纪，2000 年 10 月，中共十五届五中全会通过《中共中央关于制定国民经济和社会发展第十个五年计划的建议》。《建议》指出，从 21 世纪开始，我国将进入全面建设小康社会，加快推进社会主义现代化的新的发展阶段。《建议》提出"十五"期间经济和社会发展的主要目标是：国民经济保持较快发展速度，经济结构战略性调整取得明显成效，经济增长质量和效益显著提高，为到 2010 年国内生产总值比 2000 年翻一番奠定坚实基础；国有企业建立现代企业制度取得重大进展，社会保障制度比较健全，完善社会主义市场经济体制迈出实质性步伐，在更大范围内和更深程度上参与国际经济合作与竞争；就业渠道拓宽，城乡居民收入持续增加，物质文化生活有较大改善，生态建设和环境保护得到加强；科技教育加快发展，国民素质进一步提高，精神文明建设和民主法制建设取得明显进展。

根据中共中央的建议，国务院制定了《中华人民共和国国民经济和社会发展第十个五年计划纲要（草案）》。2001年3月，九届全国人大四次会议批准了这个计划纲要草案。

三、推进政治文明建设和先进文化建设

在确立和发展社会主义市场经济体制的过程中，政治体制改革和民主法治建设得到加强，国家政治制度和行政管理体制不断完善，基层群众自治制度逐步推广，各项民主制度和法律体系建设向前推进，精神文明和先进文化建设稳步发展。

建设社会主义政治文明

根据中共十四大、十五大对进一步推进政治体制改革的要求和部署，政治体制改革迈出新步伐。

健全和完善三大政治制度。1995年，八届全国人大常委会第十二次会议通过了修改选举法和地方组织法的两个决定。修改后的选举法，缩小了农村与城市每一个代表所代表的人口数的比例；修改后的地方组织法，进一步完善了地方各级人大选举和决定国家机关组成人员的程序。1993 年 3 月，八届全国人大一次会议将"中国共产党领导的多党合作和政治协商制度将长期存在和发展"载入宪法，多党合作制度有了明确的宪法依据。1994 年 3 月，全国政协八届二次会议审议通过《中国人民政治协商会议章程（修正案）》，第一次把"参政议政"与原来的"政治协商、民主监督"并列为人民政协的主要职能，使人民政协的主要职能得到了拓展和延伸，内容更加丰富。

中共十五大之后，地方各级人大选举当地党委书记担任常委会主任成为趋势。民主监督制度进一步完善。八届全国人大常委会第三次会议通过了《关于加强对法律实施情况检查监督的若干规定》，全国人大和地方各级人大在履行监督职能时，重点加强对法律执行情况的监督检查，保证了宪法和法律的有效实施。全国人大常委会听取"一府两院"工作报告并形成制度。各级政府聘请民主党派成员、无党派人士担任特约监察员、检察员、审计员和教育督导员等职务，对政府工作进行监督。群众监督和舆论监督也得到进一步加强。2001 年 2 月，九届全国人大常委会第二十次会议审议通过了《关于修改〈中华人民共和国民族区域自治法〉的决定》，进一步坚持和完善了民族区域自治制度。

活跃和发展基层群众自治。1998 年 11 月，九届全国人大常委会第五次会议通过新修订的《中华人民共和国村民委员会组织法》，从法律上进一步确立了村民自治作为我国一项政治制度的地位。2000 年 11 月，中共中央办公厅、国务院办公厅转发《民政部关于在全国推进城市社区建设的意见》，为社区建设的全面推进指明了方向。1999 年 9 月，中

★ 1998 年 11 月，山东省文登市张家产镇因寺桥村的政务、财务公开栏受到村民关注

共十五届四中全会作出《中共中央关于国有企业改革和发展若干重大问题的决定》，有力地保障了职工在企业管理中的民主权利，促进了基层民主的健康发展。

持续推进行政管理体制和机构改革。转变政府职能成为行政管理体制改革的重点。政府的行政管理职能转变为统筹规划、掌握政策、信息引导、组织协调、提供服务和检查监督。1993 年、1998 年国务院先后进行了两次机构改革。1999 年 1 月，中共中央和国务院制定了《关于地方政府机构改革的意见》，启动了地方政府机构改革。各省、自治区、直辖市的政府机构按照国务院的精简比例进行了精简，市、县政府机构按照 20% 的比例进行了精简。通过改革，各级政府机构的办事效率大幅度提高，为推动社会主义市场经济的发展奠定了坚实基础。

深化干部人事制度改革。从 1995 年起，各地逐步试行面向社会公开招考党政领导干部的做法，一大批德才兼备、年富力强的领导人才脱颖而出。2000 年 6 月，中共中央办公厅颁发《深化干部人事制度改革纲要》。这是新中国成立以来第一次作出干部人事制度改革的总体规划，标志着我国干部人事制度改革的进一步深化。《纲要》指出，要通过不断推进和深化干部人事制度改革，到 2010 年，建立起一套与建设有中国特色社会主义经济、政治、文化相适应的干部人事制度。2002 年 7 月，中共中央正式颁布《党政领导干部选拔任用工作条例》，标志着领导干部选拔工作向制度化、规范化、程序化迈进了一大步。通过深化干部人事制度改革，一支高素质的专业化行政管理干部队伍开始形成。

推动人权事业取得明显发展，尤其是人民的生存权和发展权获得巨大进步。尊重和保障人权是发展社会主义民主政治、建设社会主义政治文明的内在要求。实现人权的根本途径是经济发展和社会进步。对于发展中国家，生存权、发展权是最基本最重要的人权。中国根据自己的国情，把集体人权和个人人权，经济、社会、文化权利和公民、政治权利统一起来加以推进。反对以人权为借口干涉一个国家的内政，也反对把人权作为实现对别国的某种政治企图的工具。

中共中央、国务院高度重视民族和宗教工作，并根据冷战结束后国际形势和国内民族、宗教领域出现的新情况新问题，作出一系列的决策和部署，全面加强和改进民族和宗教工作，强调各民族要始终同呼吸、共命运、心连心，树立汉族离不开少数民族、少数民族离不开汉族、各少数民族之间也相互离不开的思想，促进民族地区共同发展、共同繁荣，积极引导宗教与社会主义社会相适应。

实施依法治国基本方略

依法治国基本方略，是中共中央在新时期社会主义法治建设的进程中逐步提出并由中共十五大正式确立的。

1996年2月8日，江泽民明确指出："加强社会主义法制建设，依法治国，是邓小平建设有中国特色社会主义理论的重要组成部分，是我们党和政府管理国家和社会事务的重要方针。"他把此前"以法治国"的提法改为"依法治国"，阐述了依法治国的具体内容，指出："实行和坚持依法治国，就是使国家各项工作逐步走上法制化的轨道，实现国家政治生活、经济生活、社会生活的法制化、规范化；就是广大人民群众在党的领导下，依照宪法和法律的规定，通过各种途径和形式，管理国家事务，管理经济和文化事业，管理社会事务；就是逐步实现社会主义民主的制度化、法律化。"这一论述表明，中共中央关于依法治国基本方略的设想已渐趋成熟。

1996年3月，八届全国人大四次会议通过的《中华人民共和国国民经济和社会发展"九五"计划和二〇一〇年远景目标纲要》，把"依法治国，建设社会主义法制国家"作为一项重大方针确定下来，并提出了具体任务和要求。

1997年9月，中共十五大报告把依法治国正式确立为党领导人民治理国家的基本方略。报告还把依法治国的目标由"建设社会主义法制国家"改为"建设社会主义法治国家"，极其鲜明地突出了法治。"法制"只是"法治"的内容与形式之一，"法治"则是治国理政的方式与方略。1999年3月，"依法治国，建设社会主义法治国家"被载入宪法，上升为国家意志。

依法治国基本方略的提出和建设社会主义法治国家奋斗目标的确立，是新时期法治建设史上的重要里程碑。以此为标志，中国法治建设进入以贯彻和实施依法治国基本方略为主要内容、以建设社会主义法治国家为奋斗目标的新阶段，法治建设不断取得新成就。

在立法工作方面，到2003年3月九届全国人大任期结束前，构成中国特色社会主义法律体系的各个法律部门已经齐全，每个法律部门中主要的法律基本制定出来，中国特色社会主义法律体系初步形成。宪法和宪法性法律、行政法、行政诉讼法、刑法、刑事诉讼法、民商法、经济法、民事诉讼法以及社会法等法律规范，构成中国特色社会主义法律体系的基本内容。1993年和1999年，全国人大对现行宪法作了重要修订，使宪法在保持稳定性和权威性的基础上紧跟时代步伐，不断与时俱进。

在依法行政方面，1989年4月行政诉讼法的制定与实施，标志着行政诉讼制度的正式确立，依法行政开始进入重视保护公民权利和监督行政权力的新阶段。1994年5月国家赔偿法的颁布，确立了国家赔偿的法律制度，在保障公民的基本权利和促进国家机关及其工作人员依法行使职权方面迈出重要步伐。1996年3月通过的行政处罚法是关于行政处罚制度的第一部通则性法律。1999年4月通过的行政复议法，把行政复议制度作为行政机关内部自我纠正错误的一种监督制度，加以法律化和规范化。通过建立这些法律制度，各级人民政府的行政权力逐步纳入法治化轨道，依法行政的观念在国家行政机关及其工作人员中基本确立。

在司法和司法行政工作方面，一是刑事、民事、经济、行政、海事等各项审判工作全面开展。1993 年至 1997 年，全国法院共审结一审刑事、民事、经济、行政、海事案件近 2242 万件；1998 年至 2002 年，全国法院共审结和执行各类案件 4050 万余件。二是检察工作得到很大发展。1993 年至 2003 年，全国检察机关共立案侦查贪污贿赂、渎职和侵犯公民人身权利、民主权利等职务犯罪案件 594455 件。到 2001 年 12 月底，我国共有各类检察干部 213269 人。三是司法行政工作全面恢复和开展。到 2001 年底，全国有律师事务所 10225 个，律师工作人员 122585 人；公证处 3186 个，公证人员 19303 人。四是法律援助迅速发展。截至 2002 年 6 月，全国建立各级法律援助机构 2299 个，专职法律援助工作人员已达 8000 多名，其中 50% 为法律援助专职律师，基本担负起了组织和实施法律援助的职能。健全司法和司法行政机关组织机构，拓展工作领域，加强队伍建设，司法和司法行政工作得到持续发展。

在普法工作方面，从 1986 年起，全国人大常委会实施普及法律知识的五年规划。到 2002 年中共十六大召开前，已连续实施了三个五年普法规划。经过大规模的普法运动，公民法律素质明显提高，依法维护自身合法权益的能力不断增强，履行法律义务的自觉性不断提高，运用法律武器同各种违法犯罪行为作斗争的现象不断增多，遇到问题找法、解决问题靠法的观念开始确立。所有这些都促进了社会主义法治国家建设的进程。

科教兴国战略的提出和初步实施

1995 年 5 月 6 日，中共中央、国务院发布《关于加速科学技术进步的决定》，第一次明确提出实施科教兴国战略。1996 年 3 月，八届全国人大四次会议通过的《中华人民共和国国民经济和社会发展"九五"计划和二〇一〇年远景目标纲要》，具体规划和部署了科教兴国战略。1997 年，中共十五大报告把发展教育和科学作为文化建设的基础工程，专门论述了实施科教兴国战略。

科教兴国战略，把科技和教育纳入优先发展的战略地位，建设国家创新体系，优化教育结构，大力加强基础教育，增强高等教育综合实力，并促进教育同经济、科技的密切结合，积极探索建设面向 21 世纪的中国特色社会主义科技与教育体系。科教兴国战略提出把经济建设和社会发展真正转移到依靠科技进步和提高劳动者素质的轨道上来，为在激烈的国际竞争中提升竞争力和保持发展动力指明了方向。

根据科教兴国战略，国家致力于科技创新体系建设，推进科研机构改革，实施国家重点基础研究发展计划，推进以中国科学院为中心的知识创新工程试点，大力推进科技成果转化，促进中国科技事业实现跨越式发展。

1995 年 3 月，八届全国人大三次会议通过《中华人民共和国教育法》，并于 9 月 1 日起施行。教育法律法规的基本框架初步建立。

党和政府改革教育投资体制，全面推进素质教育，加快高等教育改革发展，实施"211工程"和"985工程"，积极改善知识分子的工作、学习和生活条件，对有突出贡献的知识分子给予奖励，并形成规范化的奖励制度。

1999年1月13日，国务院批转教育部《面向二十一世纪教育振兴行动计划》，提出到2000年和2010年两个阶段性的目标，为实施科教兴国战略奠定坚实的人才和知识基础。

1998年至2002年，国家先后启动了重点基础研究项目132个。重视科技工业园区建设，推动科技成果迅速产业化，催生了以高新技术产业为核心的知识产业群园区。

加大科技和教育投入力度。1998年到2002年，国家财政用于科技的投入累计2500亿元，比前5年增长1倍多。2002年，全国教育投入总量达5480亿元，比1997年的2532亿元增加2948亿元，年均增幅达16.7%，高于国民经济的增长速度。中央财政主要增加国家高技术研究发展计划、国家自然科学基金、国家创新体系建设等专项投入。改革资金投入方式，实行公开公平评估选题制，由对科研机构、科技人员的一般支持，变为以课题和项目为主的重点支持。

到2002年底，全国实现基本普及九年制义务教育和基本扫除青壮年文盲的人口地区覆盖率达到91%。1999年，中共中央、国务院和中央军委隆重表彰为"两弹一星"作出突出贡献的23位科技专家，授予功勋奖章。党和政府决定从2000年起设立国家最高科学技术奖。在2001年2月19日国家科学技术奖励大会上，数学家吴文俊、"杂交水稻之父"袁隆平荣膺国家最高科学技术奖。2000年7月，人事

★ 1999年9月18日，出席中共中央、国务院、中央军委举行的表彰为"两弹一星"作出突出贡献的科技专家大会的部分科技专家

部下发《关于鼓励海外高层次留学人才回国工作的意见》，加大吸引高层次留学人才回国工作的力度，鼓励国有大型企业以及高等院校、科研院所自主引进海外高层次留学人才，为优秀留学人员回国服务提供良好的条件和便捷的方式。至2002年底，中国留学回国人员总数达15.3万人。

社会主义先进文化建设稳步发展

20世纪90年代，党和国家采取一系列重大措施，动员全党全社会的力量，继续推进社会主义精神文明建设，大力发展中国特色社会主义文化。

根据中共十四大关于加强爱国主义教育的精神，1994年8月23日，中共中央印发《爱国主义教育实施纲要》，要求各级有关部门把爱国主义作为加强社会主义精神文明建设的基础工程来抓。8 月 31 日，中共中央又印发《关于进一步加强和改进学校德育工作的若干意见》，要求教育战线充分认识新时期学校德育工作的重要性，大力加强青年学生的思想道德建设。为了加强新形势下社会主义精神文明建设，1996 年10 月，中共十四届六中全会作出《中共中央关于加强社会主义精神文明建设若干重要问题的决议》，强调要以科学的理论武装人，以正确的舆论引导人，以高尚的精神塑造人，以优秀的作品鼓舞人，培育有理想、有道德、有文化、有纪律的社会主义公民，并对新形势下社会主义精神文明建设作出部署。1997 年 4 月成立了中央精神文明建设指导委员会。各省、自治区、直辖市也相继建立了相应机构。中共十五大提出建设有中国特色社会主义文化的新命题，并把它作为党在社会主义初级阶段基本纲领的重要组成部分。这些举措，推动社会主义精神文明建设取得积极进展和明显效果。

中央宣传部从 1991 年开始组织实施精神文明建设"五个一工程"①奖评选活动，评选各省区市、中央部分部委以及解放军总政治部等单位申报的精品佳作，鼓励文化艺术坚持正确的创作思想，深入生活，深入群众，满足广大群众精神文化需求，为进一步坚持"二为"方向和贯彻"双百"方针，弘扬主旋律、提倡多样化，繁荣社会主义文化，发挥了正确导向作用。

共青团中央、中国青少年发展基金会实施的救助贫困地

---

① "五个一工程"，指一本好书（限社会科学方面）、一台好戏、一部优秀影片、一部优秀电视剧（片）、一篇或几篇有创见有说服力的文章（限社会科学方面）。从1995 年起，一首好歌和一部好的广播剧也被列入评选范围。

区失学少年儿童的"希望工程"①，中国儿童少年基金会组织实施的救助贫困地区失学女童重返校园的"春蕾计划"②，中国社会服务促进会发起的旨在提高孤儿素质、改善其生活状况的"救孤计划"③等活动，在全社会进一步弘扬了扶危济困的美德。1993年底，共青团中央发起实施中国青年志愿者行动，组织各级团组织建立青年志愿服务队，成立青年志愿者协会，推动青年志愿者行动迅速在全国展开。

中共十四届六中全会后，以创建文明城市、文明村镇、文明行业为主要内容的群众性活动在全国各地进一步开展。1997年3月，中央宣传部在已经确定300个文明行业示范点的基础上，又确定100个创建文明城市示范点和200个创建文明村镇示范点，使这项活动形成了各方面齐抓共建、广大群众积极参与的良好局面。在不断推进精神文明建设过程中，形式多样的精神文明建设活动在社会各界广泛开展，包括推广文明服务用语，制定市民、村民公约，开展"五好文明家庭"创建活动，开展"百城万店无假货"活动，实行社会服务承诺制，文明上岗优质服务等。一些窗口行业还开展了"为人民服务，树行业新风"等活动，收到良好效果。

---

① "希望工程"，是共青团中央、中国青少年发展基金会以救助贫困地区失学少年儿童为目的，于1989年发起的一项公益事业，其宗旨是建设希望小学，资助困地区失学儿童重返校园，改善贫困地区办学条件，促进基础教育的发展。

② "春蕾计划"，是在全国妇联领导下，由中国儿童少年基金会于1989年发起并组织实施的一项旨在帮助因生活贫困而辍学或濒临辍学的女童重返校园接受学校教育的爱心工程。为了加强女童素质教育，培养女童自力更生建设家乡的本领，中国儿童少年基金会还设立了"春蕾计划实用技术培训专项基金"。

③ "救孤计划"，是在民政部指导下，中国社会服务促进会于1993年10月推出的，主要面向社会募集款物，对孤儿进行助养助学，改造福利院危旧房屋，添置医疗设备，致力于提高孤儿素质。

为大力推进农村精神文明建设，1996 年 12 月，中央宣传部、国家科委、农业部、文化部、卫生部等十部委联合发出《关于开展文化科技卫生"三下乡"活动的通知》。"三下乡"活动如雪中送炭，使广大农村群众获得了致富信息和技术、健康知识和医疗服务，以及精神文化的享受。

公民思想道德建设是精神文明建设的重要内容。2001 年 9 月，中共中央印发《公民道德建设实施纲要》，提出要把法制建设与道德建设、依法治国与以德治国紧密结合起来，通过公民道德建设的不断深化和拓展，逐步形成与发展社会主义市场经济相适应的社会主义道德体系。通过道德建设，在全民族牢固树立建设有中国特色社会主义的共同理想和正确的世界观、人生观、价值观，在全社会大力倡导"爱国守法、明礼诚信、团结友善、勤俭自强、敬业奉献"的基本道德规范，努力提高公民道德素质，促进人的全面发展，培养一代又一代有理想、有道德、有文化、有纪律的社会主义公民。全社会逐渐形成了重视思想道德建设的氛围和良好风尚。

中共十五大以后，中国特色社会主义文化建设以实施"精品战略"为核心，通过加强管理和深化改革，出现了繁荣发展的新局面。国家陆续制定和完善出版、印刷、音像制品、营业性演出以及广播电视等方面的管理条例，为文化精品进入市场提供法律保障和政策扶持，使健康的文化产品占据文化市场的主导地位。到 2000 年底，全国广播和电视人口覆盖率分别达到 92.5% 和 93.7%，比 1995 年分别提高 13.7% 和 9.2%。反映时代精神、贴近人民生活的优秀作品不断涌现，群众文化生活日益丰富多彩，健康文明的社会氛围逐渐形成，社会主义文化阵地更加巩固。对外文化交流不断扩大，中国文化的国际影响力显著增强。

文化体制机制和传播手段不断改革创新，在经营性文化事业单位转企改制、完善文化工作管理体系、建设现代文化市场体系和文化政策法规体系等方面也取得显著进展。截至2000年底，文化部门主管的文化娱乐业、音像业、演出业、艺术品经营等门类的产业单位有22.3万个，从业人员达91.9万人，创增加值118.9亿元。党和政府还把发展公益性文化事业作为保障人民群众基本文化权益的主要途径，不断加大财政投入力度，加强文化基础设施建设和重大文化项目建设。

四、祖国统一与中国特色军事变革

在改革开放和社会主义现代化建设过程中，祖国统一大业向前推进，香港、澳门顺利回归，海峡两岸人员往来和经济文化交流不断加强，国防和军队建设不断迈出新步伐。

恢复对香港、澳门行使主权

1985年5月，中英联合声明正式生效后，中英两国政府在解决香港问题上的前期合作基本顺利。1989年后，英国政府错估了形势，违背中英联合声明精神，在香港平稳过渡问题上设置障碍。1991年12月，英国政府突然宣布更换香港总督，新任总督抛出要对香港现行政制进行重大改变的"宪制改革"方案。这一方案实质是试图制造一个既成事实，把香港变成独立或半独立的政治实体，以阻挠和对抗中国政府对香港恢复行使主权。

在反复努力毫无结果的情况下，中共中央从确保香港平稳过渡和维持香港长期繁荣稳定大局出发，于1992年底提出"以我为主，两手准备"的方针，根据1990年4月七届全国人大三次会议通过的《中华人民共和国香港特别行政区基本法》，加紧了对香港恢复行使主权和筹建香港特别行政区的有关工作。1996年1月26日，香港特别行政区筹备委员会成立，标志着中国政府对香港恢复行使主权的准备工作进入具体实施阶段。

1997年，中国恢复对香港行使主权进入了倒计时阶段。6月30日，国家主席江泽民发布中国人民解放军驻香

★1997年7月1日，中英香港政权交接仪式在香港会议展览中心举行

港部队进驻香港的命令，并率中国政府代表团抵达香港，出席中英香港政权交接仪式。6 月 30 日午夜至 7 月 1 日凌晨，中英香港政权交接仪式在香港会议展览中心举行。中华人民共和国国旗和中华人民共和国香港特别行政区区旗在香港升起。江泽民代表中国政府庄严宣告："中国政府对香港恢复行使主权。中华人民共和国香港特别行政区正式成立。"交接仪式后，香港特别行政区首任行政长官董建华和第一届政府主要成员宣誓就职，国务院总理李鹏宣布《中华人民共和国香港特别行政区基本法》从 7 月 1 日起实施。

中国人民解放军驻香港部队 1997 年 7 月 1 日零时整接管了香港防务。当天，香港特别行政区成立庆典、庆祝香港回归招待会和首都各界庆祝香港回归祖国大会分别在香港会议展览中心、北京人民大会堂、北京工人体育场举行。历经百年沧桑的香港胜利回到祖国的怀抱，洗刷了中华民族百年耻辱，完成了实现祖国完全统一的重要一步。这是彪炳中华民族史册的千秋功业。香港同胞从此成为祖国这块土地上的真正主人，香港从此走上同祖国共同发展、永不分离的宽广道路。

在香港回归的各项准备工作紧张进行的同时，澳门回归问题也提上日程。由于中葡双方一直保持着较好的合作关系，澳门回归祖国问题的谈判进展顺利。《中华人民共和国澳门特别行政区基本法》的制定也进行得平稳顺利。1998 年 4 月 29 日，九届全国人大常委会第二次会议审议并通过了澳门特别行政区筹备委员会组成人员名单。5 月 5 日，澳门特别行政区筹备委员会正式成立。从 9 月起，筹委会就澳门特别行政区第一届政府推选委员会的具体产生办法在澳门开展了广泛的咨询活动，在充分吸纳澳门居民意见的基础上，制定了《中华人民共和国澳门特别行政区第一届政府推选委员会具体产生办法》。

1999年4月10日，筹委会全体会议以无记名和差额选举的方式，选举产生了澳门特别行政区第一届政府推选委员会。5月15日，推选委员会选举何厚铧为澳门特别行政区首任行政长官人选。5月20日，国务院总理朱镕基签署国务院令，任命何厚铧为澳门特别行政区第一任行政长官。澳门回归的各项准备工作顺利完成。

1999年12月19日午夜至20日凌晨，中葡两国政府举行澳门政权交接仪式。葡萄牙国旗和澳门市政厅旗降下，中华人民共和国国旗和中华人民共和国澳门特别行政区区旗冉冉升起。国家主席江泽民庄严宣告："中国政府对澳门恢复

★ 1999年12月20日，中葡澳门政权交接仪式在澳门文化中心举行

行使主权。历史将永远记住这一举世关注的重要时刻。从这一刻起，澳门的发展进入了一个崭新的时代。"

1999 年 12 月 28 日，国务院将新华社香港分社、澳门分社分别正式更名为中央人民政府驻香港特别行政区联络办公室、驻澳门特别行政区联络办公室，作为中央政府授权的工作机构继续在香港、澳门地区履行职责。

中国政府恢复对香港、澳门行使主权，祖国和平统一大业取得历史性进展。香港、澳门回归祖国后，"一国两制"方针和基本法得到全面贯彻执行。特别行政区政府工作卓有成效。在中央政府的有力支持下，特别行政区政府沉着应对，香港、澳门各界人士携手努力，妥善处理一系列经济和社会问题，保持了社会稳定、经济发展。

推动海峡两岸关系发展

在香港、澳门回归过程中，中共中央稳步推进海峡两岸关系发展。自 1987 年台湾当局有限制地开放台湾居民赴大陆探亲后，两岸人员往来和经济文化交流迅速展开。

1990 年 9 月，两岸红十字会就双方居民遣返事宜达成了"金门协议"。11 月，台湾当局成立由辜振甫任董事长的海峡交流基金会（"台湾海基会"），负责两岸交往。1991 年初，台湾当局成立"国家统一委员会"，通过"国家统一纲领"，8 月又通过"关于'一个中国'的涵义"的文件。12 月，中国大陆成立海峡两岸关系协会（"海协会"），汪道涵出任会长。海协会和台湾海基会建立了双方往来。

1992 年 10 月，海协会和台湾海基会就两岸事务性商谈中如何表述一个中国原则这一问题在香港举行会谈。11 月，双方以函件达成共识，核心要义是"海峡两岸同属一个中国，共同努力谋求国家统一"。此成果史称"九二共识"。其核心意涵是大陆和台湾同属一个中国，两岸不是国与国关系，从而明确界定了两岸关系的根本性质。

在此基础上，1993 年 4 月，汪道涵、辜振甫在新加坡举行会谈，签署《汪辜会谈共同协议》《两岸公证书使用查证协议》《两岸挂号函件查询、补偿事宜协议》《两会联系与会谈制度协议》。"汪辜会谈"是海峡两岸高层人士在长期隔绝之后的首度正式接触，突破了台湾当局原本同大陆"不接触、不谈判、不妥协"的"三不"政策。

1993 年 8 月，国务院新闻办公室发表《台湾问题与中国的统一》白皮书，把"和平统一、一国两制"的方针概括为"一个中国、两制并存、高度自治、和平谈判"四个基本点，并把一个中国原则表述为：世界上只有一个中国，台湾是中国不可分割的一部分，中央政府在北京。

从 1993 年 8 月至 1995 年 1 月，海协会和台湾海基会先后举行 3 次副会长、副董事长级的会谈及 6 次副秘书长级的工作商谈，以解决两岸交往中的若干具体问题，推进协商进程。1994 年 3 月，八届全国人大常委会第六次会议通过《中华人民共和国台湾同胞投资保护法》，将保护台商投资纳入法制化轨道，进一步促进了两岸经济关系的发展。4 月，中共中央、国务院专门召开对台经济工作会议，要求各地区各部门高度重视对台经济工作，采取切实措施保护台商在祖国大陆的合法权益，改善台商在祖国大陆的投资环境，为台商投资创造更为便利的条件。

　　为进一步促进两岸关系的发展，1995 年 1 月，江泽民发表《为促进祖国统一大业的完成而继续奋斗》的重要讲话，提出现阶段发展两岸关系、推动祖国和平统一进程的八项主张，强调：坚持一个中国原则，是实现和平统一的基础和前提。我们不承诺放弃使用武力，决不是针对台湾同胞，而是针对外国势力干涉中国统一和搞"台湾独立"的图谋的。讲话既体现中国政府完成祖国统一大业的坚定决心，又充分考虑到台湾同胞的愿望和台湾的实际情况，引起海内外高度关注和积极反响。

　　正当两岸关系处在良性发展的关头，台湾当局在李登辉推动下开始背离一个中国原则，并采取了一系列分裂步骤，破坏两岸关系发展，使两岸关系迅速转坏。2000 年 5 月，台湾民进党领导人陈水扁赢得台湾地区领导人"选举"后作出"四不一没有"[1] 的承诺，但拒不接受一个中国原则，不久又否认存在"九二共识"。2002 年 8 月，陈水扁公然声称"台湾跟对岸中国一边一国"，鼓吹要用"公民投票"方式决定"台湾的前途、命运和现状"。

　　针对台湾岛内和外国敌对势力不断加剧的"台独"分裂活动，中央政府果断采取措施，从政治、军事、外交、舆论等方面开展反分裂反"台独"斗争。1995 年下半年至 1996 年上半年，中国人民解放军在台湾海峡和台湾附近海域进行了一系列大规模军事演习，有力打击了"台独"分裂势力和外国敌对势力的气焰。

---

　　[1]　"四不一没有"，即不会宣布"独立"、不会推动"两国论入宪"、不会更改"国号"、不会推动"统独公投"，没有废除"国统纲领"和"国统会"的问题。

★ 1995年下半年至1996年上半年，中国人民解放军在台海地区举行大规模军事演习，给"台独"分裂势力以极大震慑

推进中国特色军事变革

20世纪90年代，面对世界新军事变革风起云涌，党中央和中央军委提出"政治合格、军事过硬、作风优良、纪律严明、保障有力"的新时期军队建设总要求，着眼于打得赢、不变质，对军队建设和军事斗争准备作出一系列战略规划和部署，推进中国特色军事变革。

1991年初爆发的海湾战争，向世界展示了全新的作战图景，高技术武器装备成为决定战争胜负的重要因素。从军事技术和战争样式来说，这是机械化战争迈向信息化战争的转折点，引发了世界性军事变革浪潮。中央军委对此高度关注，江泽民三次参加关于海湾战争的座谈会，提出要看清国际形势的变化，研究将来的战争究竟怎样打，要下大气力发展国防科技，在武器装备上要有"杀手锏"。

1993 年 1 月，中央军委扩大会议对军事战略实行重大调整，把军事斗争准备的基点放在打赢现代技术特别是高技术条件下的局部战争上。这一军事战略方针，为国防和军队建设指明了发展方向。2000 年 12 月召开的中央军委扩大会议又提出了军队建设要完成机械化和信息化建设双重任务，以及实现跨越式发展的新思路。

人民解放军始终坚持党对军队绝对领导的根本原则和制度，把思想政治建设摆在各项建设的首位，不断加强和改进思想政治建设。1995 年 5 月，经中共中央、中央军委批准，新修改的《中国人民解放军政治工作条例》颁布，为开展军队政治工作提供了基本遵循。1999 年 7 月全军政治工作会议通过的《关于改革开放和发展社会主义市场经济条件下军队思想政治建设若干问题的决定》，成为军队思想政治建设的指导性文件。人民解放军始终坚持党对军队绝对领导的根本原则，严格执行政治纪律和组织纪律，不断强化官兵的军魂意识，确保同党中央和中央军委的高度一致。全军广泛开展"四个教育"[①]、中国特色军事变革主题教育，使全军官兵保持政治上的坚定性和思想道德上的纯洁性，保持坚强的革命意志和旺盛的战斗精神，保证以军事斗争准备为龙头的各项任务的完成。1998 年 7 月，中共中央果断作出军队一律停止经商活动的重大决策，对于维护军队良好形象、促进军队党风廉政建设、巩固军政军民团结，具有十分重大的意义。

---

① "四个教育"，即爱国奉献教育、革命人生观教育、尊干爱兵教育和艰苦奋斗教育。

为推进中国特色军事变革，走中国特色精兵之路，1992年下半年至1994年底，全军体制编制进行了初步调整精简。1997年9月，中共十五大宣布中国在20世纪80年代裁减军队员额100万的基础上，将在3年内再裁减军队员额50万。通过调整和精简，陆军部队的比重下降，海军、空军、第二炮兵部队的比重上升，人民解放军向合成和小型化、轻型化、多样化的方向迈进了一步。装备管理体制和后勤保障体制初步理顺。体制编制调整改革取得实质性进展，初步达到了精简员额、收缩摊子、优化结构的目的，为进一步实现"精兵、合成、高效"创造了条件。

1995年12月，中央军委扩大会议通过《"九五"期间军队建设计划纲要》，明确提出科技强军战略和"两个根本性转变"的战略思想，即在军事斗争准备上，由准备应付一般条件下局部战争向准备打赢现代技术特别是高技术条件下局部战争转变；在军队建设上，由数量规模型向质量效能型、由人力密集型向科技密集型转变。实现这两个转变，要求重点加强国防科研，改善武器装备，提高官兵的科技素质，建立科学的体制编制，提高科技创新能力和科学管理水平，是对人民解放军建设新模式的确定。

全军积极探索军事训练的新路子、新模式。1995年7月至1996年3月，人民解放军在东南沿海地区组织系列军事演习，探索高技术条件下联合作战的重点和难点问题，锻炼和检验了部队的作战能力，也对遏制"台独"分裂势力、维护国家主权和领土完整产生了重要而深远的影响。1997年，沈阳军区某集团军开展高技术条件下"以劣胜优三两招"活动，这是新时期群众性科技练兵的雏形。2000年10月，总参谋部在四个地区联合进行科技练兵成果交流活动——
"砺剑-2000"演习。这是1964年大比武以来演练层次最高、
运用技术最新、涉及范围最广的全军性军事训练成果交流活
动，标志着人民解放军军事训练的组织形式和方法迈出了新
步伐。

　　加快国防科技和武器装备发展。20世纪90年代中期以
后，在经济持续发展的基础上，国家逐步增加对国防和军队
建设的投入。人民解放军科技强军、质量建军取得令人瞩目
的成就。1998年4月，中央军委决定成立总装备部。全军
装备建设取得令人鼓舞的成绩。国防科技领域，坚持科研先
行，积极开发国防关键技术，在航空、航天、船舶、兵器、
军用电子、工程物理等方面取得了具有世界先进水平的成
果，在微电子、信息、传感、通信技术等方面取得了突破性
进展，特别是包括潜射导弹、机动战略导弹研制等在内的一
批尖端武器的突破，为我军武器装备的现代化建设奠定了新
的重要技术基础。

　　改革兵役制度和士官制度。1998年12月，九届全国人
大常委会第六次会议通过关于修改兵役法的决定，对兵役制
度作了重大调整，实行"两个结合"兵役制度，把志愿兵制
度提升到与义务兵制度同等重要的地位，缩短了义务兵服现
役期限，完善了预备役制度。这是保证新形势下兵役工作顺
利进行的重大举措。1999年6月，国务院、中央军委颁布
新修订的《中国人民解放军现役士兵服役条例》，对现役士
兵服役制度特别是士官制度进行了重大改革。从1999年12
月1日起，新的士官制度开始实施，人民解放军士兵队伍专
业化程度不断提升，士官成为军队建设的一支重要力量。

中央军委对全军院校体系进行了重大调整，军事人才培养逐步走上军队培养和依托国民教育并行的道路，全军各级指挥员的专业文化素质大为提高。大规模调整军队后勤保障体制。1998年，中央军委作出先实行军区联勤体制，再逐步向大联勤体制过渡，最终建立三军后勤保障一体化体制的战略决策。全军从2000年1月1日起试行三军联勤体制。人民解放军还积极参加国家经济建设、扶贫和抢险救灾工作。在保护国家、集体和人民群众生命财产，筑路修桥和抗洪抢险第一线，都有官兵奋不顾身、冲锋在前的身影。

五、开拓外交工作新局面

20世纪90年代，面对复杂多变的国际环境，中共中央全面把握世界形势的发展变化，以更为积极、主动的姿态，致力于营造一个有利于社会主义现代化建设的外部环境，以更为开放的大国姿态融入世界，外交工作取得了新进展。

调整外交方针

面对苏东剧变和国内政治风波带来的严峻形势，中共中央坚持党对外交工作的领导，始终把维护国家主权、安全与领土完整作为党和国家的中心任务，一如既往地执行独立自主的和平外交政策，坚持反对霸权主义和强权政治，坚持在和平共处五项原则的基础上同世界上一切国家发展友好关系。同时，科学把握世界变化趋势和特点，向国际社会表明对不同社会制度、不同文化及价值观多样性的立场，倡导国际关系民主化的思想；高举和平、发展、合作的旗帜，坚持走和平发展的道路，强调世界和平发展的客观趋势，强调中国是一支维护世界和平与稳定的重要力量；大力拓宽中国外交平台，使外交工作的基本任务和根本目标紧紧围绕中国改革开放和经济建设的大局，努力争取有利的和平国际环境；充分利用外部世界一切可以利用的条件和资源，集中精力进行社会主义现代化建设。

积极与不同国家建立伙伴关系，构筑新的对外关系框架。在探索发展与美国、俄罗斯等大国关系的同时，开始尝试建立各种伙伴关系，特别是努力与周边国家以及发展中国家建立良好的合作伙伴关系。20 世纪 90 年代中期，中国开始构筑伙伴关系的对外关系框架。这种伙伴关系不同于过去的结盟关系，其主要特征是不结盟、不对抗、不针对第三国，是一种新型的国家关系。伙伴关系的建立，推动了中国与国际社会的良性互动，拓宽了中国外交的新局面。

提出互信、互利、平等、协作为核心的新安全观。根据国际形势的新发展与新变化，1999 年 3 月、9 月，江泽民在出访的讲话中先后明确指出："历史告诉我们，以军事联盟为基础、以加强军备为手段的旧安全观，无助于保障国际安全，更不能营造世界的持久和平。""维护国际安全，必须彻底摒弃冷战思维，努力把国际社会的持久和平建立在促进各国相互信任和共同利益的新安全观的基础上。应该通过对话增进信任，通过合作谋求安全，相互尊重主权，和平解决争端。"新安全观体现了中国建立国际新秩序的基本理念和新型国家关系准则，成为中国对外政策的一项重大理论创新。

外交工作的新进展

中国政府在成功打破以美国为首的西方国家对中国"制裁"的基础上，推动中国与西方大国关系在和平共处五项原则基础上保持总体上稳定发展的态势。

中国分别同俄罗斯、美国、法国、英国、日本及欧盟等建立了发展面向 21 世纪双边关系的基本框架。苏联解体后，中苏关系平稳过渡为中俄关系，在双方共同努力下，中俄关系快速发展，政治互信不断加强。在短短 10 年内，中俄关系实现了跨越式发展。两国高层互访不断并逐渐机制化。2001 年 7 月，中国国家主席江泽民访问俄罗斯期间，双方签署了《中华人民共和国和俄罗斯联邦睦邻友好合作条约》，宣布双方致力于"世代友好、永不为敌"，发展长期睦邻友好与互利合作关系。条约为两国关系的长期稳定发展提供了坚实的法律保障。中俄两国比较妥善地解决了历史遗留下来的两国间绝大部分地段的边界问题。

1997 年至 1998 年，中美两国共同努力，排除了美反华、反共势力不断制造的障碍，中国国家主席江泽民、美国总统克林顿成功互访，推动了两国关系的改善与发展。在中美关系迅速发展之际，美国反华势力又制造种种事端，企图恶化两国关系。特别是 1999 年 5 月 8 日，以美国为首的北约轰炸中国驻南联盟大使馆事件，激发了中国民众强烈的反美情绪。中国政府对此作出了强烈反应：宣布推迟中美两军高层交往；推迟中美核扩散、军控和国家安全问题的磋商；中止中美在人权领域的对话。两国关系急速逆转，再度跌入低谷。危机发生后，中美双方为改善两国关系共同作出努力，使中美关系逐步有所好转。然而，2001 年 1 月，刚刚上台的小布什政府把中国定位为"战略竞争者"，对中国采取强硬的政策。2001 年 4 月 1 日，美国战机在中国南海空域挑衅，发生了撞机事件，使两国关系呈现空前紧张的态势。"9·11"事件发生后，美国将恐怖主义和大规模杀伤性武器看作最大的威胁，调整了强硬的对华政策，转而以寻求与中国合作的方式来解决美国面临的安全困境。两国关系逐步升温。

中日间尽管由于历史问题、钓鱼岛问题及台湾问题等摩擦不断，但两国关系总体维持稳定发展的态势。中日经贸及各领域合作向着多渠道、多层次、多元化的方向发展。

中国同西欧其他国家以及加拿大、澳大利亚、新西兰的双边关系相继得到恢复后，也逐步走上了平稳发展的道路。1992 年 1 月 24 日，中国还同以色列建立了外交关系。

中国积极发展和深化与周边国家的睦邻友好合作关系。1992 年 8 月 24 日，中国与韩国正式建立外交关系，两国关系翻开了崭新的一页。

中国同发展中国家的关系进一步巩固和加强，在政治、经济、安全、文化等各领域的合作取得明显进展，并在涉及重大国际事务问题上，中国努力与发展中国家协商一致，在政策立场上尽可能争取广大发展中国家的支持。中国加强了与非洲国家的关系，加大经贸、文教、卫生等领域多层次、多渠道的合作，推动中非政治、经济等各领域关系向纵深发展。1996 年 5 月，中国国家主席江泽民访问肯尼亚、埃及、埃塞俄比亚、马里、纳米比亚和津巴布韦。江泽民在访问中提出发展同非洲各国面向 21 世纪长期稳定、全面合作国家关系的五点建议。五点建议的内容和精神超越了意识形态的传统框架，突出了中国支持非洲发展的坚定政策。为进一步加强同非洲国家的团结合作，谋求共同发展，2000 年 10 月，中国和非洲国家召开了"中非合作论坛—北京 2000 年部长级会议"。这次会议通过了《中非合作论坛北京宣言》和《中非经济和社会发展合作纲领》两个历史性文件。会议决定，中非双方要在 21 世纪建立和发展长期稳定、平等互利的新型伙伴关系，并建立中非合作论坛机制。中国同拉美和加勒比国家关系快速深入发展，同南美地区除巴拉圭外的所有国家建交。

积极深化多边外交

中国以更为积极、主动、开放的姿态，投身于国际多边舞台，并在广泛参与国际主流社会及其制度体系的过程中，在平衡推进核裁军、防扩散等国际安全事务方面，发挥建设性作用，积极与各国开展安全对话与合作，进一步向国际社会阐明了中国的对外方针和处理国际关系的原则与立场，不断增强中国在国际政治舞台上的影响力。

中国参与联合国所属机构的所有活动，积极支持联合国的改革。中国在参与联合国的活动中，既坚持原则又实事求是，既主持公道又真诚合作，使得中国在联合国的威望和作用不断提高。2000 年 9 月，江泽民在联合国千年首脑会议上发表重要讲话，阐述了关于建立国际政治经济新秩序的原则和主张，表达了各国人民尤其是广大发展中国家人民要和平、求发展的心声。在中国倡议下，出席联合国千年首脑会议的中、美、俄、英、法五个安理会常任理事国首脑举行联合国历史上的首次会晤。中国提出了安理会五个常任理事国应遵循的四项原则：相互尊重、平等相待；扩大共识、求同存异；加强沟通、密切协调；顾全大局、促进合作。

中国积极参加亚太地区现有的多边组织，发挥建设性作用，同时也开始主动倡导和培育多边外交舞台，为探索冷战后新型区域合作途径提供有益的经验。1996 年，中国成为东盟"全面对话伙伴国"。1997 年，双方确立了建立面向 21 世纪睦邻互信伙伴关系的方向和指导原则。为促进同东盟国家的经济交流与发展，2001 年中国首倡并大力推动建立"中国—东盟自由贸易区"，得到东盟国家的积极响应。

1996 年 4 月，中国、俄罗斯、哈萨克斯坦、吉尔吉斯斯坦、塔吉克斯坦五国首脑在上海举行会晤，正式形成"上海五国"机制。在此基础上，2001 年 6 月，中、俄、哈、吉、塔和乌兹别克斯坦六国元首在上海签署了《上海合作组织成立宣言》，这是第一个由中国参与推动建立并以中国城市命名的地区性合作组织。它所倡导的"互信、互利、平等、协商、尊重多样文明、谋求共同发展"的"上海精神"，在当代国际关系中产生了重要影响。上海合作组织成立后，各成员国在安全、经济和人文等方面加强交流合作，在反对霸权主义、强权政治，防范"颜色革命"方面发挥了重要作用，有力打击并遏制了暴力恐怖势力、民族分裂势力、宗教极端势力，维护了地区的总体稳定，促进了各成员国的经济社会发展。

★ 2001 年 6 月 15 日，上海合作组织成员国元首理事会首次会议在中国上海举行

　　2001 年 2 月，博鳌亚洲论坛在海南博鳌成立。这是个永久定址中国、非官方的国际性会议组织，它以平等、互惠、合作、共赢为主旨，成为亚洲和关心亚洲的各界人士加强了解、增进友谊和扩大合作的纽带。10 月，中国在上海成功举办亚太经济合作组织第九次领导人非正式会议，与会各成员国领导人围绕"新世纪、新挑战：参与、合作，促进共同繁荣"的主题，达成广泛共识。通过亚太经合组织的一系列活动，中国在亚太地区发挥了极具建设性的作用，推动国际秩序朝着更加公正合理的方向发展。

　　中国积极维护国际和平、安全与稳定，高度重视军控和裁军，一贯反对军备竞赛，主张通过军控与裁军减少和消除战争危险。中国一直认为，各国不论大小，均应享有参加裁军谈判的平等权利，而超级大国对全面禁止、彻底销毁核武器与其他大规模杀伤性武器，实现真正的裁军负有不可推卸的责任。中国主张国际社会促进公正、合理、全面、均衡的军控和裁军，并多次宣布单方面裁军，大幅度削减自己的军队规模，先后加入《不扩散核武器条约》和《核安全公约》等国际军控条约和协定，为国际军控和裁军作出了积极贡献。

中国是联合国维和行动的坚定支持者和参与者。改革开放后，中国逐步参与联合国维和事务。1990 年 4 月，中国向联合国停战监督组织派遣 5 名军事观察员，开启了中国军队参加联合国维和行动的历程。2000 年 1 月，中国政府向东帝汶过渡行政当局派遣了 15 名民事警察，这是中国政府首次派出民事警察执行联合国维和行动。2002 年 2 月，中国正式派成建制非作战部队参加联合国维和行动第一级待命安排机制，向联合国维和行动提供 1 个联合国标准工程营、1 个联合国标准医疗分队、2 个联合国标准运输连。

中国主张国际反恐合作应该在联合国宪章的范围内进行，支持联合国反恐委员会的工作，积极与有关国家进行反恐磋商与对话。中国一贯反对一切形式的恐怖主义，无论其发生在何时、何地，针对何人，以何种方式出现，都应坚决予以谴责和打击。中国支持包括安理会在内的联合国各机构通过一系列反恐决议，并认真执行有关决议。2001 年，中国加入《制止恐怖主义爆炸的国际公约》，签署了《制止向恐怖主义提供资助的国际公约》。

至 2002 年底，中国所处的国际环境得到了极大改善，同世界上绝大多数国家建立了经贸关系，在联合国等重要国际组织中发挥着越来越重要的作用。

六、推进党的建设新的伟大工程

在确立和发展社会主义市场经济体制过程中，中国共产党以马克思列宁主义、毛泽东思想、邓小平理论为指导思想，提出"三个代表"重要思想，探索新形势下加强党的建设的目标、任务和途径，采取一系列重大措施加强和改进党的建设，成功地把党的建设新的伟大工程推向 21 世纪。

明确党的建设总目标与两大历史性课题

根据党所处的历史方位，总结改革开放以来党的建设的成功经验，1994 年 9 月，中共十四届四中全会作出《中共中央关于加强党的建设几个重大问题的决定》，把党的建设提到"新的伟大工程"的高度，明确提出了加强党的建设总目标。中共十五大把这一总目标进一步概括为："把党建设成为用邓小平理论武装起来、全心全意为人民服务、思想上政治上组织上完全巩固、能够经受住各种风险、始终走在时代前列、领导全国人民建设有中国特色社会主义的马克思主义政党。"

为了实现这一目标，中共中央要求在继续抓好党的思想建设和作风建设的同时，特别提出在组织建设方面三个需要解决的突出问题：一是必须进一步坚持和健全民主集中制，特别要注重制度建设，以完备的制度保障党内民主，维护中央权威，保证全党在重大问题上的统一行动；二是必须进一步巩固和加强党的基层组织，使之成为能够团结和带领群众进行改革开放和现代化建设的战斗堡垒；三是必须进一步培养和锻炼党的中高级领导干部，特别是培养和选拔大批德才兼备的年轻干部，形成坚定地走建设有中国特色社会主义道路，善于研究新情况、解决新问题，干练而充满活力的领导层。

推进党的建设新的伟大工程，重点是加强党的执政能力建设，不断提高科学判断形势的能力、驾驭市场经济的能力、应对复杂局面的能力、依法执政的能力、总揽全局的能力。2000 年 1 月，江泽民明确提出必须解决好"提高领导水平和执政水平、提高拒腐防变和抵御风险的能力"两大历史性课题，要求认真研究解决。中共中央为了解决这两大历史性课题，着力加强党的思想、组织和制度建设，努力改革完善党的领导方式和执政方式、领导体制和工作制度。

在加强党的思想建设中，中共中央坚持用马克思列宁主义、毛泽东思想、邓小平理论武装全体党员，坚持以马克思主义作为自己的世界观和行动指南。同时，要求全体党员干部，特别是党员领导干部在努力改造客观世界的同时改造自己的主观世界，寓改造主观世界于改造客观世界的过程中，用改造主观世界的成效推进改造客观世界的进程，在中国特色社会主义的伟大实践中不断加强党性锻炼。广大党员干部自觉加强党性锻炼，涌现出了以孔繁森为代表的一大批优秀共产党员。

在加强党的组织建设中，中共中央坚持正确的用人导向，用好的作风选人，选作风好的人，注重在改革和建设的实践中考察和识别干部，把德才兼备、实绩突出和群众公认的人及时选拔到领导岗位上来。同时，加强干部交流，注意把年轻干部放到一些关键岗位、艰苦环境和情况复杂、矛盾突出、困难较多的地方去锻炼和培养。

党的基层组织是党全部工作和战斗力的基础。中共中央适应新形势新任务的要求，坚持围绕中心、服务大局，拓宽领域、强化功能，扩大党的工作覆盖面，不断提高党的基层组织的凝聚力和战斗力，使党的基层组织成为坚强战斗堡垒。

在加强党的制度建设中，中共中央坚持以保障党员民主权利为基础，以完善党的代表大会制度和党的委员会制度为重点，从改革体制机制入手，建立健全充分反映党员和党组织意愿的党内民主制度。同时，按照集体领导、民主集中、个别酝酿、会议决定的原则，完善党委内部的议事和决策机制，进一步发挥党的委员会全体会议的作用，完善集体领导下的个人分工负责制。

党的建设总目标和两大历史性课题的提出，升华了党对自身建设规律的认识，丰富了马克思主义建党学说，适应了发展社会主义市场经济对党的建设的新要求，为加强和改进党的建设指明了方向。

开展"三讲"教育与加强党风建设

中共中央把作风建设摆在党的建设突出的位置，通过开展以"三讲"为主要内容的党性党风教育、出台《关于加强和改进党的作风建设的决定》等措施，推动党的作风建设取得明显成效。

1996 年 10 月，中共十四届六中全会作出决定，对县处级以上领导干部集中进行一次以"讲学习、讲政治、讲正气"为主要内容的党性党风教育；1997 年中共十五大报告又对此提出明确要求。1998 年 11 月，中共中央发出《关于在县级以上党政领导班子、领导干部中深入开展以"讲学习、讲政治、讲正气"为主要内容的党性党风教育的意见》，要求通过"三讲"教育，推动县级以上党政领导班子和领导干部深入学习邓小平理论和党的十五大精神。

在试点基础上，1999 年 3 月，中共中央召开全国"三讲"教育工作会议，部署开展"三讲"教育。省部级单位的"三讲"教育分两批进行。北京、湖北等 16 个省（自治区、直辖市）和最高人民检察院等 70 个中央、国家机关部委办局，为第一批；浙江、宁夏等 12 个省（自治区、直辖市）和财政部等 60 个部委办局，为第二批。中央政治局常委于 1999 年底专门集中时间进行"三讲"学习，带头查找工作中的不足，开展批评和自我批评，提出整改措施，有力推动了"三讲"教育的深入开展。在活动开展过程中，中央陆续派出若干巡视组、检查组，对各单位开展"三讲"教育情况进行检查和督导。

省部级单位"三讲"教育结束后，县（市）级"三讲"教育随即展开。中央政治局常委分赴 7 个县（市），深入调查研究，进行具体指导。到 2000 年 9 月底，全国县级以上党政领导班子、领导干部的"三讲"教育基本告一段落，开始进入总结提高、深入整改阶段。在整改阶段，参加"三讲"教育的地方和单位按照中央的要求，又开展了"回头看"活动，巩固和扩大了"三讲"教育的成果。

从 1998 年 11 月至 2000 年底，为期两年的"三讲"教育活动进展顺利，成效明显。广大干部普遍受到一次深刻的马克思主义教育，经受了一次严格的党内生活锻炼，贯彻党的基本路线和民主集中制原则的自觉性得到提高。

2001 年 9 月，中共十五届六中全会通过《中共中央关于加强和改进党的作风建设的决定》，这是中共中央加强党风建设的又一项重大举措。该决定把党的作风建设的主要任务确定为"八个坚持、八个反对"：坚持解放思想、实事求是，反对因循守旧、不思进取；坚持理论联系实际，反对照抄照搬、本本主义；坚持密切联系群众，反对形式主义、官僚主义；坚持民主集中制原则，反对独断专行、软弱涣散；坚持党的纪律，反对自由主义；坚持清正廉洁，反对以权谋私；坚持艰苦奋斗，反对享乐主义；坚持任人唯贤，反对用人上的不正之风。

按照这一目标要求，中央领导机关和地方各级党组织，紧紧围绕保持党同人民群众的血肉联系这个核心问题，把加强和改进党的作风建设摆上重要日程，制定具体措施，认真贯彻落实。通过贯彻该决定精神，党的作风有了新的进步，党群关系和干群关系有了明显改善。

在发展社会主义市场经济的条件下，中共中央坚持把党风廉政建设和反腐败斗争作为关系党和国家生死存亡的大事来抓。

1993 年，中共中央作出加大反腐败斗争力度的重大决策，以后每年都对党风廉政建设和反腐败工作进行专门研究，通过中央纪律检查委员会全会向全党作出部署。

中共中央、国务院着重抓了对各级党政领导干部廉洁自律情况的监督检查、集中力量查办大案要案、狠刹群众反映强烈的不正之风三个方面的工作，逐步形成了反腐败三项工作格局。

为保证党政领导干部做到廉洁自律，中共中央先后作出一系列规定。如建立党政机关县处级以上领导干部收入申报制度、党和国家机关工作人员在国内公务活动中收受礼品登记制度、国有企业业务招待费使用情况向职工代表大会报告制度等。

为加强反腐倡廉工作，1993 年 1 月，中央纪委、监察部合署办公。1995 年 11 月，最高人民检察院反贪污贿赂总局正式成立。1997 年 2 月，中共中央印发《中国共产党纪律处分条例（试行）》。1998 年 11 月，中共中央、国务院印发《关于实行党风廉政建设责任制的规定》。截至 2002 年，全国省部级以上机关共制定党风廉政方面的党内法规及其他规范性文件 2000 余件。

反腐败斗争取得重要阶段性成果。1992 年 10 月至 1997

★ 最高人民检察院反贪污贿赂总局大门

年 6 月，全国纪检监察机关共立案 73.1 万多件，结案 67 万多件，给予党纪政纪处分的 66.93 万多人，其中被开除党籍的 12.15 万多人，被开除党籍又受到刑事处分的 3.7 万多人。1997 年 10 月至 2002 年 9 月，全国纪检监察机关共立案 86 万多件，结案 84 万多件，给予党纪政纪处分的 84 万多人，其中被开除党籍的 13.7 万多人，被开除党籍又受到刑事追究的 3.7 万多人。

增强党的阶级基础和扩大党的群众基础

随着改革开放特别是国有企业改革的不断深化，我国工人阶级的队伍发生了许多新的变化。一是工人阶级队伍不断壮大，遍布第一、二、三产业。二是传统产业工人大大减少，脑力劳动者、技术劳动者、管理劳动者的比重大大增加。劳动不再只是人使用劳动工具作用于劳动对象，而是大量处于直接生产过程之外。三是工人阶级的年龄结构不断优化，职工队伍的科学文化素质日益提高。四是随着经济结构的战略性调整，一些职工群众的工作岗位发生了变化。但是，我国工人阶级主人翁的地位没有变，整个工人阶级是先进生产力的主要代表这一事实没有变。因此，中国共产党要继续保持先进性，就必须继续坚持以工人阶级作为自己的阶级基础，不断增强党执政的阶级基础。为此，中共中央采取了一系列措施，壮大工人阶级队伍，提高思想道德素质和科学文化素质，发展工人阶级的先进性，增强党的阶级基础。

建设中国特色社会主义事业需要最大限度地凝聚社会各

方面的力量。党在增强自身阶级基础的同时，必须注重吸收社会其他方面的优秀分子入党，以扩大党的群众基础和社会影响力。

改革开放以来，中国的社会阶层构成发生了新的变化，出现了民营科技企业的创业人员和技术人员、受聘于外资企业的管理技术人员、个体户、私营企业主、中介组织的从业人员、自由职业人员等社会阶层。许多人在不同所有制、不同行业、不同地域之间流动频繁，人们的职业、身份经常变动。在党的路线方针政策指引下，这些新的社会阶层中的广大人员，通过诚实劳动和合法经营，为发展社会主义社会的生产力和其他事业作出了贡献，也是中国特色社会主义事业的建设者。适应社会发展变化，党及时把承认党的纲领和章程、自觉为党的路线和纲领而奋斗、经过长期考验、符合党员条件的社会各阶层优秀分子吸收到党内来，并通过党这个大熔炉不断提高广大党员的思想政治觉悟，不断增强党在全社会的影响力和凝聚力，扩大党的群众基础。

根据党所处的历史方位和面临的新情况新问题，以江泽民同志为主要代表的中国共产党人，以马克思主义的巨大勇气进行理论创新，提出了"三个代表"重要思想这一系统的科学理论。

2000年2月20日，江泽民出席广东省高州市领导干部"三讲"教育会议并发表重要讲话，提出了"五个始终"的要求，即"我们要使党始终保持工人阶级先锋队性质，始终代表最广大人民群众的利益，始终成为社会先进生产力的代表，始终领导全国各族人民促进社会生产力的发展，始终坚强有力地发挥好领导核心作用，也必须结合新的历史条件进一步从思想上、组织上和作风上把党建设好"。2月21日至25日，江泽民在广东考察工作时，完整地提出了"三个代表"重要思想。他要求所有共产党员和领导干部，都要深刻认识和牢牢把握这"三个代表"，用以指导自己的思想和行动。5月14日，江泽民在上海主持召开江苏、浙江、上海党建工作座谈会时进一步指出，始终做到"三个代表"，是我们党的立党之本、执政之基、力量之源。

2001年7月1日，江泽民在庆祝中国共产党成立80周年大会上发表讲话，系统阐述了"三个代表"重要思想的科学内涵和基本内容，深刻回答了新的历史条件下加强和改进党的建设的重大理论和实践问题。他指出，中国共产党80年的奋斗历程和基本经验，"归结起来，就是必须始终代表中国先进生产力的发展要求，代表中国先进文化的前进方向，代表中国最广大人民的根本利益"。

"三个代表"是统一的整体，相互联系，相互促进。发展先进生产力，是发展先进文化，实现最广大人民根本利益的基础条件。人民群众是先进生产力和先进文化的创造主体，也是实现自身利益的根本力量。不断发展先进生产力和先进文化，归根到底都是为了满足人民群众日益增长的物质文化生活需要，不断实现最广大人民的根本利益。

"三个代表"重要思想，回答了在新的历史条件下建设一个什么样的党、怎样建设党这个重大问题，既坚持了马克思主义的基本原理，又反映了当代世界和中国的发展变化对党和国家工作的新要求，继承、丰富和发展了马克思列宁主义、毛泽东思想和邓小平理论，是加强和改进党的建设、推进社会主义制度自我完善和发展的强大思想武器。"三个代表"重要思想的提出，在国内外引起强烈反响，全党和全国上下兴起了学习贯彻"三个代表"重要思想的热潮，有力地推动了改革开放和社会主义现代化建设的跨世纪发展。

第五章 ‖ 全面建设小康社会与新的形势下坚持和发展中国特色社会主义（2002—2012）

　　2002 年中共十六大以后，中国进入全面建设小康社会、加快推进社会主义现代化新的发展阶段。以胡锦涛同志为主要代表的中国共产党人，抓住重要战略机遇期，坚持以人为本、全面协调可持续发展的科学发展观，加快转变经济发展方式，坚持走中国特色社会主义政治发展道路，推动文化大发展大繁荣，构建社会主义和谐社会，建设资源节约型和环境友好型社会。在十分复杂的国内外形势下，中国人民经受住了严峻考验，取得战胜非典疫情、抗击汶川特大地震等严重自然灾害的重大胜利。中国国家经济实力和综合国力大幅度提升，国内生产总值跃居世界第二位，国际地位和影响力显著提高，人民生活水平大大提升，社会长期保持安定团结，在新的形势下坚持和发展了中国特色社会主义，中国大踏步赶上了时代。

一、全面建设小康社会与转变经济发展方式

跨入 21 世纪，国际国内形势发生深刻变化。世界多极化和经济全球化在曲折中发展，科技进步日新月异，综合国力竞争日趋激烈。在全面深刻分析国内外形势的基础上，中国共产党制定了全面建设小康社会的奋斗目标，转变经济发展方式，推动经济又好又快发展。

全面建设小康社会目标的提出

在实现中华民族伟大复兴的征途上，经过全党和全国各族人民的共同努力，我国完成了国民经济和社会发展的第九个五年计划，实现了社会主义现代化建设"三步走"战略的第二步目标。到 2000 年底，初步建立起社会主义市场经济体制，人民生活总体上达到小康水平。但必须看到，我国正处于并将长期处于社会主义初级阶段，达到的还是低水平的、不全面的、发展很不平衡的小康。

2002 年 11 月 8 日至 14 日，中国共产党第十六次全国代表大会在北京召开。大会提出全面建设小康社会的奋斗目标，并从经济、政治、文化等方面勾画了宏伟蓝图，强调在优化结构和提高效益的基础上，国内生产总值到 2020 年力争比 2000 年翻两番。大会指出，综观全局,21 世纪头 20 年，对我国来说，是一个必须紧紧抓住并且可以大有作为的重要

战略机遇期，我们要集中力量，全面建设惠及十几亿人口的更高水平的小康社会，使经济更加发展、民主更加健全、科教更加进步、文化更加繁荣、社会更加和谐、人民生活更加殷实。这是实现现代化建设第三步战略目标必经的承上启下的发展阶段，也是完善社会主义市场经济体制和扩大对外开放的关键阶段。经过这个阶段的建设，再继续奋斗几十年，到21世纪中叶基本实现现代化，把我国建成富强民主文明的社会主义国家。

大会指出，贯彻"三个代表"重要思想，关键在坚持与时俱进，核心在坚持党的先进性，本质在坚持执政为民。大会通过《中国共产党章程（修正案）》，把"三个代表"重要思想同马克思列宁主义、毛泽东思想、邓小平理论一道确立为党的指导思想并载入党章，完成了党和国家在指导思想上的与时俱进。大会选举产生新一届中央委员会，随后召开的一中全会选举胡锦涛为中央委员会总书记。从此，中国人民踏上了全面建设小康社会的新征程。

2003年3月，十届全国人大一次会议举行，选举了新一届国家机构领导人员，号召为全面建设小康社会，开创中国特色社会主义事业新局面而努力奋斗。会议选举胡锦涛为中华人民共和国主席，江泽民为中华人民共和国中央军事委员会主席，吴邦国为全国人大常委会委员长，决定温家宝为国务院总理。同期举行的全国政协十届一次会议选举贾庆林为全国政协主席。

中共十六大后，对社会和谐的认识不断深化，作出一系列决策部署，推动和谐社会建设取得新的成效。2006年10月11日，中共十六届六中全会通过《中共中央关于构建社会主义和谐社会若干重大问题的决定》，指出社会和谐是中国特色社会主义的本质属性，到 2020 年，实现全面建设惠及十几亿人口的更高水平的小康社会的目标，努力形成全体人民各尽其能、各得其所而又和谐相处的局面。中国特色社会主义事业的总体布局由经济建设、政治建设、文化建设"三位一体"发展为经济建设、政治建设、文化建设、社会建设"四位一体"。

变革时代产生创新的思想，思想的创新推动时代变革。从 2003 年 4 月胡锦涛在抗击非典的关键时刻提出"坚持全面的发展观"，到 4 个月后他在江西调研时提出"牢固树立协调发展、全面发展、可持续发展的科学发展观"，再到半年后中共十六届三中全会要求全党树立和落实"科学发展观"，以胡锦涛同志为主要代表的中国共产党人，积极探索符合实际的发展新路子。2007 年 10 月 15 日至 21 日，中国共产党第十七次全国代表大会在北京召开。大会全面阐述科学发展观的科学内涵、精神实质和根本要求，明确科学发展观第一要义是发展，核心是以人为本，基本要求是全面协调可持续，根本方法是统筹兼顾。大会通过《中国共产党章程（修正案）》，把科学发展观写入党章。大会将党的基本路线中的奋斗目标表述为"把我国建设成为富强民主文明和谐的社会主义现代化国家"，提出"实现人均国内生产总值到二〇二〇年比二〇〇〇年翻两番"的更高要求，使全面建设小康社会的目标更全面、内涵更丰富、要求更具体。

经济体制改革向纵深发展

中国在经济保持平稳较快增长的同时，长期积累的结构性矛盾和粗放型经济增长方式尚未根本改变，存在经济结构不合理、分配关系尚未理顺、农民收入增长缓慢、就业矛盾突出、资源环境压力加大、经济整体竞争力不强等问题，需要进一步推动经济体制改革加以解决。

2003年10月，中共十六届三中全会提出坚持以人为本，树立全面、协调、可持续的科学发展观，并将其确定为深化经济体制改革、统领经济和社会发展的指导思想和原则。会议通过《中共中央关于完善社会主义市场经济体制若干问题的决定》，提出完善社会主义市场经济体制的目标是：按照统筹城乡发展、统筹区域发展、统筹经济社会发展、统筹人与自然和谐发展、统筹国内发展和对外开放的要求，更大程度地发挥市场在资源配置中的基础性作用，增强企业活力和竞争力，健全国家宏观调控，完善政府社会管理和公共服务职能，为全面建设小康社会提供强有力的体制保障。

"十五"计划确定的主要发展目标提前实现，为"十一五"时期的发展奠定了良好基础。5年间，国内生产总值增长57.3%，年均增长9.5%，城乡人民生活进一步改善。站在一个新的历史起点上，2006年3月，十届全国人大四次会议批准了《中华人民共和国国民经济和社会发展第十一个五年规划纲要》。根据中共中央的建议，《纲要》强调坚持以科学发展观统领经济社会发展全局，把科学发展观贯穿改革开放和现代化建设全过程，提出在优化结构、提高效益、降低消耗的基础上，实现2010年人均国内生产总值比2000年翻一番。这些新要求集中体现了科学发展观的本质要求和基本精神，反映了我国发展理念、经济体制、政府职能的重大变革。

为完善社会主义市场经济体制，中共中央、国务院相继作出一系列重大决策和部署，经济体制改革向重点领域和关键环节稳步推进。

坚持和完善公有制为主体、多种所有制经济共同发展的基本经济制度，是完善社会主义市场经济体制的基本前提和首要任务。中共十六大第一次明确而完整地提出"两个毫不动摇"的方针，即"毫不动摇地巩固和发展公有制经济，毫不动摇地鼓励、支持和引导非公有制经济发展"。从2003年起，中央、省、市三级相继成立国有资产监督管理委员会，从机构设置上实现政企分开、政资分开，保证国有资产保值增值的责任得到落实。随着国有企业股份制、公司制改革步伐加快，国有资产监管体制逐步建立和完善，涌现出一批能够把握市场机遇、应对国际市场挑战的新型国有企业，成为国民经济的支柱力量，国有经济活力、控制力和影响力明显增强。

2005年2月，国务院发布《关于鼓励支持和引导个体私营等非公有制经济发展的若干意见》，从放宽非公有制经济市场准入、加大对非公有制经济的财税金融支持等方面提出36项政策措施。有关部门又相继出台40多个配套文件，形成一整套鼓励非公有制经济发展的政策法规。2007年3月，十届全国人大五次会议通过《中华人民共和国物权法》，以保障一切市场主体的平等法律地位和发展权利，维护社会主义市场经济秩序。在一系列政策措施推动下，多种所有制经济都有了新的发展。随着政策环境的不断改善，非公企业得以迅速发展，创造的产值超过了国内生产总值的一半，上缴国家税收比重不断增加，在促进经济增长、扩大就业和活跃市场等方面发挥着越来越重要的作用。

成功应对国际金融危机冲击

在全面建设小康社会的进程中，我国遭遇了一场席卷全球的金融危机。2007 年开始的美国次贷危机，迅速由金融领域扩散到实体经济领域，由美国波及世界主要经济体，对国际金融秩序造成极大的冲击和破坏，到 2008 年形成全球性金融危机。这场危机恰好与中国转变经济发展方式、调整经济结构的关键时期不期而遇，受其影响，中国经济 2008 年第四季度增速急剧下滑，大批企业停产、半停产甚至倒闭，就业压力迅速增大，经济社会发展面临很大困难。

中国密切关注国际金融危机，特别是可能对我国经济发展带来的风险和冲击，并采取了一系列应对方针政策和措施。2008 年 7 月 25 日，中央政治局召开会议，明确将宏观调控的首要任务从年初的"防止经济增长由偏快转为过热、防止价格由结构性上涨演变为明显通货膨胀"，调整为"保持经济平稳较快发展、控制物价过快上涨"。从 9 月开始，国际金融危机冲击迅速加剧。中共中央、国务院从容应对，将宏观调控的着力点转到防止经济增速过快下滑上来。10 月，中共十七届三中全会强调要采取灵活审慎的宏观经济政策，着力扩大国内需求特别是消费需求，保持经济稳定、金融稳定、资本市场稳定。

2008 年 11 月 5 日，国务院常务会议研究部署进一步扩大内需、促进经济平稳较快增长的十项措施，决定在未来两年投资 4 万亿元以刺激经济。11 月 6 日，中央政治局常委会会议决定把促进经济平稳较快增长作为经济工作的首要任务，果断实施积极的财政政策和适度宽松的货币政策，大规模增加政府投资。为刺激内需、改善民生、促进经济的可持续发展，国家采取了行政、经济、法律等综合手段，以保证资金的使用安全和工程质量。12 月 8 日至 10 日，中央经济工作会议提出，必须把扩大内需作为保增长的根本途径，把加快发展方式转变和结构调整作为保增长的主攻方向，把深化重点领域和关键环节改革、提高对外开放水平作为保增长的强大动力，把改善民生作为保增长的出发点和落脚点。2009 年初，中央又出台一系列政策措施，形成了应对国际金融危机、促进经济平稳较快增长的一揽子计划。主要包括：大规模增加政府投资，实行结构性减税，大范围实施汽车、钢铁等 10 个重点产业调整振兴规划，大力推进科技进步和自主创新，大幅度提高社会保障水平，等等。

中国积极参与国际合作，共同应对国际金融危机。2008 年 11 月 15 日，胡锦涛在美国华盛顿举行的二十国集团领导人金融市场和世界经济峰会上发表《通力合作，共度时艰》的讲话，呼吁世界各国"增强信心、加强协调、密切合作"，继续采取一切必要措施，尽快恢复市场信心，遏制金融危机扩散和蔓延。中国与有关国家和地区签署 5800 亿元人民币的双边货币互换协议，参与亚洲区域外汇储备库建设，参与国际金融公司贸易融资计划，建立"与美洲开发银行合作联系机制"等。

从 2009 年第二季度起，中国经济止跌回升，2009 年末在全球率先实现回升向好，全年经济增长 9.2%，与世界经济下降 0.6% 形成鲜明对比。2010 年，中国国内生产总值超过日本，成为世界第二大经济体。中国成为世界经济增长的主要稳定器和动力源。由于金融危机事发突然，同时我国经济发展中仍存在不少突出的矛盾和问题，其间采取的一些经济刺激政策需要一个消化的过程。因此，从根本上解决经济平稳健康发展问题，必须继续推进和深化改革。

推动经济又好又快发展

改革开放以来，中国经济在保持较高增长速度的同时，能源、资源、环境、技术的瓶颈制约日益突出，实现可持续发展压力增大。2003 年，中国成为世界第一煤炭消费国和第二石油、电力消费国，消耗了占世界当年消耗总量近 50% 的水泥、35% 的铁矿石、20% 的氧化铝和铜。

为克服传统工业化道路大量消耗资源、能源的弊端，中共十六大作出了走新型工业化道路的重大决策，决心走出一条科技含量高、经济效益好、资源消耗低、环境污染少、人力资源优势得到充分发挥的新型工业化道路。2006 年 10 月 11 日，胡锦涛在中共十六届六中全会上提出"扎实促进经济又好又快发展"的新要求。按照这个新要求，既要保持经济平稳较快增长，又要提高质量和效益，体现了科学发展的内在要求。

转变经济发展方式，是从当时我国经济发展实际出发提出的重大战略。2007 年，中共十七大提出加快转变经济发展方式的战略任务。2011 年 3 月，十一届全国人大四次会议批准了《中华人民共和国国民经济和社会发展第十二个五年规划纲要》。根据中共中央的建议，从经济发展、结构调整、人民生活、社会建设、改革开放等方面，提出了"十二五"时期经济社会发展的主要目标、方向和重点。

随着科技事业不断发展，科学技术在经济社会发展中的作用越来越大，同时许多重要领域的核心技术和关键产品仍大量依靠进口，自主创新能力亟待提高。掌握自主创新的主动权，关键在人才。2003 年 12 月，中共中央、国务院作出《关于进一步加强人才工作的决定》，把人才工作纳入国民经济和社会发展的总体规划，并对实施人才强国战略、建设高素质人才队伍作出部署。

2005 年 10 月，中共十六届五中全会提出"把建设创新型国家作为面向未来的重大战略"，要求加快科技改革和发展，加大对自主创新的投入。2006 年 1 月，中共中央、国务院发布《关于实施科技规划纲要，增强自主创新能力的决定》，提出必须深化科技体制改革和经济体制改革，形成技术创新、知识创新、国防科技创新、区域创新、科技中介服务等相互促进、充满活力的国家创新体系。2 月，国务院发布《国家中长期科学和技术发展规划纲要（2006—2020 年）》，提出到 2020 年进入创新型国家行列的发展目标。

2010 年 10 月 10 日，国务院发布《关于加快培育和发展战略性新兴产业的决定》，重点发展节能环保、新一代信息技术、生物、高端装备制造、新能源、新材料和新能源汽车七大战略性新兴产业。2012 年 9 月，中共中央、国务院印发《关于深化科技体制改革加快国家创新体系建设的意见》，促进科技与经济的紧密结合，建立企业主导产业技术研发创新的体制机制。

在创新战略推动下，我国科技投入持续增加，重要学科前沿和战略必争领域取得一批重大自主创新成果，载人航天、探月工程、北斗导航、超级计算机等实现重大突破。千万亿次超级计算机"天河一号"研制成功，载人潜水器"蛟龙"号创造了 7062 米的下潜纪录，超级杂交稻试验田亩产突破 900 公斤，"嫦娥一号""嫦娥二号"探月卫星成功发射，神舟系列飞船实现了发射、空间出舱活动以及空间科学试验等重大突破。2008 年 8 月 1 日，中国第一条高速铁路京津城际铁路开通运营。此后短短 4 年间，21 条高铁相继开通运营，总里程达 6894 公里，位居世界第一，成为展示科技

★ 2003 年 10 月 15 日，"神舟五号"载人飞船发射成功，将中国首飞航天员杨利伟送上太空。"神舟五号"在飞行 21 小时后安全返回

创新和改革发展新成果的"国家名片"。到 2011 年，我国已成为世界第一电子信息产品制造大国，计算机、移动电话、电视机等电子产品产量居世界第一位，建成了全球最大的宽带通信网络，互联网网民数量居世界第一位。

建设资源节约型、环境友好型社会

改革开放以来，由于粗放型经济增长方式没有从根本上改变，以牺牲生态环境为代价换取眼前和局部利益的现象在一些地区依然严重，生态系统整体功能下降。加大生态环境保护力度，已成为刻不容缓的战略任务。

2002 年 11 月，中共十六大在全面建设小康社会的目标中指出，可持续发展能力不断增强，生态环境得到改善，资源利用效率显著提高，促进人与自然的和谐，推动整个社会走上生产发展、生活富裕、生态良好的文明发展道路。"十一五"规划提出，要把节约资源作为基本国策，发展循环经济，保护生态环境，加快建设资源节约型、环境友好型社会，促进经济发展与人口、资源、环境相协调。2005 年 12 月，国务院出台《关于落实科学发展观加强环境保护的决定》，要求实现全面建设小康社会的奋斗目标，必须把环境保护摆在更加重要的战略位置。

2006 年召开的第六次全国环境保护大会，明确提出做好新形势下的环保工作，关键在于加快实现"三个转变"：从重经济增长轻环境保护转变为保护环境与经济增长并重，从环境保护滞后于经济发展转变为环境保护和经济发展同步推进，从主要用行政办法保护环境转变为综合运用法律、经济、技术和必要的行政办法解决环境问题。2007 年，中共十七大明确将"建设生态文明"作为全面建设小康社会的新要求提出来，把建设资源节约型、环境友好型社会写入党章。2011 年召开的第七次全国环境保护大会，提出要积极探索代价小、效益好、排放低、可持续的环境保护新道路。

国家不断加强环保立法，加强环保规划。全国人大相继制定通过了《中华人民共和国环境影响评价法》《中华人民共和国放射性污染防治法》《中华人民共和国可再生能源法》《中华人民共和国循环经济促进法》，修订了《中华人民共和国固体废物污染环境防治法》《中华人民共和国水污染防治法》等法律。国务院出台了《排污费征收使用管理条例》《全国污染源普查条例》等多项行政法规。经过不懈努力，中国初步形成了适应经济社会发展需要的环境法律和标准体系。

中国的环保管理机构逐步建立健全，环保投入力度不断加大。国家环境保护总局 2008 年升格为环境保护部。与此相对应，地方政府陆续成立环境保护行政主管部门，并充实人员编制，加强机构队伍建设。各级财政对环保的投入逐年增加。"十一五"时期，中央财政环保投资是"十五"时期的近 3 倍，带动全社会环保投入达 2.16 万亿元，有力推动了环保基础设施和能力建设。

加大环境保护执法力度。2005 年底，因一些项目严重违反环保法律法规，国家环境保护总局叫停总投资超 1179 亿元的 30 个在建项目。"十一五"期间，环保部门在国家层面对不符合要求的 822 个项目环评文件作出不予受理、不予审批或暂缓审批等决定，涉及投资近 3.2 万亿元。2007 年，国务院印发《节能减排综合性工作方案》，有关部门在全国范围内组织开展"节能减排全民行动"。"十一五"期间，全国二氧化硫和化学需氧量排放总量累计分别下降 14.29％和 12.45％，均超额完成 10％的减排任务。

大力加强生态工程建设。2008 年 12 月，环境保护部出台《关于推进生态文明建设的指导意见》，明确了推进生态文明建设的指导思想、基本原则和基本要求。2011 年 10 月，《国务院关于加强环境保护重点工作的意见》对加强环境保护重点工作、提高生态文明建设水平作出具体部署。国家以六大林业工程为重点，大力推进生态建设，全国森林覆盖率从 2004 年的 18.2％上升到 2012 年的 20.36％。在一些重大工程建设中，从设计到施工都注意对生态环境的保护。在青藏铁路建设中，为藏羚羊等野生动物迁徙预留了 33 处通道。

★ 2006 年 7 月 1 日，青藏铁路全线开通试运行。为保障藏羚羊等珍稀野生动物的正常生活、自由迁徙和繁衍，青藏铁路沿线设置了 33 处野生动物通道

众多的"治沙人""植绿人""护林人"，播撒绿色希望，构筑生态屏障。在曾经是"黄沙遮天日，飞鸟无栖树"的荒僻之地，三代塞罕坝人经过接力奋斗，在平均海拔1500米、生态环境极其恶劣的荒原中，创造了荒原变林海的人间奇迹，铸就了牢记使命、艰苦创业、绿色发展的塞罕坝精神。国家加快发展绿色低碳能源，加大对发展清洁能源和可再生能源的支持力度。到2010年，我国核电在建规模、水电装机容量、风电装机容量、可再生能源装机容量、农村沼气用户量均居世界第一位。

二、发展社会主义民主政治和繁荣社会主义文化

随着改革开放的进一步深化和经济社会发展，党和国家把民主法治建设和政治体制改革摆在改革发展全局的重要位置加以推进，全面落实依法治国方略。在加快推进社会主义现代化的进程中，将公共文化服务置于优先地位，进一步深化文化体制改革，作出建设社会主义文化强国的重大战略决策。

走中国特色社会主义政治发展道路

中共十六大把发展社会主义民主政治、建设社会主义政治文明，作为全面建设小康社会的重要目标，强调发展社会主义民主政治，最根本的是要把坚持党的领导、人民当家作

主和依法治国有机统一起来。在此基础上，中共十七大提出人民民主是社会主义的生命，发展社会主义民主政治是我们党始终不渝的奋斗目标。中共中央、国务院在积极推动经济发展的同时，努力推进中国社会主义民主政治建设不断向前发展。

坚持和完善人民代表大会制度，是保障人民当家作主、实施依法治国基本方略的必然要求。自 2002 年起，全国人大常委会逐步实行听证会制度。2004 年，十届全国人大常委会第十二次会议通过对《中华人民共和国全国人民代表大会和地方各级人民代表大会选举法》的修改，在基层人大代表选举中引入预选制度，让代表候选人与选民见面，确保人大代表选举公正。2005 年 5 月，中共中央转发《中共全国人大常委会党组关于进一步发挥全国人大代表作用，加强全国人大常委会制度建设的若干意见》，支持、规范和保证全国人大代表依法履行职责和行使权力，使全国人大及其常委会更好地发挥最高国家权力机关、工作机关和代表机关的作用。2006 年 8 月，十届全国人大常委会第二十三次会议通过《中华人民共和国各级人民代表大会常务委员会监督法》，保障全国人大及其常委会、地方各级人大及其常委会依法行使监督权。2010 年 3 月，十一届全国人大三次会议通过新修改的《中华人民共和国全国人民代表大会和地方各级人民代表大会选举法》规定，全国实行城乡按相同人口比例选举人大代表，更好地体现了人人平等、地区平等、民族平等原则。2011年上半年到 2012 年底，全国完成修改选举法后的首次县乡两级人大换届选举，实现了新中国历史上城乡同票同权。

在坚持和完善中国共产党领导的多党合作和政治协商制

度方面，2005 年 2 月，中共中央印发《关于进一步加强中国共产党领导的多党合作和政治协商制度建设的意见》，为各民主党派和无党派人士参政议政和发挥监督作用创造了更为广阔的空间。

2006 年 2 月，中共中央印发《关于加强人民政协工作的意见》，进一步推进人民政协政治协商、民主监督、参政议政的制度化、规范化和程序化建设。中共中央在作出重大决策之前，邀请各民主党派中央领导人和无党派人士参加民主协商会、座谈会，把政治协商纳入决策程序。中共十七大以后，专题协商、对口协商、界别协商、提案办理协商等协商平台得以创立和广泛运用，协商民主在实践中有了进一步发展。人民政协作为中国共产党领导的多党合作和政治协商重要机构的作用日益突出。

为巩固和完善民族区域自治制度，2005 年 5 月，国务院颁布《实施〈中华人民共和国民族区域自治法〉若干规定》。随后，以制定自治条例和单行条例为主要内容的地方民族立法取得了新的进展，逐步建立健全与之配套的法规体系和监督机制。截至 2012 年 10 月，民族自治地方共制定自治条例、单行条例和变通或补充规定近 700 个，具有中国特色的民族法律法规体系初步建立，依法办事逐渐成为处理民族问题、开展民族工作的重要手段。

确立基层群众自治制度为国家基本政治制度。2007 年，中共十七大首次将基层群众自治制度纳入中国特色社会主义民主政治制度的基本范畴，作为发展社会主义民主政治的基础性工程重点推进。2010 年 10 月，十一届全国人大常委会第十七次会议修订通过《中华人民共和国村民委员会组织法》，进一步完善了村民自治制度。至 2012 年底，农村普遍开展了八轮以上的村委会换届选举，全国 98% 以上的村委会实行了直接选举，村民平均参选率达到 95%；城市开展了六轮以上的居委会换届选举。以农村村民委员会、城镇居民委员会和企事业单位职工代表大会为主要内容的基层民主自治体系日益完善，亿万群众依法管理自己的事情，享有更多更切实的民主权利。

推进依法治国基本方略

2002 年，中共十六大对新时期的法治建设和立法工作，提出了新的任务和更高的要求，把"社会主义法制更加完备，依法治国基本方略得到全面落实"作为全面建设小康社会的目标，要求"到二〇一〇年形成中国特色社会主义法律体系"。中国法治建设继续向前推进。

加强和改进立法工作，社会主义法律体系基本形成。2003 年 3 月，十届全国人大常委会第一次会议工作报告指出，构成中国特色社会主义法律体系的各个法律部门已经齐全，以宪法为核心的中国特色社会主义法律体系已经初步形成。2004 年 3 月，国务院印发《全面推进依法行政实施纲要》，确立了建设法治政府的目标。到 2010 年底，中国特色社会主义法律体系如期形成，建立了以宪法为统帅，以宪法相关法、民法、商法等多个法律部门的法律为主干，由法律、行政法规、地方性法规等多个层次的法律规范构成的中国特色社会主义法律体系，国家和社会生活各方面总体上实现了有法可依。截至 2011 年 8 月底，中国已制定宪法和现行有效法律 240 部、行政法规 706 部、地方性法规 8600 多部，涵盖社会关系各个方面的法律部门已经齐全，各法律部门中基本的、主要的法律已经制定，相应的行政法规和地方性法规比较完备。作为依法治国的重要组成部分，建设法治政府、依法行政也取得了明显进展。《全面推进依法行政实施纲要》明确提出"经过十年左右坚持不懈的努力，基本实现建设法治政府的目标"。为了贯彻落实纲要，国务院又先后重点抓了行政审批制度改革、行政执法责任制、行政复议、市县基层政府依法行政等工作。行政处罚法、行政许可法等一系列重要法律颁布后，一批规范行政行为的法律法规相继出台，行政听证、告知和申辩、信息公开等行政程序相继确立，标志着中国在依法行政、建立法治政府方面取得了初步成果。

适应依法治国方略的需要，国家稳步推进司法建设与司法改革，树立社会主义法治理念。中共十六大作出"推进司法体制改革"的决策，明确了司法体制改革的任务和要求。从 2004 年起，大规模司法改革启动。12 月，中共中央转发《中央司法体制改革领导小组关于司法体制和工作机制改革的初步意见》，提出了 10 个方面 35 项改革措施。2007 年，中共十七大报告进一步作出"深化司法体制改革"的决策，要求优化司法职权配置，规范司法行为，建设公正高效权威的社会主义司法制度。从 2008 年开始启动第二轮司法改革，以优化司法职权配置、完善宽严相济刑事政策、加强政法队伍建设、改革司法保障体制为重点，司法体制改革进入重点深化、系统推进的阶段。

实施依法治国基本方略、建设社会主义法治国家，既要积极加强法制建设，又要牢固树立社会主义法治理念。2005年底，在总结我国法治建设实践经验、借鉴世界法治文明优秀成果的基础上，中共中央提出了树立社会主义法治理念的重大决策。坚持社会主义法治理念，就是坚持以依法治国为核心内容，以执法为民为本质要求，以公平正义为价值追求，以服务大局为重要使命，以党的领导为根本保证。2007年底，中共中央进一步提出坚持党的事业至上、人民利益至上、宪法法律至上是社会主义法治的必然要求。

建设社会主义核心价值体系

随着改革开放和社会主义市场经济的进一步发展，人们思想活动的独立性、选择性、多变性和差异性不断增强，迫切需要建设社会主义核心价值体系，增强社会主义意识形态的吸引力和凝聚力，夯实全党全国各族人民团结奋斗的思想道德基础。

社会主义核心价值体系是建设和谐文化的根本。2006年10月召开的中共十六届六中全会围绕构建和谐社会的主题，提出和阐发了建设社会主义核心价值体系的任务，指出"马克思主义指导思想，中国特色社会主义共同理想，以爱国主义为核心的民族精神和以改革创新为核心的时代精神，社会主义荣辱观，构成社会主义核心价值体系的基本内容"，要求把社会主义核心价值体系融入国民教育和精神文明建设全过程、贯穿现代化建设各方面。

2011年10月，中共十七届六中全会通过的《中共中央关于深化文化体制改革、推动社会主义文化大发展大繁荣若干重大问题的决定》，设专节部署"推进社会主义核心价值体系建设"，提出在全党全社会形成统一指导思想、共同理想信念、强大精神力量、基本道德规范，把建设社会主义核心价值体系作为文化改革发展的根本任务。

为推进社会主义核心价值体系建设，在全社会实施中国特色社会主义理论体系普及计划，广泛开展理想信念教育、国情教育和形势政策教育，加强大学生思想政治教育和未成年人思想道德建设，引导干部群众特别是青少年增强对中国共产党的领导、社会主义制度、改革开放事业的信念和信心。

建设社会主义核心价值体系离不开以马克思主义为指导的哲学社会科学的繁荣发展。2004年1月，中共中央印发《关于进一步繁荣发展哲学社会科学的意见》，提出实施马克思主义理论研究和建设工程。之后不久，中共中央办公厅转发《中央宣传思想工作领导小组关于实施马克思主义理论研究和建设工程的意见》。这一工程在全国范围内实施，持续推出马克思主义经典著作、党的创新理论研究成果和重点教材，对推进社会主义核心价值体系建设具有重要作用。

在全社会的共同努力下，公民思想道德建设工程也持续推进，全国上下开展了城市精神大讨论、道德模范评选等形式多样的活动，推动形成知荣辱、讲正气、树新风、促和谐的文明风尚。2007年第一届全国道德模范评选，选出助人为乐、见义勇为、诚实守信、敬业奉献、孝老爱亲等方面53位模范人物。全国道德模范后来每两年评选一次。各行各业涌现出一批立足本职工作、默默奉献的杰出代表。人民教师张桂梅为了改变贫困地区女孩失学辍学状况，在2008

★ 2008 年 3 月 11 日，张桂梅与华坪县民族小学学生在新教学楼前。2006年，张桂梅把自己获得的 30 万元首届云南省"兴滇人才奖"奖金捐给了教学条件艰苦的该校修建教学楼

年推动创建了一所免费招收贫困女生的高中。她坚韧纯粹、甘当人梯，用知识改变贫困山区女孩命运，用爱心和智慧点亮万千乡村女孩的人生梦想。大批科研工作者将为祖国富强、民族振兴、人民幸福贡献力量作为人生追求。2009 年，地球物理学家黄大年怀着一腔爱国热情返回祖国，心有大我，至诚报国，为深地资源探测和国防安全建设作出了突出贡献。截至 2011 年底，中央电视台推出的《感动中国》年度人物评选已整整 10 年。2011 年参与此项评选投票近 7000万人次，各网站总票数达 3.2 亿张。社会主义核心价值体系的提出和贯彻，极大地凝聚了全国各族人民的思想和精神，推动了良好社会风尚的进一步形成。

推动社会主义文化大发展大繁荣

在加快推进社会主义现代化的进程中，文化发展繁荣越来越成为民族凝聚力和创造力的重要源泉、综合国力竞争的重要因素和人民群众的热切愿望。中国共产党顺应形势发展变化和人民群众精神文化需求，进一步深化文化体制改革，将公共文化服务置于优先地位，作出了建设社会主义文化强国的重大战略决策。

2002年11月，中共十六大明确提出积极发展文化事业和文化产业，要求抓紧制定文化体制改革的总体方案。借鉴经济体制改革的经验，文化体制改革按照试点先行、慎重推广的思路，先从地方突破，由点到面、由易到难、由浅入深，着力解决束缚文化科学发展的思想观念和体制机制问题。2003年6月，全国文化体制改革试点工作正式启动。在总结经验的基础上，2005年12月，中共中央、国务院发布了《关于深化文化体制改革的若干意见》，突出强调了发展与改革、社会效益与经济效益、文化事业与文化产业的协调关系，明确了区别对待、分类指导，循序渐进、逐步推开的原则要求，以加快文化领域结构调整。

为更好地保障和满足人民群众的基本文化需求，2006年9月，中共中央办公厅、国务院办公厅印发了《国家"十一五"时期文化发展规划纲要》，将公共文化服务置于优先地位。这是中华人民共和国成立以来由中央制定的第一个专门部署文化建设的规划纲要。2007年8月，中共中央办公厅、国务院办公厅印发《关于加强公共文化服务体系建设的若干意见》，部署实施文化惠民工程，优先安排关系人民群众切身利益的重大公共文化服务项目。2009 年 7 月，国务院常务会议通过《文化产业振兴规划》，将文化产业上升为国家的战略性产业。

到中共十八大前夕，文化体制改革阶段性任务基本完成，文化行政管理部门职能转变逐步到位，国有经营性文化事业单位转企改制取得决定性进展，做大做强了一批骨干文化企业，推动文化与科技、商贸、旅游、金融等深度融合。社会主义文化事业快速发展，到 2011 年，公共博物馆、纪念馆、美术馆、图书馆、文化馆（站）都免费开放。2005 年至 2012 年，文化产业法人单位增加值年均增长超过 23%，高于同期国内生产总值年均增速。到 2012 年，全国文化产业总产值突破 4 万亿元，年出版图书品种、总量稳居世界第一位，中国成为世界第三大电影生产国、第一大电视剧生产国。同时，文化产品的创作生产得到加强，文化创意、数字出版、移动多媒体、动漫游戏等新兴文化产业也快速发展起来。

为增强中华文化在世界上的感召力和影响力，中共中央、国务院决定实施中华文化"走出去"工程。2006 年 9 月，《国家"十一五"时期文化发展规划纲要》部署实施"走出去"重大工程项目。11 月，胡锦涛在中国文学艺术界联合会第八次全国代表大会、中国作家协会第七次全国代表大会上指出，当今时代，文化在综合国力竞争中的地位日益重要。谁占据了文化发展制高点，谁就能够更好地在激烈的国际竞争中掌握主动权。同月，国务院办公厅转发《关于鼓励和支持文化产品和服务出口的若干政策》，确定了中国文化"走出去"政策的基本思路和框架。

2011 年 3 月，十一届全国人大四次会议批准《中华人民共和国国民经济和社会发展第十二个五年规划纲要》，要求增强文化国际竞争力和影响力，提升国家软实力。4月，文化部颁布《关于促进文化产品和服务"走出去"2011—2015年总体规划》。

2011年10月，中共十七届六中全会通过《中共中央关于深化文化体制改革、推动社会主义文化大发展大繁荣若干重大问题的决定》，深刻分析文化建设面临的形势和任务，阐述中国特色社会主义文化发展道路，确立了建设社会主义文化强国的战略目标，提出了推进文化改革发展的指导思想、重要方针、目标任务、政策举措。2012年2月，《国家"十二五"时期文化改革发展规划纲要》出台，提出构建公共文化服务体系的4个方面内容以及7项公共文化服务建设工程，将公共文化服务体系建设提升到文化建设的战略位置来抓。

2012年中国文化产品出口达217.3亿美元，同比增长16.3%。2004年至2012年底，中国在世界108个国家建立了400所孔子学院和500多个孔子课堂，多个国家将汉语教学纳入国民教育体系。继2003年中法推出互办文化年后，到2012年，中国同145个国家签订了政府间文化合作协定和近800个年度文化交流执行计划，与上千个文化组织保持着密切的合作关系。

三、推动以民生为重点的社会建设

为着力解决经济社会发展"一条腿长、一条腿短"的问题，在发展经济的同时，中国加快以改善民生为重点的社会建设步伐，推动社会主义和谐社会建设。党和政府坚持民生优先，把保障和改善民生作为一切工作的出发点和落脚点，逐步健全公共服务体系，加强和创新社会管理，保障全体人民切实共享改革发展成果。

加大解决"三农"问题力度

进入 21 世纪，农村改革进一步深化，农业综合生产能力有新的提高，农民生活继续改善，农村经济稳定增长，有力地支撑了国民经济的发展和全社会的稳定。但也要看到，农业和农村经济发展仍处于爬坡阶段，农产品供过于求、价格低迷的情况没有大的改善，农民就业门路不多，增收困难，"三农"问题仍然十分突出和严峻。

2002 年，中共十六大提出全面繁荣农村经济、加快城镇化进程，并指出"统筹城乡经济社会发展，建设现代农业，发展农村经济，增加农民收入，是全面建设小康社会的重大任务"。2003 年，《中共中央、国务院关于做好农业和农村工作的意见》指出，把解决好农业、农村和农民问题作为全党工作的重中之重，放在更加突出的位置。2004 年 9 月，胡锦涛在中共十六届四中全会上提出"两个趋向"：在工业化初始阶段，农业支持工业、为工业提供积累是带有普遍性的趋向；但在工业化达到相当程度以后，工业反哺农业、城市支持农村，实现工业与农业、城市与农村协调发展，也是带有普遍性的趋向。经过几十年的发展，中国总体上已到了以工促农、以城带乡的发展阶段。

　　2005 年 12 月，十届全国人大常委会第十九次会议决定，自 2006 年 1 月 1 日起，废止 1958 年 6 月 3 日通过的《中华人民共和国农业税条例》，取消农业税，终结了中国历史上农民持续上缴两千多年的"皇粮国税"。据统计，与免税前的 1999 年同口径相比，全国农村税费改革每年减轻农民负担 1250 多亿元。与此同时，中央密集出台了一系列强农惠农富农政策。国家增加农业和农村基础设施建设投入，对种粮农民和购买良种、农机具者实行直接补贴。农民种田，不仅不交公粮，还能得到多项补贴，这在中国历史上是从未有过的大事。

　　2005 年 12 月、2006 年 12 月，中共中央、国务院先后出台《关于推进社会主义新农村建设的若干意见》《关于积极发展现代农业扎实推进社会主义新农村建设的若干意见》，

★ 自 2006 年 1 月起，中国全面取消农业税。宁夏回族自治区粮农马海福说："我家每亩地年净收益达到 1000 多元，真是赶上了好政策。"

提出按照生产发展、生活宽裕、乡风文明、村容整洁、管理民主的总要求，加强"三农"工作，积极发展现代农业，扎实推进社会主义新农村建设。

2007 年，中共十七大报告提出建立以工促农、以城带乡长效机制，形成城乡经济社会发展一体化新格局。2008年 1 月 1 日起施行的《中华人民共和国城乡规划法》统筹城乡规划建设，通过优化城乡结构和布局，引导城镇化健康有序发展。10 月召开的中共十七届三中全会通过《中共中央关于推进农村改革发展若干重大问题的决定》，要求大力推进改革创新，充分保障农民土地承包经营权，加强农村制度建设，积极发展现代农业，提高农业综合生产能力，加快发展农村公共事业，促进农村社会全面进步。

2011 年 11 月，中央扶贫开发工作会议召开。中共中央、国务院印发《中国农村扶贫开发纲要（2011—2020 年）》指出，到 2020 年稳定实现扶贫对象不愁吃、不愁穿，保障其义务教育、基本医疗和住房。根据当时的国家扶贫标准，1.22 亿农村低收入人口被纳入扶贫开发范围。

为推进现代农业和社会主义新农村建设，从 2004 年起，中央每年都印发有关"三农"问题的"一号文件"，就促进农民增加收入、提高农业综合生产能力、深化农村改革、统筹城乡发展等作出部署，提出了一系列支农惠农政策，加快社会主义新农村建设的步伐。到 2011 年，农民人均纯收入实现连续 8 年较快增长，其中 2010 年、2011年连续两年增速超过城镇居民。农村社会保障体系趋于完善，2011 年底，农村最低生活保障制度覆盖 5313.5 万人和 2662.6 万农户，比 2007 年该制度建立之初分别增长53.9%和69.3%，新型农村社会养老保险试点覆盖全国60%的县市。

加强民生建设和完善社会保障体系

为了更好地解决经济社会发展中的突出矛盾，中共中央、国务院从中国特色社会主义总体布局的高度出发，在经济发展基础上逐步提高人民物质文化生活水平，大力加强社会建设，切实保障和改善民生。

百年大计，教育为本。教育是提高国民素质、促进人的全面发展的根本途径，寄托着亿万家庭对美好生活的期盼。2006年6月，新修订的《中华人民共和国义务教育法》明确规定，"实施义务教育，不收学费、杂费"，将义务教育所需经费全面纳入财政保障范围，为全国义务教育长期持续发展提供了制度保证。2008年9月，城乡义务教育实现全部免费，惠及1.6亿学生，减轻了亿万家庭的经济负担，确保所有义务教育适龄儿童都能"不花钱、有学上"。2010年7月，《国家中长期教育改革和发展规划纲要(2010—2020年)》发布，提出"优先发展、育人为本、改革创新、促进公平、提高质量"的方针，绘制了未来10年基本实现教育现代化的宏伟蓝图。这一时期，公民受教育程度大幅度提升，平均受教育年限达到9年以上，职业教育快速发展，高等教育大众化程度进一步提高。2012年，高等教育毛入学率达到30%，为莘莘学子提供了更多接受高等教育的机会。

就业是民生之本、收入之源。21世纪初，就业形势依然严峻，尤其是下岗职工再就业问题成为带有全局性影响的重大社会问题。2002 年 9 月《中共中央、国务院关于进一步做好下岗失业人员再就业工作的通知》和 2005 年 11 月《国务院关于进一步加强就业再就业工作的通知》，都要求努力开辟就业门路，积极创造就业岗位。从 2008 年开始，受国际金融危机和国内重大自然灾害的双重冲击，我国就业形势愈发紧张。对此，中国政府实施更加积极的就业政策。2008 年 1 月，《中华人民共和国就业促进法》正式施行，多渠道扩大就业。积极的就业政策收到明显成效，在世界多数国家失业率居高不下的背景下，中国保持了就业形势总体稳定，逐步建立起覆盖城乡的公共就业体系。劳动者自主择业、市场调节就业和政府促进就业的市场就业格局初步形成。2011 年末，我国城乡就业人数达到 7.6 亿人，保持了就业形势总体稳定。

加快推进完善收入分配制度改革，是提高人民生活水平的重要保障。中共十六大确立劳动、资本、技术和管理等生产要素按贡献参与分配的原则，还提出"初次分配注重效率"，"再分配注重公平"。2005 年至 2011 年，个人所得税起征点由每月 800 元逐步提高到 3500 元，使广大中低收入人群更多获益。国家采取一系列重要措施，重点改善低收入群体和困难群众生活，连续几年提高基本养老金，特别是持续提高企业退休人员基本养老金，适当提高优抚对象等人员抚恤和生活补助标准，提高城市低保对象的补助水平，并逐步提高扶贫标准和最低工资标准，建立企业职工工资正常增长机制和支付保障机制。同时，创造条件让更多群众拥有财产性收入，并在保护合法收入的同时，调节过高收入，取缔非法收入，采取切实措施扩大转移支付，强化税收调节，打破经营垄断，创造机会公平，整顿分配秩序，努力扭转收入分配差距扩大的趋势。

医疗卫生服务体系建设步伐明显加快，医疗卫生体制改革进入实质性启动阶段。2009 年 3 月，中共中央、国务院印发《关于深化医药卫生体制改革的意见》，提出实行政事分开、管办分开、医药分开、营利性和非营利性分开，建立健全覆盖城乡居民的基本医疗卫生制度，促进公共医疗卫生事业落实公益性质。4 月，国家启动新一轮医改，把基本医疗卫生制度作为公共产品向全民提供，并向城乡居民统一提供疾病预防控制、妇幼保健、健康教育等基本公共卫生服务。城乡基本医疗卫生制度初步建立，卫生应急预案体系得到进一步健全。中国成功应对了突如其来的非典、高致病性禽流感、甲型 H1N1 流感等重大疫情，严重威胁居民健康的重点传染病、地方病得到有效控制。

建立和完善社会保障体系是全面建设小康社会的重要目标，中共十六大以后，与经济发展水平相适应的、覆盖城乡居民的社会保障体系加快建立。2003 年国务院办公厅转发《关于建立新型农村合作医疗制度的意见》，2007 年国务院出台《关于开展城镇居民基本医疗保险试点的指导意见》，到 2008 年底有 8.15 亿农民参加的新型农村合作医疗覆盖全国，到 2012 年各项医疗保险参保超过 13 亿人，全民医保基本实现。2009 年、2011 年，国务院先后印发《关于开展新型农村社会养老保险试点的指导意见》和《关于开展城镇居民社会养老保险试点的指导意见》，到 2012 年基本实现城镇居民社会养老保险制度全覆盖。进一步扩大社会保障体系的覆盖范围，在城镇建立起居民最低生活保障制度，部分有条件地区的农民开始享受最低生活保障。积极推进以住房公积金制度、保障房制度、廉租住房制度为主要内容的城镇住房保障制度建设，建立起多层次的住房保障体系。政府通过多种渠道筹集资金，为老人、孤儿和残疾人等特殊群体提供社会福利服务。此外，中国政府还建立了针对突发性自然灾害的应急体系和灾民救助制度，基本形成了新型社会救助体系。经过多年努力，初步形成了以社会保险为主体，包括社会救助、社会福利、优抚安置、住房保障和社会慈善事业在内的社会保障制度框架，世界上覆盖人口最多的社会保障网基本建成。

加强和创新社会管理

随着改革发展进入关键时期，社会矛盾也进入多发期，社会管理面临新的形势和任务。2002 年，中共十六大提出深化行政管理体制改革，把社会管理和公共服务纳入政府职能范围。在不断探索实践的基础上，2004 年中共十六届四中全会对建设服务型政府进一步提出目标要求，更加注重履行社会管理和公共服务职能，提出建立健全党委领导、政府负责、社会协同、公众参与的社会管理格局。中共十七大进一步提出加快行政管理体制改革，建设服务型政府，健全部门协调配合机制。中共十七届二中全会通过的《关于深化行政管理体制改革的意见》要求到 2020 年建立起比较完善的中国特色社会主义行政管理体制。2011 年 6 月，中共中央办公厅、国务院办公厅印发《关于深化政务公开加强政务服务的意见》，提出加大推进政务公开力度，把公开透明的要求贯穿于政务服务各个环节。围绕转变政府职能和理顺部门职责关系，各地方、各部门不断创新行政许可方式和行政许可实施机制，简化办事程序，方便人民群众。

2010 年 10 月，中央政法委员会、中央社会治安综合治理委员会确定了 35 个市（地）、县（市、区）作为全国社会管理创新综合试点，并制定了《全国社会管理创新综合试点指导意见》，细化了社会管理创新的主要内容。2011 年 7 月，中共中央、国务院印发《关于加强和创新社会管理的意见》，进一步明确了加强和创新社会管理的指导思想、基本原则、目标任务和主要措施。

各地积极探索完善社会管理和公共服务的新路子、新举措，创新社会管理体系、体制和运行机制。

进一步加强和完善社会管理格局，要切实加强党的领导，强化政府社会管理职能，强化各类企事业单位社会管理和服务职责，引导各类社会组织加强自身建设、增强服务社会能力，支持人民团体参与社会管理和公共服务，发挥群众参与社会管理的基础作用。

完善党和政府主导的维护群众权益机制，逐步建立科学有效的利益协调机制、诉求表达机制、矛盾调处机制、权益保障机制。统筹协调各方面利益关系，修订《信访条例》，积极完善信访制度，加强社会矛盾源头治理，妥善处理人民内部矛盾，把矛盾化解在基层、化解在萌芽状态。全国各地加强人民调解、行政调解、司法调解相衔接的社会矛盾纠纷"大调解"工作体系建设，探索完善第三方调解机制，成立医患纠纷、征地拆迁纠纷、交通事故责任纠纷等行业性、专业性调解组织和工作平台。

进一步加强和完善公共安全体系，健全食品药品安全监管机制，建立健全安全生产监管体制，完善社会治安防控体系，完善应急管理机制。2003 年非典以后，中国应急管理的法律法规体系不断完善，为处理突发公共危机事件提供了制度保障。

2006 年，国务院发布《国家突发公共事件总体应急预案》，随后，又发布了事故灾难类突发公共事件专项应急预案。2007 年 11 月 1 日开始实施《中华人民共和国突发事件应对法》，建立统一领导、综合协调、分类管理、分级负责、属地管理为主的应急管理体制，规范突发事件应对活动。以成功应对 2008 年南方低温雨雪冰冻灾害和汶川地震为契机，加强了应急体系建设，以"一案三制"（应急预案和应急体制、应急机制、应急法制）和"一网五库"（应急工作联络网和法规库、救援队伍库、专家库、典型案例库、救援物资库）为主要框架的全国应急管理体系基本建立。2008 年，三鹿牌婴幼儿奶粉添加三聚氰胺，造成重大安全事故，为食品监管工作敲响了警钟。2009 年，《中华人民共和国食品安全法》颁布施行，从制度上加强食品安全监督管理，保证食品安全，保障公众身体健康和生命安全。

为继续强化安全生产管理和监督，国务院于 2004 年和 2011 年先后下发《关于进一步加强安全生产工作的决定》《关于坚持科学发展安全发展促进安全生产形势持续稳定好转的意见》，推进安全生产治理行动和安全生产法制体制机制建设。进一步加强社会治安综合治理，坚持打防结合、预防为主、专群结合、依靠群众的方针，完善社会治安防控体系，制定治安管理处罚法，广泛深入开展平安建设活动，依法打击违法犯罪活动，着力整治突出治安问题和治安混乱地区。

国家进一步加强和完善社会管理和公共服务体系，把人力、财力、物力更多投到基层，强化城乡社区自治和服务功能，健全新型社区管理和服务体制。加强和完善流动人口和特殊人群管理和服务，建立健全实有人口动态管理机制，完善特殊人群管理和服务政策。加强和完善非公有制经济组织、社会组织管理，明确非公有制经济组织管理和服务员工的社会责任，推动社会组织健康有序发展。2004年，中共中央办公厅、国务院办公厅印发《关于进一步加强互联网管理工作的意见》，加强和完善信息网络管理，提高对虚拟社会的管理水平，健全网上舆论引导机制。2011年5月，国家互联网信息办公室成立，进一步加强互联网建设、发展和管理，加快建立法律规范、行政监管、行业自律、技术保障相结合的管理体制。

成功应对各种挑战与举办奥运会、世博会

正值加快改革开放和现代化建设的步伐，并准备迎接奥运会在北京举办的时候，中国先后经受了多场历史上罕见的自然灾害的考验。

2003年2月中下旬，非典疫情在广东局部地区流行，3月上旬开始在华北地区传播和蔓延。中国内地24个省（自治区、直辖市）先后发生非典疫情，共波及266个县和市（区）。面对严峻的疫情，中共中央、国务院提出了沉着应对、措施果断，依靠科学、有效防治，加强合作、完善机

制的总体要求，坚持一手抓防治非典这件大事不放松、一手抓经济建设这个中心不动摇的重大战略决策，发出奋力夺取抗击非典和促进发展双胜利的号召。国务院先后召开10多次常务会议，研究制定了一系列重要防治措施。4月24日，由30多个中央国家机关部门组成全国防治非典型肺炎指挥部，统一指挥和协调全国防治工作。5月9日，《突发公共卫生事件应急条例》公布实施，将防治工作纳入依法、科学、规范、有序的轨道。在危难时刻和紧要关头，全党、全军和全国人民紧急行动起来，全国一盘棋，群策群力、守望相助，群防群控、联防联控，打响了一场抗击非典的人民战争。经过不懈努力，逐步有效控制住了非典疫情。从5月中旬开始，疫情趋于平缓。6月24日，世界卫生组织宣布解除对北京的旅行警告，中国取得抗击非典的胜利。

2008年初，一场50年来罕见的低温雨雪冰冻灾害袭击了中国南方大部分地区。灾情发生后，中共中央、国务院迅速部署开展大规模抗灾救灾工作，在全社会共同努力下，取得了抗击低温雨雪冰冻灾害斗争的胜利。5月12日14时28分，四川省汶川县发生了震惊世界的特大地震，引发的崩塌、滑坡、泥石流、堰塞湖等次生灾害举世罕见。灾区总面积约50万平方公里，造成8.7万人遇难。当日晚，中共中央政治局常务委员会召开会议，全面部署抗震救灾工作，决定设立由温家宝任总指挥的国务院抗震救灾总指挥部。面对特大地震灾害，举国上下形成了全党动员、全军集结、全民行动的救灾格局，组织开展了中国历史上救援速度最快、动员范围最广、投入力量最大的抗震救灾斗争，最大限度地

★ 2008 年 5 月 13 日早晨，3 岁的小郎铮被解放军官兵从废墟里救出后，向解放军叔叔敬礼

挽救了受灾群众生命，最大限度地降低了灾害造成的损失。84017 名群众被从废墟中抢救出来，149 万名被困群众得到解救，受灾群众的基本生活得到妥善安排，中小学校在新学期开始前全面复课开学。震后第 14 天，中共中央作出"建立对口支援机制，举全国之力，加快恢复重建"的决策，决定用 3 年时间完成灾后恢复重建任务。到 2010 年 9 月底，重建任务在两年内基本完成，受灾地区的基础设施和群众的生产生活大大超过灾前水平，创造了灾后重建的奇迹。在同特大自然灾害的艰苦搏斗中，在抗震救灾重建的豪迈进程中，我们的民族和人民展现了"万众一心、众志成城，不畏艰险、百折不挠，以人为本、尊重科学"的伟大抗震救灾精神，在抢救生命、重建家园、振兴发展的过程中不断取得胜利。

2010 年 4 月、8 月，我国又接连发生青海玉树地震和甘肃舟曲特大山洪泥石流灾害。按照中央的决策和部署，各地区各部门一方面全力以赴支援灾区渡过难关，一方面继续推进经济社会各项建设。抗震救灾斗争的胜利再一次证明，社会主义中国具有强大发展活力，显示了我国社会主义制度能够集中力量办大事的政治优势。

经过 30 多年的改革开放和现代化建设，中国已经拥有强大的综合国力和雄厚的物质基础，在抗击特大自然灾害的斗争中，能够迅速动员前所未有的大量人力、物力和财力，在较短时间内渡过难关，把灾害造成的损失降到最低。

在应对各种挑战的同时，中国成功地举办了北京奥运会、上海世界博览会。

举办奥运会是中华民族的百年期盼。实现奥运梦首先要实现国家强盛、民族强盛的梦。奥运筹办的 7 年里，北京仅城市基础设施的投入就达 2800 亿元，超过 1978 年全国国内生产总值的 2/3。国家体育场(鸟巢) 使用的钢材达 11 万吨，而新中国成立的时候，全国的钢产量只有 16 万吨。没有改革开放，没有强大的综合国力，就没有奥运会的成功举办。

2008 年 8 月 8 日至 24 日，以"同一个世界，同一个梦想"为口号的第二十九届夏季奥运会在北京举行。204 个国家和地区的 11438 名运动员参加了北京奥运会，这也是历史上参赛国家和地区、运动员最多的一届奥运会。中国体育代表团首次位居奥运会金牌榜第一。中国政府贯彻"绿色奥运、科技奥运、人文奥运"理念，依靠广大人民群众，把北京奥运会办成一届有特色、高水平的奥运会，赢得了奥林匹克大家庭和国际社会广泛赞誉。8 月 24 日，国际奥委会主席罗格

★ 2008 年 8 月 8 日晚，第二十九届夏季奥运会在北京国家体育场（鸟巢）隆重开幕

在奥运会闭幕式上高度评价："这是一届真正的无与伦比的奥运会！"北京奥运，向世界展现了一个飞速发展、活力四射、友好开放的中国。

继北京奥运会后，2010 年 5 月 1 日至 10 月 31 日，上海市举办了以"城市，让生活更美好"为主题的世界博览会。这是第一次在发展中国家举办的注册类世界博览会，在 184 天的时间里，有 189 个国家和 57 个国际组织参展，7308 万人次参观展览，创造了世博会历史上的新纪录。通过展示、论坛、表演等形式，一起探讨城市未来的发展前景，共同谱写了一曲人类文明和谐共生的激情乐章，生动诠释了"理解、沟通、欢聚、合作"的世博会理念。为了兑现"给中国一个机会，世界将添一份异彩"的承诺，中国人民举全国之力，集世界之智慧，创造和演绎了一场精彩纷呈、美轮美奂的世界文明大展示。

四、维护民族团结、国家统一与
推进中国特色军事变革

在全面建设小康社会进程中，民族工作、国防和军队建设取得新的进展。根据新世纪新阶段面临的新形势新任务，中国进一步加快少数民族和民族地区经济社会发展，军队革命化现代化正规化建设协调推进、全面加强。香港、澳门回归后与祖国内地的联系日益密切，海峡两岸关系实现重大转折，形成两岸全方位交往格局，开创两岸关系和平发展新局面。

加快民族地区发展和加强民族团结

实现全面建设小康社会的宏伟目标，对做好民族工作提出了新的课题和更高的要求。中共十六大以来，根据新世纪新阶段我国民族工作面临的新形势新任务，确立了各民族共同团结奋斗、共同繁荣发展的民族工作主题，作出一系列加强和改进民族工作的重大部署。

2005年5月，中共中央、国务院召开第三次中央民族工作会议暨国务院第四次全国民族团结进步表彰大会，会后印发的《关于进一步加强民族工作加快少数民族和民族地区经济社会发展的决定》，对加快少数民族和民族地区经济社会发展作出了具体部署。随后，国家编制实施了《扶持人口较少民族发展规划（2005—2010年）》《兴边富民行动"十一五"规划》《少数民族事业"十一五"规划》3个国家级规划，通过加大各方面扶持力度，改善了民族地区群众生产生活条件，推动了经济社会发展。民族地区制定了相应的措施和配套政策，建设了一大批基础设施、特色产业、农业生产、生态建设、文化教育等民生项目。国家资金投入不断增多，2011年、2012年两年安排兴边富民行动专项资金达24.2亿元，超过前10年的总和。

西部大开发战略在世纪之交实施后，按照重点先行、适当超前的方针，通过优先安排基础设施建设、增加财政转移支付等措施，支持民族地区加快发展。一些对西部民族地区发展产生深远影响的重大项目相继开工，建设了青藏铁路、西电东送、西气东输等标志性工程。实施西部大开发战略伊始，国家就十分注意处理开发与环境保护之间的关系，在民族地区相继实施退耕还林、退牧还草和三江源保护工程，并加强对江河上游和西部中心城市的污染治理。同时，国家加大对西部民族地区教育、科技、文化、社会保障等领域的投入，注意培育特色优势产业，陆续启动了基本普及九年制义务教育、基本扫除青壮年文盲的"两基"攻坚计划等。2009年9月，国务院第五次全国民族团结进步表彰大会充分肯定了新中国的民族团结进步事业，提出"四个不动摇"：必须坚持中国特色社会主义道路不动摇，必须坚持党的民族政策不动摇，必须坚持共同团结奋斗、共同繁荣发展不动摇，必须坚持维护祖国统一不动摇。

巩固全国各族人民的大团结，是中国能够经受住各种困难和风险的考验、不断胜利前进的重要保证。随着冷战结束后国际形势的变化，民族因素和宗教因素的影响明显上升，各种民族主义思潮和活动趋于活跃，分裂势力、敌对势力内外勾结，策动了一系列有预谋有组织的严重暴力恐怖事件。2008 年 3 月 14 日，拉萨发生打砸抢烧严重暴力犯罪事件；2009 年 7 月 5 日，乌鲁木齐发生打砸抢烧严重暴力犯罪事件。面对境外敌对势力的干扰破坏，中共中央、国务院从容应对，依法处置，迅速控制事态发展，保卫了人民群众生命财产安全，并制定了一系列推动西藏、新疆等民族地区经济社会跨越式发展和长治久安的重大政策举措。

港澳回归后的发展和海峡两岸交流的扩大

香港、澳门回归后，中央政府坚持"一国两制"、"港人治港"、"澳人治澳"、高度自治的方针，严格按照宪法和基本法办事；全力支持特别行政区政府依法施政，着力发展经济、改善民生、推进民主。同时，加强内地与香港、澳门的合作，实现优势互补、共同发展。

为加强内地和香港、澳门的交流合作，促进港澳地区经济发展，中央出台实施了一系列支持措施。2003 年，中央政府有关部门先后与香港、澳门特别行政区政府签署内地与香港、澳门关于建立更紧密经贸关系的安排协议。在随后的几年中，补充协议陆续出台，内地与港澳地区建立了更加紧密的经贸关系。2008 年、2009 年，国务院先后批准实施《珠江三角洲地区改革发展规划纲要（2008—2020 年)》《横琴总体发展规划》，为保持港澳地区长期繁荣稳定提供了有力支撑。2011 年，国家"十二五"规划首次将港澳部分独立成章，从国家整体战略的高度为香港、澳门发展提供新的机遇和发展空间。在中央政府的大力支持下，内地与港澳合作不断加强，建立了粤港、粤澳、京港、沪港和泛珠三角九省区等合作机制，不断拓展港澳发展空间。

香港回归祖国后，人均地区生产总值从 1997 年的 2.7 万美元，提升到 2011 年的 3.4 万美元；在 2004 年至 2011 年间，地区生产总值平均增速达 5%，是同期其他发达经济体平均值的近 2 倍。到 2012 年，香港连续 18 年被评为全球最自由经济体，继续保持着国际金融、贸易、航运中心的地位。截至 2009 年底，回归祖国 10 年的澳门，地区生产总值以年均近 15% 的增幅快速增长，人均地区生产总值达到 3.9 万美元，是全球最活跃的微型经济体之一；公共财政年年保持盈余，居民存款稳步增加，免费教育从 12 年延长到 15 年。香港、澳门繁荣发展，显示了"一国两制"方针的强大生命力。

2000 年 5 月，民进党在台湾执政后，逐步推动"台独"分裂活动升级。陈水扁当局于 2002 年 8 月抛出两岸"一边一国"的分裂主张，2003 年 9 月公然提出要制定"台独时间表"。2004 年 3 月，陈水扁通过不正当手段获得"连任"后，图谋通过所谓"宪政改造"，谋求"台湾法理独立"。针对这些情况，中华人民共和国中央人民政府将反对和遏制"台独"分裂活动摆到了更为突出的位置。2005 年 3 月 4 日，胡锦涛就新形势下发展两岸关系提出四点意见，强调坚持一个中国原则决不动摇，争取和平统一的努力决不放弃，贯彻寄希望于台湾人民的方针决不改变，反对"台独"分裂活动决不妥协。

2005 年 3 月 14 日，十届全国人大三次会议通过《反分裂国家法》，当天签署实施。该法律明确规定，"台独"分裂势力以任何名义、任何方式造成台湾从中国分裂出去的事

★ 2005 年 3 月 14 日上午，十届全国人大三次会议闭幕大会表决通过《反分裂国家法》

实，或者发生将会导致台湾从中国分裂出去的重大事变，或者和平统一的可能性完全丧失，国家得采取非和平方式及其他必要措施，捍卫国家主权和领土完整。这部法律的公布实施，体现了中共中央以最大诚意、尽最大努力争取和平统一的一贯主张，也表明了维护国家主权和领土完整的坚定决心，对台政策进入“以法遏独、以法促统”的新阶段。

在中共中央正确方针的推动下，两岸政党交流也成功开启。2005 年 4 月，中共中央总书记胡锦涛邀请中国国民党主席连战访问大陆，国共领导人实现了跨越一甲子的历史性握手，达成了“两岸和平发展共同愿景”，开辟了两岸关系和平发展新局面。2006 年，先后共同举办了首届两岸经贸论坛、两岸农业合作论坛，大陆方面推出多项促进两岸交流合作、惠及台湾同胞的政策措施。

2008 年，台湾地区同时举行领导人选举和"入联公投"，民进党惨败，"入联公投"遭否决，台湾局势发生重大积极变化。12 月 31 日，胡锦涛在纪念《告台湾同胞书》发表 30 周年座谈会上提出推动两岸关系和平发展的六点主张，首次全面系统阐述了两岸和平发展的重要思想。

发展两岸关系的根本出发点和落脚点，是为两岸同胞谋福祉，给他们带来实实在在的好处。2008 年 6 月，海峡两岸关系协会与台湾海峡交流基金会相互致函，确认在"九二共识"的基础上恢复协商，解决事关两岸同胞切身利益的诸多实际问题。两会协商取得一系列重要成果，双方两岸事务主管部门建立联系沟通机制。12 月，两岸海运直航、空运直航、直接通邮全面启动。2009 年 8 月 31 日，两岸定期航班正式开通，实现了全面直接双向"三通"。2011 年 6 月，两岸促成大陆居民赴台个人旅游，大陆游客迅速成为台湾旅游业第一大客源。到 2012 年底，两岸空中直航的总班次每周达 616 班，两岸直航航点达 64 个。

2009 年 6 月，台湾当局开放大陆企业赴台投资。2010 年 6 月，两岸在坚持"九二共识"的政治基础上签署了《海峡两岸经济合作框架协议》，启动了两岸经济合作制度化建设。2011 年 3 月，国家"十二五"规划纲要首次把发展两岸关系专门列为一章。几乎同期，台湾当局提出的"开创黄金十年"的政策蓝图中，加强两岸产业对接也是重点之一。海峡两岸经济发展规划首度出现"交集"，这在以往两岸关系史上是不可想象的。两岸经济合作不断深化，贸易投资稳步增长。两岸制度化协商谈判取得丰硕成果，截至 2012 年 12 月，签署了《海峡两岸食品安全协议》《海峡两岸投资保护和促进协议》等 18 项协议，被形象地比喻为架设在台湾海峡上的 18 条"双向交流高速公路"。2012 年两岸贸易额为 1689.6 亿美元，占大陆对外贸易总额的 4.4%。

在两岸经贸关系逐渐迈入正常化的基础上，大陆方面不断制定实施对台惠民政策措施，两岸在学术、文化、教育、新闻、体育、宗教等方面的交流交往不断深化。从 2009 年开始，大陆创办并连续举办海峡论坛，两岸各界人士广泛参与，共商扩大民间交流、加强两岸合作、促进共同发展的大计。大陆还妥善处理了台湾当局参加世界卫生大会、亚太经合组织领导人非正式会议等问题，并协助处理台胞涉外纠纷等事务，切实维护台胞的合法权益。

履行新世纪新阶段军队历史使命

新世纪新阶段，中国特色军事变革取得重大进展，军队革命化现代化正规化建设协调推进、全面加强，军事斗争准备不断深化，军事能力显著增强，人民军队出色完成一系列急难险重任务。

2004 年 9 月，中共十六届四中全会决定胡锦涛任中共中央军事委员会主席。2005 年 3 月，十届全国人大三次会议选举胡锦涛为中华人民共和国中央军事委员会主席。2007 年 8 月 1 日，在庆祝中国人民解放军建军 80 周年暨全军英雄模范代表大会上，胡锦涛把人民解放军的性质、宗旨和职能、使命高度统一起来，强调人民解放军的优良革命传统，集中起来就是"听党指挥、服务人民、英勇善战"。10 月，中共十七大指出，必须站在国家安全和发展战略全局的高度，统筹经济建设和国防建设，在全面建设小康社会进程中实现富国和强军的统一。中央军委密切关注世界军事发展的新动向，坚持开拓创新，加快推进中国特色军事变革，努力实现富国与强军的统一。

从思想上、政治上、组织上确保人民解放军始终成为党绝对领导下的人民军队，是新形势下军队思想政治建设面临的时代课题。2003年12月，中共中央、中央军委批准，新修订的《中国人民解放军政治工作条例》颁布施行。2008年12月，胡锦涛在中央军委扩大会议上提出"忠诚于党，热爱人民，报效国家，献身使命，崇尚荣誉"的当代革命军人核心价值观。2009年3月，解放军总政治部印发《关于加强非战争军事行动政治工作意见》，进一步拓宽了政治工作的服务保障领域和功能。全军涌现出载人航天英雄集体等一大批先进集体和个人。

为适应中国特色军事变革的要求，进一步推进军队体制编制调整改革，2003年9月，中共中央批准《2005年前军队体制编制调整改革总体方案》，决定2005年前再裁减军队员额20万，军队总员额控制在230万以内。这是改革开放以来的第三次大裁军，也是一次军队体制编制的重大调整改革。经过改革，压缩了军队总的规模，调整了各兵种的比例；精简了机关、直属单位和院校；优化了军兵种内部编成；改革了领导指挥体制；深化了联勤保障体制；改善了官兵比例。这次调整改革，有力地推进了中国特色军事变革和军事斗争的准备工作，提升了信息化条件下的作战能力。

2003年9月，中央军委颁发《实施军队人才战略工程规划》，部署实施军队人才战略工程。2005年9月，教育部、解放军总政治部有关部门研究决定，从 2006 年起继续实施"高层次人才强军计划"。从 2000 年至 2008 年，中国有 117 所地方大学招收国防生。军队在全国遴选近 1000 所省市重点普通中学，建立国防生源基地。人民解放军干部人事制度改革也加快了步伐，从 2006 年起，军队部分岗位开始面向社会招聘非现役文职人员。2011 年 4 月，中央军委颁发的《2020 年前军队人才发展规划纲要》，对未来 10 年军队人才建设和发展作出中长期战略规划。

21 世纪战争形态正在由机械化条件下的协同作战，向信息化条件下的一体化联合作战转变。根据中央军委部署，南京军区、成都军区作为试点，率先迈开一体化训练的实践探索步伐。2006 年 6 月，全军军事训练会议作出《关于加强新世纪新阶段军事训练的决定》，对军事训练创新发展进行全面部署。此后，解放军总参谋部印发《关于加强复杂电磁环境下训练的意见》，颁发新的《军事训练与考核大纲》。2012 年 5 月出台《基于信息系统集成训练指导纲要》，对信息化条件下军事训练进行具体规范和指导。全军成功组织了一系列重大联合战役、战术训练和演习，如"砺剑-2007"复杂电磁环境下联合火力打击研究性演习、"跨越-2009"大规模跨区远程机动训练。

2005 年 5 月，国防科技工业开始实行分类管理的武器装备科研生产许可制度，在保持国家对武器装备科研生产控制力的同时，允许非公有制经济进入武器装备科研生产领域。2007 年，国务院批准《关于深化国防科技工业投资体制改革的若干意见》，逐步形成开放性国防科技工业发展格局。2009 年 10 月，中国第一台千万亿次超级计算机"天河一号"在国防科技大学研制成功。2012年9月，中国第一艘航空母舰辽宁舰正式交付海军。

深化联勤保障体制改革，全面建设现代后勤。从2005年1月起，大幅度提高全军士兵伙食标准。同时，建立士官休假制度，完善干部休假疗养制度，从制度上保障了官兵的权益。继2000年以军区为基础的联勤改革后，中央军委于2004年7月在济南军区启动大联勤试点，在试点的基础上，首个三军联勤保障互动平台于2006年在北京战区正式启动。按照"政府部门主导，军队组织实施，社会力量参与，市场机制运作"的原则，逐步扩大军队社会化保障范围，建立融合式的军队保障系统。2007年8月，大幅度提高军队医疗经费标准。2012年4月，《中华人民共和国军人保险法》颁布，军人保险事业迈入法治化轨道。

为维护世界和平，推动建设和谐世界，人民解放军同150多个国家开展军事交往，形成了全方位、多层次、宽领域的对外交往格局。通过适度开放部队营区和军事演习，定期发布国防白皮书，建立国防部新闻发言人制度，开通国防部网站，对外开放呈现新局面。人民解放军积极参加联合国维和行动、国际人道主义援助，以及赴亚丁湾、索马里海域护航，赴利比亚撤离中国公民等，展示了中国军队的过硬素质和良好形象。

进入21世纪，非战争军事行动已成为和平时期军事力量运用的重要方式，人民解放军执行任务种类之多、用兵规模之大、出兵频率之高，都是空前的。人民解放军积极参加抗击非典、汶川和玉树地震等抢险救灾行动，圆满完成北京奥运会、上海世博会安保支援等重大任务。人民解放军还积极参加和支援地方经济建设，参加了西部大开发、社会主义新农村建设、地方基础设施重点工程和生态环境建设等重大工程和重要工作。

五、推动建设和谐世界

经济全球化和世界多极化的发展，为不同社会制度、不同文明、不同发展模式提供了长期共存的基础和机遇，不同国家间的经济联系更加密切，相互依存日益加深。中国准确把握与世界联系日益紧密的发展趋势，积极推动建设和谐世界，加强同世界各国交流合作，推动全球治理机制变革，为改革发展争取了有利的国际环境。

倡导构建和谐世界

21 世纪初的世界，政治多极化不可逆转，经济全球化深入发展，科技革命加速推进，全球和区域合作方兴未艾，国与国相互依存日益紧密，国际力量对比朝着有利于维护世界和平方向发展，国际形势总体稳定。但世界仍然很不安宁，霸权主义和强权政治依然存在，局部冲突和热点问题此起彼伏，全球经济失衡加剧，南北差距拉大，传统安全威胁和非传统安全威胁相互交织，世界和平与发展面临诸多难题和挑战。

顺应世界求和平、谋发展、促合作的时代潮流，中国始终不渝走和平发展道路，致力于维护世界和平，促进各国共同发展繁荣。2003年12月，胡锦涛提出中国坚持走和平崛起的发展道路，坚持在和平共处五项原则的基础上同各国友好相处，在平等互利的基础上积极开展同各国的交流和合作。2004年10月发表的中俄联合声明首次提出构建和谐世界的主张，中俄双方表示，"愿同各国一道，为建立一个和平、发展、和谐的世界，实现公正合理的国际政治经济新秩序而不懈努力"。2005年4月，国家主席胡锦涛在雅加达亚非峰会上提出，亚非国家应"推动不同文明友好相处、平等对话、发展繁荣，共同构建一个和谐世界"，表达了中国对建立世界新秩序的主张。9月，胡锦涛在联合国成立60周年首脑会议上发表题为《努力建设持久和平、共同繁荣的和谐世界》的演讲，全面阐述了"和谐世界"的内涵及其实现途径，希望与其他各国共建和平、繁荣、和谐的世界。

2006年6月15日，胡锦涛在上海合作组织成员国元首理事会第六次会议上提出，"面对机遇和挑战，我们应该全面加强合作，努力把本地区建设成为持久和平、共同繁荣的和谐地区"，提出了"和谐地区"的概念。中国领导人还在各种国际场合提出了建设"和谐亚洲""和谐中东""和谐东北亚"等各种建议和构想，使"和谐世界"理念的内涵进一步丰富和充实，基本主张也逐渐明确。

2007年10月，中共十七大提出"各国人民携手努力，推动建设持久和平、共同繁荣的和谐世界"。2011年9月，中国政府发表《中国的和平发展》白皮书，系统阐述了建设一个持久和平、共同繁荣的和谐世界是中国走和平发展道路的崇高目标。为了建设和谐世界，应努力做到政治上相互尊重、平等协商，共同推进国际关系民主化；经济上相互合

作、优势互补，共同推动经济全球化朝着均衡、普惠、共赢
方向发展；文化上相互借鉴、求同存异，尊重世界多样性，
共同促进人类文明繁荣进步；安全上相互信任、加强合作，
坚持用和平方式而不是战争手段解决国际争端，共同维护世
界和平稳定；环保上相互帮助、协力推进，共同呵护人类赖
以生存的地球家园。

全方位开展对外交往

为推动建设和谐世界，中国坚持独立自主的和平外交政
策，走和平发展道路，按照大国是关键、周边是首要、发展
中国家是基础、多边是重要舞台的外交总体布局，全方位开
展对外交往，为全面建设小康社会营造良好的国际环境。

中国同主要大国的关系保持稳定并有所发展。

中美关系总体上保持稳定和发展，积极发展建设性合作
关系，建立了多种对话合作机制，两国在经济、科技、反
恐、防扩散、地区安全等领域的对话与合作有所加强。2005
年 8 月，中美在北京举行战略对话。2006 年 4 月，胡锦涛
访问美国，提出全面推进 21 世纪中美建设性合作关系的六
点建设性意见。2009 年 7 月，首轮中美战略与经济对话在
美国华盛顿举行。11 月，美国总统奥巴马访华，双方决定
将采取切实行动稳步建立应对共同挑战的伙伴关系。2011
年 1 月，胡锦涛应邀对美国进行国事访问，两国元首发表中
美联合声明，双方就建设相互尊重、互利共赢的合作伙伴关
系达成共识。

中俄之间战略协作伙伴关系继续深化，两国在政治、经

济、军事、能源等领域的互利合作不断加强，在国际和地区问题上密切配合、协作，共同推动多边主义和国际关系民主化。2004年和2008年，中俄签署《关于中俄国界东段的补充协定》和《关于中俄国界线东段补充叙述议定书》及其附件，解决了中俄历史遗留的边界问题。2011年，中俄宣布致力于发展中俄全面战略协作伙伴关系，制定了中俄关系未来10年发展规划。

中国和欧盟之间建立了领导人年度会晤机制，建立起全面战略伙伴关系。中国与欧盟及其成员国保持密切的高层往来，中欧在经济、文化、科技、教育、环保等领域的交流与合作都有所发展。

中日关系经历复杂变化，中日两国在政治层面保持交往和接触，经贸合作继续推进。2001年至2006年间，由于日本首相小泉纯一郎多次以首相身份参拜靖国神社，中日两国关系陷入低谷。2008年，两国共同发表《中日关于全面推进战略互惠关系的联合声明》，中日关系逐步回升。2012年9月，日本政府签署钓鱼岛"购买合同"，实施所谓钓鱼岛"国有化"，中国政府发表《关于钓鱼岛及其附属岛屿领海基线的声明》和《钓鱼岛是中国的固有领土》白皮书，并通过常态化执法巡航等措施，对钓鱼岛及其附近海域实施管理，坚决捍卫国家主权。

中国同主要大国启动了战略对话磋商机制，定期对各自关切的现实和长远问题交换意见，探寻解决办法，初步建立了联系和稳定同各主要大国双边关系的机制。这一机制成为联系和稳定中国同各主要大国双边关系的纽带。

中国同周边国家的睦邻友好合作关系进一步扩大和深

化。中国加强睦邻友好，坚持与邻为善、以邻为伴，发展同周边国家和亚洲其他国家的友好合作关系。中国几乎同所有周边国家实现高层互访和交流，增加了同周边国家的政治互信，深化了各领域互利合作。2002 年 11 月，中国与东盟国家签署《南海各方行为宣言》，中国与东盟致力于加强睦邻互信伙伴关系，以和平方式解决南海有关争议。2005 年 4 月，中国同巴基斯坦、印度、孟加拉国和斯里兰卡 4 个近邻国家宣布确定战略合作伙伴关系或全面合作伙伴关系。在中国推动下，2007 年上海合作组织各成员国缔结长期睦邻友好合作条约，进入全面务实合作阶段。2010 年 1 月，中国—东盟自由贸易区全面建成，使世界上近 1/3 人口得到实惠。中国还应东盟邀请，加入了《东南亚友好合作条约》，成为加入该条约的第一个东盟域外大国。

中国继续加强同发展中国家的团结合作。2004 年，中国与阿拉伯国家和阿拉伯国家联盟共同成立了"中阿合作论坛"。2010 年，在"中阿合作论坛"第四届部长级会议上双方宣布建立"全面合作、共同发展"的战略合作关系。2006 年 1 月，中国政府发表《中国对非洲政策文件》。11 月，中非合作论坛峰会在北京召开，通过《中非合作论坛北京峰会宣言》和《中非合作论坛—北京行动计划（2007—2009年)》，正式宣布建立中非新型战略伙伴关系。2008 年 11 月，中国政府发布《中国对拉丁美洲和加勒比政策文件》，提出同拉美国家建立和发展平等互利、共同发展的全面合作伙伴关系。中国积极帮助其他发展中国家，继续提供力所能及的援助，促进共同发展。中国与广大发展中国家的团结合作不断加强，有效拓展了国际合作空间。

★ 2006 年 11 月 4 日，中非合作论坛北京峰会在人民大会堂隆重开幕。国家主席胡锦涛在会上发表重要讲话

积极参与全球治理

中国坚持独立自主的和平外交政策，通过多边舞台积极参与国际事务和全球性问题治理，承担相应国际义务，推动国际政治经济秩序朝着更加公正合理的方向发展。

中国积极参与国际事务，更加全面、深入地参与以联合国为重点的国际组织多边活动，积极发挥联合国特别是安理会的重要作用，积极承担应尽的国际责任，参与多边机制建设和联合国改革进程，参与国际宏观经济政策协调。中国推动二十国集团成为国际经济合作的主要论坛，推动国际货币金融体系改革取得实质性成果，中国在世界银行和国际货币基金组织的投票权均从第六位上升至第三位。在气候变化、粮食安全、安全反恐、公共卫生、减少贫困等事关人类前途命运的全球性问题上，在朝鲜半岛无核化、伊朗核问题、苏丹达尔富尔问题等地区热点问题的处置上，中国都积极参与，推动妥善解决，发挥独特的建设性作用。中国履行加入世界贸易组织承诺，大幅降低关税，到 2010 年关税总水平降至 9.8%，远远低于发展中国家的平均水平。2002 年至 2011 年的 10 年间，中国货物贸易额的全球排名由第六位上升到第二位。中国实行的平等、互利、合作、共赢的对外开放政策，不仅惠及了中国人民，也使世界各国人民获益，有力推动了世界经济发展。

中国在地区性国际组织中发挥着建设性作用，通过中非合作论坛、亚太经济合作组织、亚欧首脑会议、东亚合作系列峰会，积极开展多边外交活动。此外，中国与巴西、俄罗斯、印度、南非等新兴市场国家在经济领域、气候变化、减贫等全球性和地区性问题上积极合作，形成"金砖国家"合作机制。由中国参与推动建立的上海合作组织于 2012 年北京峰会发表关于构建持久和平、共同繁荣地区的宣言，中国对加强地区安全、经济和人文合作发挥着越来越大的作用。截至 2010 年底，中国参加了 100 多个政府间国际组织，签署了 300 多个国际公约。截至 2011 年 7 月底，中国已经同 172 个国家建立了外交关系。中国坚定维护国家利益和本国公民、法人在海外合法权益，妥善处理撤侨、人质解救、劳务纠纷等重大突发事件。

中国一直支持并积极参加联合国维和行动，充分展示负责任大国形象。2002年，中国正式加入联合国一级维和待命安排机制。2009年，组建国防部维和中心。截至2010年底，中国共参加19项联合国维和行动，累计派出维和官兵17390人次，其中9名维和官兵在执行任务中牺牲。中国是联合国安理会常任理事国派遣维和人员最多的国家之一。根据联合国安理会有关决议，中国政府于2008年12月开始派遣海军舰艇编队赴亚丁湾、索马里海域实施护航。截至2011年底，海军累计派出10批护航编队，25艘次战舰、22架次舰载直升机，成功护送中外船舶401批4373艘，接护、解救船舶51艘，创造了被护船舶、编队自身100%安全的战绩。

从大国外交到周边外交，从巩固与发展中国家的关系到多边事务，中国全面发展与世界各国友好合作关系。中国外交双边与多边并行，传统安全与非传统安全并重，政治、经济、外交、军事、文化等各方面相互促进、全面发展的新型模式已经初步形成。中国在国际事务中积极发挥建设性作用，国际地位显著提高，国际影响日益扩大。中国通过自身的发展日益深刻地影响着世界，为建设一个持久和平、共同繁荣的和谐世界作出了应有的贡献。

六、加强党的执政能力建设和先进性建设

面对执政条件和社会环境的深刻变化，中国共产党要带

领全国各族人民全面建设小康社会、加快推进社会主义现代化，必须加强执政能力建设。中国共产党以执政能力建设和先进性建设为主线，结合治国理政实践，采取了一系列加强和改进党的自身建设举措，全面推进党的建设。

加强党的执政能力建设

2002 年 11 月，中共十六大提出"加强党的执政能力建设"的命题，要求各级党委和领导干部增强执政意识，不断提高科学判断形势的能力、驾驭市场经济的能力、应对复杂局面的能力、依法执政的能力和总揽全局的能力。2004 年 9 月，中共十六届四中全会通过了《中共中央关于加强党的执政能力建设的决定》，提出了加强党的执政能力建设的指导思想、总体目标和主要任务，强调通过全党共同努力，使党始终成为立党为公、执政为民的执政党，成为科学执政、民主执政、依法执政的执政党，成为求真务实、开拓创新、勤政高效、清正廉洁的执政党；不断提高驾驭社会主义市场经济的能力、发展社会主义民主政治的能力、建设社会主义先进文化的能力、构建社会主义和谐社会的能力、应对国际局势和处理国际事务的能力。

为贯彻落实中共十六大和十六届四中全会要求，中国共产党领导国家立法机关科学立法、民主立法，修订了宪法和人民代表大会选举法、组织法，颁布了各级人大常委会监督法，完善了国家根本政治制度，使党的执政体制更加健全，为加强党的执政能力建设提供了规范的法律框架。在此期间，中国共产党还先后出台关于深化行政管理体制和机构改革、加强人民政协工作以及加强人民法院、人民检察院工作的文件，把党的领导、人民当家作主和依法治国有机统一起来，扩大了人民民主，使党的执政能力建设有了更加强有力的支持和保证。

为建立完善的社会主义市场经济体制，进一步深化干部人事制度改革，2004年4月，中共中央办公厅印发《公开选拔党政领导干部工作暂行规定》《党政机关竞争上岗工作暂行规定》《党的地方委员会全体会议对下一级党委、政府领导班子正职拟任人选和推荐人选表决办法》《党政领导干部辞职暂行规定》《关于党政领导干部辞职从事经营活动有关问题的意见》5个文件，加强对干部的监督管理，把树立正确政绩观落实到干部考察、评价和使用中去，进一步推进干部人事工作的科学化、民主化、制度化。

为进一步深化干部选拔任用制度改革，依法开展干部人事管理工作，2005年4月，十届全国人大常委会第十五次会议通过《中华人民共和国公务员法》，从2006年1月1日起实施。在推进领导班子配备改革，创新干部管理体制，加大干部交流力度，推行公开选拔、公推直选，健全来自一线干部培养选拔链，建立党政领导班子和领导干部考核评价机制等方面，也都取得新进展。做好人才工作是加强和改进党的建设的重要内容。2003年12月，中共中央、国务院作出《关于进一步加强人才工作的决定》，明确了党管人才原则，形成党委统一领导，组织部门牵头抓总，有关部门各司其职、密切配合，社会力量广泛参与的人才工作新格局。

着眼于增强基层党组织的创造力、凝聚力、战斗力，中共中央对农村、企业、城市社区和机关、学校、新社会组织等基层党组织建设作出一系列部署，把围绕中心、服务大局作为根本要求，形成各司其职、密切配合、齐抓共管、资源整合的工作格局。为了扶持、帮助基层党组织开展活动，针对全国近 10 万个村级组织没有活动场所的问题，由中央财政和中央管理的党费中拿出 17.5 亿元，地方计划配套 64 亿元，用两年时间集中解决。到中共十七大之前，各地已新建村级活动场所 7.3 万个，完成建设任务的 74.3%。

为抓好县乡村领导班子建设，各地党组织选派大学生到农村任职，并在全国稳步推进农村党员现代远程教育工作。农村党的建设以创建优秀基层党组织活动为总抓手，推动健全村务公开和民主管理制度，探索建立干部经常受教育、农民长期得实惠的有效机制。为适应建立现代企业制度的要求，国有企业基层党组织完善工作机制，从 2004 年起，通过深入开展创建政治素质好、经营业绩好、团结协作好、作风形象好的"四好"领导班子活动，充分发挥政治核心作用。在城市社区党建工作中，坚持以服务群众为重点，初步形成条块结合、资源共享、优势互补、共驻共建的城市社区党建工作新格局，以社区党组织为核心的社区组织体系进一步健全。

中共十六大通过的新党章规定其他社会阶层符合条件的先进分子可以入党，第一次把非公有制企业党组织的职责任务写入党章。根据这一精神，各地依托街道、社区党组织，向非公有制企业选派党建工作指导员和联系员，加大在新经济组织、新社会组织中建立党组织的工作力度。将规模以上非公有制企业组建党组织作为基层党建工作的重点工程，把社会组织和中介组织党建工作纳入基层党的建设总体规划。

城市街道、社区党建工作协调机制初步建立，基层党组织建设呈现蓬勃生机和旺盛活力。

2003年12月，中共中央印发《中国共产党党内监督条例（试行）》，把党内监督的重点明确为党的各级领导机关和领导干部，为开展党内民主监督提供了根本依据。按照中共十六届四中全会关于"逐步推进党务公开"的要求，各地党务公开逐步推开。中共中央各部门积极建立新闻发言人制度，向外界展示了执政党公开透明的形象。

开展保持共产党员先进性教育活动

中国共产党的先进性是党的生命所系、力量所在，事关党执政地位的巩固和执政使命的完成。为确保党始终走在时代前列，更好地肩负起历史使命，中共中央又把加强党的先进性建设问题提上了日程，作为全面推进党的建设的重点。中共十六大作出开展保持共产党员先进性教育活动的决定，中共中央选择19个单位试点，积累了经验。中共十六届四中全会就加强党的执政能力建设作出了全面部署，决定在全党开展以实践"三个代表"重要思想为主要内容的保持共产党员先进性教育活动。2004年11月，中共中央印发《关于在全党开展以实践"三个代表"重要思想为主要内容的保持共产党员先进性教育活动的意见》，对开展保持共产党员先进性的教育活动作出部署。

从2005年1月起，全党开展了为期一年半的以实践"三个代表"重要思想为主要内容的保持共产党员先进性教育活动。先进性教育活动分三批进行，每批大约半年时间，分为学习动员、分析评议、整改提高三个阶段。第一批是在县及县以上党政机关和部分企事业单位展开，时间从 2005 年 1 月开始到 2005 年 6 月基本结束。第二批面向城市基层和乡镇机关，时间从 2005 年 7 月开始到 2005 年 12 月基本结束。第三批面向农村和部分党政机关，时间从 2006 年 1 月开始到 2006 年 6 月基本结束。

在历时一年半的时间里，全党共有 350 多万个基层党组织、近 7000 万名党员参加了先进性教育活动。通过这一活动，广大党员受到一次深刻的马克思主义教育，先锋模范作用进一步发挥，基层党组织的创造力、凝聚力、战斗力进一步增强。在全面建设小康社会的进程中，众多党员立足岗位、勇挑重担，开拓进取、敬业奉献，把先进性体现到贯彻落实科学发展观上来，体现到维护人民群众的根本利益上来。"平常时期能看得出来，关键时刻能站得出来，危难时刻能豁得出来"，这是党员先进性的生动展示。

在先进性教育活动中，新建基层党组织 13 万个，整顿软弱涣散、不起作用的基层党组织 15.6 万个。在先进性教育活动期间，各级党组织和广大党员与困难群众结成帮扶对子 1347 万个。以"人民的好公仆"郑培民、"人民的忠诚卫士"任长霞等为代表的一大批优秀共产党员，用行动践行了"三个代表"重要思想，体现了当代中国共产党人的先进性。

为建立保持共产党员先进性的长效机制，中共中央办公厅印发《关于加强党员经常性教育的意见》《关于做好党员联系和服务群众工作的意见》《关于加强和改进流动党员管理工作的意见》《关于建立健全地方党委、部门党组（党

★ 2002 年 11 月，"人民的忠诚卫士"任长霞在一户
市民家中了解当地治安情况

委）抓基层党建工作责任制的意见》4 个文件，为巩固和发
展先进性教育成果、进一步推进党的先进性建设提供了制度
依据。

建设马克思主义学习型政党

为巩固先进性教育活动成果，贯彻落实科学发展观，中
共十七大提出在全党开展深入学习实践科学发展观活动。中
共中央选择 23 个单位进行试点。在试点基础上，2008 年 9
月 5 日，中共中央政治局会议决定从 2008 年 9 月开始，用
一年半左右时间，在全党分批开展深入学习实践科学发展观
活动。14 日，中共中央印发《关于在全党开展深入学习实
践科学发展观活动的意见》。

　　科学发展观学习实践活动自上而下分三批进行，每批历时半年左右，于 2010 年 2 月底基本结束，共有 370 余万个党组织、7500 余万名党员参加。活动期间，各地党组织为群众办实事、好事 1780 万件，解决党员干部党性党风党纪方面群众反映强烈的突出问题 140 余万个。活动期间，各地党组织共修订完善各类规章制度 250 多万项，进一步健全完善了保障和促进科学发展的体制机制；各地共新建党组织 6 万多个，整顿软弱涣散基层党组织 5 万多个。

　　在学习实践科学发展观活动中，中共中央就如何加强和改进新形势下党的建设作出新的决策部署，提出了提高党的建设科学化水平的重大命题。十六届中央政治局建立了集体学习制度，2002 年 12 月 26 日举行第一次集体学习。2009 年 9 月，中共十七届四中全会作出建设马克思主义学习型政党的重大决策。会议通过《中共中央关于加强和改进新形势下党的建设若干重大问题的决定》，强调要建设马克思主义学习型政党，不断提高党的建设科学化水平。

　　加强党的基层组织建设是提高党的建设科学化水平的一项重要内容。中共十七大提出在党的基层组织和党员中深入开展"创建先进基层党组织、争做优秀共产党员"的活动。2010 年 4 月 5 日，中共中央办公厅转发《中央组织部、中央宣传部关于在党的基层组织和党员中深入开展创先争优活动的意见》，对开展创先争优活动作出部署。鞍山集团职工郭明义数十年如一日学雷锋做好事，时时处处发挥共产党员的先锋模范作用，被人民群众誉为"当代雷锋"。云南省保山地委书记杨善洲践行"只要生命不结束，服务人民不停止"的诺言，退休后回到家乡，义务植树造林 22 年，把价值 3

亿元的林场经营权无偿移交国家。党组织和党员以创先争优带动全社会创先争优，从最需要的地方做起，从最不满意的地方改起，在为人民群众办实事好事中密切党群干群关系。

加强党风廉政建设和反腐败斗争

加强党风廉政建设和反腐败工作与保持党的先进性、提高党的执政能力建设相辅相成。增强拒腐防变和抵御风险能力，是执政党长期面临的历史性课题。中共中央对党风廉政建设和反腐败斗争的长期性、复杂性、艰巨性始终保持着清醒认识，着眼于保持党的先进性和纯洁性，始终把党风廉政建设和反腐败斗争放在突出位置，建立健全惩治和预防腐败体系。

中共十六大以后，中共中央注重反腐败制度的建设和创新，着力从源头上预防和解决腐败问题。2004年9月，中共十六届四中全会提出在新形势下加强党风廉政建设和"标本兼治、综合治理，惩防并举、注重预防"的方针。

2005年1月，中共中央印发《建立健全教育、制度、监督并重的惩治和预防腐败体系实施纲要》，提出建立健全惩治和预防腐败体系的主要目标：到2010年建成惩治和预防腐败体系基本框架；再经过一段时间的努力，建立起思想道德教育的长效机制、反腐倡廉的制度体系、权力运行的监控机制，建成完善的惩治和预防腐败体系。为推动建立惩治和预防腐败体系，2008年5月，中共中央印发《建立健全惩治和预防腐败体系2008—2012年工作规划》。在反腐倡廉建设基本思路方面，逐步确立了领导干部廉洁自律、查办违法违纪案件、纠正部门和行业不正之风的反腐败工作格局。在反腐倡廉的领导体制和工作机制方面，形成了党委统一领导、党政齐抓共管、纪委组织协调、部门各负其责、依靠群众支持和参与的体制机制。

在推动反腐倡廉制度体系建设的过程中，党和国家先后出台了一系列法规，不断完善反腐倡廉制度体系。2003年12月，中共中央颁布实施《中国共产党党内监督条例（试行）》和《中国共产党纪律处分条例》。2004年9月，中共中央颁布实施《中国共产党党员权利保障条例》。2009年7月，中共中央颁布《中国共产党巡视工作条例（试行）》，标志着党内巡视制度正式形成。为从源头上防治用人腐败，2010年3月，中共中央办公厅印发《党政领导干部选拔任用工作责任追究办法（试行）》，中央组织部印发《党政领导干部选拔任用工作有关事项报告办法（试行）》《地方党委常委会向全委会报告干部选拔任用工作并接受民主评议办法（试行）》《市县党委书记履行干部选拔任用工作职责离任检查办法（试行）》，形成了干部工作四项监督制度。此外，中央纪委还会同有关部门制定了一系列配套规定。这些法规和规定的出台，初步形成了以党章为核心、以监督条例为主干、以一系列办法和配套规定为重要补充的党内监督法规制度体系。2006年2月，中国成为《联合国反腐败公约》缔约国，加强反腐败的国际合作。

在依法查处大案要案方面，坚持查处重点案件的同时，着重查办领导干部利用人事权、司法权、行政审批权、行政执法权等搞官商勾结、权钱交易、索贿受贿的案件，为黑恶势力充当"保护伞"的案件，严重侵害群众利益的案件，群体性事件和重大责任事故背后的腐败案件。自 2007 年 11 月至 2012 年 6 月，全国纪检监察机关共立案 643759 件，结案 639068 件，给予党纪政纪处分 668429 人，涉嫌犯罪被移送司法机关处理 24584 人。全国共查办商业贿赂案件 81391 件，涉案金额 222.03 亿元。中央坚决查处了陈良宇、薄熙来等一批重大违纪违法案件，彰显了中国共产党反对腐败的坚强决心。

在反腐倡廉教育方面，中共中央印发《建立健全惩治和预防腐败体系 2008—2012 年工作规划》，要求加强领导干部党风廉政教育，加强面向全党全社会的反腐倡廉宣传教育，把反腐倡廉宣传教育纳入全党宣传教育总体部署。2010 年 6 月，中共中央办公厅印发的《2010—2020 年干部教育培训改革纲要》将党性党风党纪教育纳入干部教育培训整体规划，列入各级党校、行政学院和干部培训院校课程。按照上述规划关于加强廉政文化建设的要求，中央纪委等六部委印发了《关于加强廉政文化建设的意见》，建立全国廉政教育基地，编写廉洁从政教材，有针对性地开展岗位廉政教育培训。对于新任领导干部和新录用的国家工作人员，进行任职和上岗前的廉政培训，建立廉政培训档案。在领导干部任职前进行廉政谈话，做到防范在先。经过全党全社会的共同努力，党风廉政建设和反腐败工作取得明显成效，为党和国家事业发展提供了有力保障。但也要看到，滋生腐败的土壤依然存在，一些领域消极腐败现象易发多发，反腐败斗争形势依然严峻。坚决遏制腐败蔓延势头，还需要付出艰辛努力。

第六章 ‖ 中国特色社会主义进入新时代和实现中华民族伟大复兴的中国梦（2012—2017）

中共十八大以来，中国特色社会主义进入新时代，以习近平同志为核心的党中央团结带领全党全国各族人民，提出实现中华民族伟大复兴的中国梦，统筹推进"五位一体"总体布局，协调推进"四个全面"战略布局，深化国防和军队改革，保持香港、澳门繁荣稳定，推进祖国统一进程，推进中国特色大国外交，推动构建人类命运共同体，解决了许多过去想解决而没有解决的难题，办成了许多过去想办而没有办成的大事。党和国家事业取得了全方位、开创性成就，实现了深层次、根本性变革。

一、中共十八大和实现中华民族伟大复兴的中国梦

中共十八大以来，以习近平同志为核心的党中央在新的历史条件下续写坚持和发展中国特色社会主义这篇大文章，

深刻阐释中华民族伟大复兴中国梦的基本内涵、实践途径和依靠力量，胜利完成"十二五"规划，顺利实施"十三五"规划，团结带领全党全国各族人民向着"两个一百年"奋斗目标阔步前进。

中共十八大和"两个一百年"奋斗目标的确立

2012年11月8日至14日，中国共产党第十八次全国代表大会在北京召开。中共十八大是在中国进入全面建成小康社会决定性阶段召开的一次十分重要的大会。大会的主题是：高举中国特色社会主义伟大旗帜，以邓小平理论、"三个代表"重要思想、科学发展观为指导，解放思想，改革开放，凝聚力量，攻坚克难，坚定不移沿着中国特色社会主义道路前进，为全面建成小康社会而奋斗。

大会贯穿始终的主线是坚持和发展中国特色社会主义。大会报告强调，中国特色社会主义道路、中国特色社会主义理论体系、中国特色社会主义制度，是党和人民90多年奋斗、创造、积累的根本成就，必须倍加珍惜、始终坚持、不断发展。建设中国特色社会主义，总依据是社会主义初级阶段，总布局是社会主义经济建设、政治建设、文化建设、社会建设、生态文明建设"五位一体"，总任务是实现社会主义现代化和中华民族伟大复兴。

大会确立了"两个一百年"奋斗目标。大会报告指出，只要我们胸怀理想、坚定信念，不动摇、不懈怠、不折腾，顽强奋斗、艰苦奋斗、不懈奋斗，就一定能在中国共产党成立一百年时全面建成小康社会，就一定能在新中国成立一百年时建成富强民主文明和谐的社会主义现代化国家。

大会确立了科学发展观的历史地位，提出了夺取中国特色社会主义新胜利的基本要求，确定了全面建成小康社会和全面深化改革开放的目标，对新的时代条件下推进中国特色社会主义事业作出了全面部署，对全面提高党的建设科学化水平提出了明确要求。

大会通过关于《中国共产党章程（修正案）》的决议，选举产生第十八届中央委员会和中央纪律检查委员会。中共十八届一中全会选举习近平、李克强、张德江、俞正声、刘云山、王岐山、张高丽为中央政治局常委，习近平为中央委员会总书记；决定习近平为中央军委主席；批准王岐山为中央纪律检查委员会书记。

2012年11月15日，习近平在十八届中央政治局常委与中外记者见面会上说："人民对美好生活的向往，就是我们的奋斗目标。人世间的一切幸福都需要靠辛勤的劳动来创造。我们的责任，就是要团结带领全党全国各族人民，继续解放思想，坚持改革开放，不断解放和发展社会生产力，努力解决群众的生产生活困难，坚定不移走共同富裕的道路。"

2013年3月，十二届全国人大一次会议举行，选举新一届国家机构领导人员，审议批准国务院机构改革和职能转变方案。会议选举习近平为中华人民共和国主席、中华人民共和国中央军事委员会主席，选举张德江为全国人大常委会委员长，决定李克强为国务院总理。同期举行的全国政协十二届一次会议选举俞正声为全国政协主席。

实现中华民族伟大复兴的中国梦

在实现民族复兴的关键时期，习近平鲜明提出"中国梦"，开启了中国人民接续奋斗、实现伟大梦想的新征程。

2012年11月，习近平在国家博物馆参观《复兴之路》展览时指出："实现中华民族伟大复兴，就是中华民族近代以来最伟大的梦想。这个梦想，凝聚了几代中国人的夙愿，体现了中华民族和中国人民的整体利益，是每一个中华儿女的共同期盼。""我们这一代共产党人一定要承前启后、继往开来，把我们的党建设好，团结全体中华儿女把我们国家建设好，把我们民族发展好，继续朝着中华民族伟大复兴的目标奋勇前进。"

2013年3月，习近平在十二届全国人大一次会议进一步阐明中国梦的本质内涵。他指出，实现中华民族伟大复兴的中国梦，就是要实现国家富强、民族振兴、人民幸福。中国梦归根到底是人民的梦。国家富强，就是要全面建成小康社会，并在此基础上建设富强民主文明和谐美丽的社会主义现代化强国；民族振兴，就是要使中华民族更加坚强有力地自立于世界民族之林，为人类作出新的更大贡献；人民幸福，就是要坚持以人民为中心，增进人民福祉，促进人的全面发展，朝着共同富裕方向稳步前进。中国梦把国家的追求、民族的向往、人民的期盼融为一体，体现了中华民族和中国人民的整体利益，表达了每个中华儿女的共同愿景，成为激荡在中国人民心中的高昂旋律，成为中华民族团结奋斗的最大公约数和最大同心圆。人民是实现中国梦的主体，是中国梦的创造者和享有者。习近平强调，实现中国梦必须走

★ 2013 年 4 月 23 日，南京市雨花台小学的学生在"读书节"启动仪式上拼贴"读书放飞中国梦"书形图板

中国道路，实现中国梦必须弘扬中国精神，实现中国梦必须凝聚中国力量。

实现中华民族伟大复兴的中国梦，是以习近平同志为核心的党中央对全体中国人民的庄严承诺，是党和国家面向未来的政治宣言，充分体现了中国共产党高度的历史担当和使命追求，为新时代坚持和发展中国特色社会主义注入了崭新内涵。涓流汇海，聚沙成塔。在中国，每一个人都是追梦人，每个单位组织都是梦之队，中国力量空前凝聚，都在为筑梦圆梦而奔跑奋斗。

中华民族伟大复兴，绝不是轻轻松松、敲锣打鼓就能实现的，必须准备付出更为艰巨、更为艰苦的努力。为了实现中华民族伟大复兴的中国梦，以习近平同志为核心的党中央作出了统筹推进"五位一体"总体布局、协调推进"四个全面"战略布局的部署。

建设中国特色社会主义的总体布局是经济建设、政治建设、文化建设、社会建设、生态文明建设"五位一体",这是中国共产党对社会主义建设规律在实践和认识上不断深化的重要成果。改革开放以来,随着经济社会发展和实践的深入,从提出物质文明、精神文明"两个文明",到提出经济、政治、文化建设"三位一体",经济、政治、文化、社会建设"四位一体",再到"五位一体",是重大理论和实践创新,更带来了发展理念和发展方式的深刻转变。"五位一体"各方面相互联系、相互促进、不可分割,共同构成中国特色社会主义事业的全局。

党中央在建设中国特色社会主义、实现中华民族伟大复兴中国梦的进程中,形成了"四个全面"战略布局。2013年11月,中共十八届三中全会对全面深化改革作出系统部署。2014年10月,中共十八届四中全会对全面依法治国作出战略部署。12月,习近平在江苏调研时首次提出协调推进全面建成小康社会、全面深化改革、全面依法治国、全面从严治党。2015年2月,习近平在省部级主要领导干部学习贯彻十八届四中全会精神全面推进依法治国专题研讨班开班式上明确将"四个全面"定位为"战略布局"。10月,中共十八届五中全会通过"十三五"规划纲要建议,明确决胜全面建成小康社会蓝图。2016年10月,中共十八届六中全会对全面从严治党作出重要部署。"四个全面"战略布局,是党在新时代把握中国发展新特征确定的治国理政新方略,抓住了党和国家事业发展中根本性、全局性、紧迫性的重大问题,擘画了推进改革开放和现代化建设的顶层设计，集中体现了党和国家事业长远发展的战略目标和举措。

统筹推进"五位一体"总体布局、协调推进"四个全面"战略布局的形成，标志着党对中国特色社会主义建设规律的把握达到了一个前所未有的新高度。

"十二五"规划的完成和"十三五"规划的制定

"十二五"时期是不平凡的五年。面对错综复杂的国际环境和艰巨繁重的国内改革发展稳定任务，中国共产党团结带领全国各族人民顽强拼搏、开拓创新，奋力开创了党和国家事业发展新局面。

"十二五"时期，经济持续较快发展，国内生产总值年均增长7.8%，经济总量稳居世界第二位，成为全球第一货物贸易大国和主要对外投资大国。2010年至2015年，人均国内生产总值从29748元增至49351元，城镇居民人均可支配收入年均增长7.7%，农村居民人均纯收入年均增长9.6%，城乡差距趋于缩小，常住人口城镇化率从47.5%升至56.1%，农村贫困人口减少1亿多人。经济结构调整取得重大进展，农业综合生产能力明显增强，服务业成为第一大产业，工业化与信息化融合加深，建成全球最大的第四代移动通信网络。科技创新实现重大突破，量子通信、中微子振荡、高温铁基超导等基础研究取得一批原创性成果，载人航天、探月工程、深海探测等项目达到世界先进水平。基础设施水平全面跃升，铁路营业里程达到12.1万公里，其中高铁超过 1.9 万公里，占全球 60% 以上，南水北调的东、中线工程通水。公共服务体系基本建立、覆盖面持续扩大，基本医疗保险实现全覆盖，基本养老保险参保率超过 80%，全民健康状况明显改善。人民民主不断扩大，依法治国开启新征程。生态文明建设取得新进展，主体功能区制度逐步健全，单位国内生产总值能耗下降 18.2%，主要污染物排放量减少 12% 以上。全方位外交取得重大进展，对外开放不断深入。中华民族伟大复兴的中国梦和社会主义核心价值观深入人心，国家文化软实力不断增强。中国特色军事变革成就显著，强军兴军迈出新步伐。全面从严治党开创新局面，党风廉政建设成效显著。"十二五"规划目标的胜利实现，使中国的经济实力、科技实力、国防实力、国际影响力又上了一个大台阶。

★ 南水北调中线一期工程河南淅川陶岔渠首枢纽工程

2015年10月，中共十八届五中全会召开，审议通过《中共中央关于制定国民经济和社会发展第十三个五年规划的建议》。理念先行是规划建议最鲜明的特点和突出亮点。《建议》提出了创新、协调、绿色、开放、共享的五大新发展理念。其中，创新是引领发展的第一动力，协调是持续健康发展的内在要求，绿色是永续发展的必要条件和人民对美好生活追求的重要体现，开放是国家繁荣发展的必由之路，共享是中国特色社会主义的本质要求。《建议》强调，坚持创新、协调、绿色、开放、共享发展，是关系发展全局的一场深刻变革，全党同志要充分认识这场变革的重大现实意义和深远历史意义，统一思想，协调行动，深化改革，开拓前进，推动发展迈上新台阶。

根据《建议》，国务院加紧编制"十三五"规划纲要。2016年3月，十二届全国人大四次会议批准了《中华人民共和国国民经济和社会发展第十三个五年规划纲要》。"十三五"规划纲要按照全面建成小康社会的目标要求，明确了今后五年经济社会发展的主要目标：经济保持中高速增长；创新驱动发展成效显著；发展协调性明显增强；人民生活水平和质量普遍提高；国民素质和社会文明程度显著提高；生态环境质量总体改善；各方面制度更加成熟定型。

"十三五"规划纲要还明确了165项重大工程。主要有：重大人才工程、农业现代化重大工程、高端装备创新发展工程、信息化重大工程、交通建设重点工程、能源发展重大工程、新型城镇化建设重大工程、特殊类型地区发展重大工程、海洋重大工程、资源节约集约循环利用重大工程、环境治理保护重点工程、山水林田湖生态工程、脱贫攻坚重点工程、教育现代化重大工程、文化重大工程等。这些重大工程贯彻落实新发展理念，在各领域发展中具有基础性、关键性、引领性、战略性作用，对牵引和带动"十三五"时期经济社会发展具有重大意义。

二、统筹推进"五位一体"总体布局

面对复杂严峻的外部环境和中国经济发展进入新常态等一系列深刻变化，党中央带领全党全国各族人民，迎难而上、开拓进取，经济建设取得重大成就，民主法治建设迈出重大步伐，思想文化建设取得重大进展，人民生活水平不断提高，生态文明建设取得显著成效，不断把中国特色社会主义事业推向前进。

促进经济向高质量发展转变

面对国内外错综复杂的经济形势，中国坚定贯彻创新、协调、绿色、开放、共享的新发展理念，坚持稳中求进工作总基调，以供给侧结构性改革为主线，保持经济中高速增长，着力优化经济结构，不断提升发展质量。

作出中国经济进入新常态重大论断。针对经济发展处于增长速度换挡期、结构调整阵痛期和前期刺激政策消化期"三期叠加"阶段的基本特征和工作要求，2013年12月，习近平在中央经济工作会议上首次提出"新常态"。2014年12月，习近平在中央经济工作会议上指出，中国经济正在向形态更高级、分工更复杂、结构更合理的阶段演化，经济发展方式正从规模速度型粗放增长转向质量效率型集约增长，经济结构正从增量扩能为主转向调整存量、做优增量并存的深度调整，经济发展动力正从传统增长点转向新的增长点。

以新发展理念为指引。中共十八届五中全会明确提出以人民为中心的发展思想，提出创新、协调、绿色、开放、共享的新发展理念。新发展理念集中体现了新时代的发展思路、发展方向、发展着力点。在新发展理念的指引下，中国坚持以创新理念提高发展质量和效益，以协调理念形成平衡发展结构，以绿色理念改善生态环境，以开放理念实现合作共赢，以共享理念增进人民福祉，推动发展迈上新台阶。

以推进供给侧结构性改革为主线。中国经济运行面临的突出矛盾和问题，虽然有周期性、总量性因素，但根源是实体经济结构性供需失衡、金融和实体经济失衡、房地产和实体经济失衡等重大结构性失衡。为解决这些问题，2015 年11 月，习近平在中央财经领导小组第十一次会议上首次提出"供给侧结构性改革"。12 月，中央经济工作会议对供给侧结构性改革作出全面部署。会议指出，推进供给侧结构性改革，是适应和引领经济发展新常态的重大创新和必然要求。围绕供给侧结构性改革，中国坚持稳增长、调结构、惠民生、防风险，实行宏观政策要稳、产业政策要准、微观政策要活、改革政策要实、社会政策要托底的总体思路，保持经济运行在合理区间，在适度扩大总需求的同时，去产能、去库存、去杠杆、降成本、补短板，提高供给体系质量和效率，推动社会生产力水平整体改善。随着供给侧结构性改革推进，实体经济活力不断释放，经济结构不断优化，基础设施建设快速推进，传统产业加快升级，新兴产业蓬勃发展。

大力实施创新驱动发展战略。面临新一轮全球科技革命与产业变革的重大机遇和挑战，亟须加快科技创新。2015年3月，中共中央、国务院印发《关于深化体制机制改革加快实施创新驱动发展战略的若干意见》，对推动科技创新作出顶层设计。2016年5月，中共中央、国务院印发《国家创新驱动发展战略纲要》，提出把创新驱动发展作为国家的优先战略，以科技创新为核心带动全面创新，以体制机制改革激发创新活力，以高效率的创新体系支撑高水平的创新型国家建设，推动经济社会发展动力根本转变。随着创新驱动发展战略深入实施，创新型国家建设硕果累累，国家整体科技实力和许多领域科技水平明显提升，天宫一号

★ 2016年9月25日，世界最大单口径射电望远镜——500米口径球面射电望远镜（FAST）宣告落成启用

空间实验室、蛟龙号载人潜水器、天眼射电望远镜、悟空号暗物质粒子探测卫星、墨子号量子科学实验卫星、C919大型客机等重大科技成果相继问世。云计算、大数据、物联网、移动互联网、人工智能等新一代信息技术广泛深入应用，移动支付、共享出行、工业互联、智慧城市等数字经济加快推进，为发展注入新动能，为社会带来深刻变革。

增强城乡区域发展协调性。中国坚持走新型工业化、信息化、城镇化、农业现代化道路，工业化和城镇化良性互动，城镇化和农业现代化相互协调。农业现代化稳步推进，粮食生产能力达到 1.2 万亿斤，确保了谷物基本自给、口粮绝对安全的国家粮食安全战略。新型城镇化战略有序实施，城镇化率年均提高 1.2 个百分点，8000 多万农业转移人口成为城镇居民。实施以疏解北京非首都功能为重点的京津冀协同发展战略，以共抓大保护、不搞大开发为导向的长江经济带发展，以促进合作共赢为落脚点的"一带一路"建设、粤港澳大湾区建设。这些重大战略举措对破解发展不平衡不充分问题，具有深远影响。

健全开放型经济体制。2013 年 9 月，中国（上海）自由贸易试验区挂牌成立。截至 2017 年，中国设立了 11 个自由贸易试验区，形成了东西南北中协调、陆海统筹的开放态势，推动形成新一轮全面开放格局。自贸试验区试行准入前国民待遇加负面清单管理制度取得显著成效，设立外资企业的时间由过去的 1 个月减少到 3 天左右。2016 年，国际货币基金组织将人民币纳入特别提款权货币篮子，人民币成为 5 种主要国际货币之一。作为世界第二大经济体、第一大工业国、第一大货物贸易国、第一大外汇储备国，中国连续多年对世界经济增长贡献率超过 30%。

发展社会主义民主政治

中共十八大以来，党的领导、人民当家作主、依法治国有机统一的制度建设全面加强，党的领导体制机制不断完善，社会主义民主不断发展，社会主义协商民主全面展开，爱国统一战线巩固发展，社会主义民主政治建设迈出重大步伐。

坚持走中国特色社会主义政治发展道路。2012 年 12 月，习近平在首都各界纪念现行宪法公布施行 30 周年大会上，概括了中国特色社会主义政治发展道路的核心内涵，强调坚持中国特色社会主义政治发展道路，关键是要坚持党的领导、人民当家作主、依法治国有机统一。2014 年 9 月，习近平在庆祝全国人民代表大会成立 60 周年大会上，进一步阐述了中国特色社会主义政治发展道路的历史逻辑、理论逻辑、实践逻辑，深刻总结了中国特色社会主义政治制度的优势和特点。他指出，发展社会主义民主政治，关键是要增加和扩大我们的优势和特点，而不是要削弱和缩小我们的优势和特点。

完善党的领导体制机制。2015 年 6 月，中共中央印发《中国共产党党组工作条例（试行）》，这是党组工作方面第一部专门党内法规，成为规范党组设立和运行、确保党全面领导的遵循。从 2015 年开始，中央政治局每年召开会议，专门听取全国人大常委会、国务院、全国政协、最高人民法院和最高人民检察院党组工作汇报。党中央还先后印发文件，加强和改进党对基层群众自治、群团工作等的领导，强化党总揽全局、协调各方的领导核心作用。

坚持和完善人民代表大会制度。深化拓展人大代表工作，十二届全国人大建立了委员长会议组成人员、常委会委员联系全国人大代表制度，实现了基层全国人大代表任期内至少列席一次常委会会议的目标；各级人大都制定了代表密切联系人民群众的实施意见，组织代表开展调研和视察，畅通社情民意表达渠道。建立全国人大专门委员会、常委会工作机构组织起草重要法律草案制度，充分发挥立法机关表达、平衡、调整社会利益的作用，最大限度凝聚立法共识。健全人大讨论决定重大事项制度，要求各级政府重大决策出台前向本级人大报告。完善监督工作机制，健全执法检查工作机制，改进和完善专题询问，加强对宪法法律实施和"一府两院"工作的监督。加强县乡两级人大工作和建设，夯实国家政权建设和党长期执政基础。

全面开展社会主义协商民主。中共十八大提出，社会主义协商民主是我国人民民主的重要形式，要完善协商民主制度和工作机制，推进协商民主广泛、多层、制度化发展。中共十八届三中全会提出，协商民主是我国社会主义民主政治的特有形式和独特优势。2014 年 9 月，习近平在庆祝中国人民政治协商会议成立 65 周年大会上系统阐述了社会主义协商民主的来源、意义以及如何推进社会主义协商民主等重大问题。2015 年 1 月，中共中央印发《关于加强社会主义协商民主建设的意见》，为构建程序合理、环节完整的社会主义协商民主体系作出顶层设计。政党协商、人大协商、政府协商、政协协商、人民团体协商、基层协商、社会组织协商 7 种形式的协商民主全面展开，极大丰富了民主形式、拓宽了民主渠道、加深了民主内涵。

坚持和完善中国共产党领导的多党合作和政治协商制度。2015 年，中共中央办公厅印发《关于加强政党协商的实施意见》，对政党协商的内容、形式、程序、保障机制等作出规定。全国政协形成了以全体会议为龙头，以专题议政性常委会议和专题协商会为重点，以双周协商座谈会、对口协商会、提案办理协商会等为常态的协商议政格局。

坚持和完善民族区域自治制度。2014 年 9 月，中央民族工作会议举行。会议强调，民族区域自治制度是一项基本政治制度，是中国特色解决民族问题的正确道路的重要内容，要坚持统一和自治相结合、民族因素和区域因素相结合，把宪法和民族区域自治法的规定落实好。国家实行差别化区域政策，优化转移支付和对口支援机制，重点抓好扶贫开发、民生福祉、生态保护等工作，推动少数民族和民族地区加快发展、跨越式发展，确保全面小康路上一个民族也不能少，促进各民族像石榴籽一样紧紧抱在一起。

巩固和发展最广泛的爱国统一战线。2015 年 5 月，中央统战工作会议举行。习近平在会上科学回答了新形势下需要不需要统一战线、需要什么样的统一战线、怎样巩固和发展统一战线等重大问题，强调要巩固和发展最广泛的爱国统一战线。同月，中共中央印发《中国共产党统一战线工作条例（试行）》，这是关于统一战线的第一部党内法规，标志着统战工作进入制度化、规范化和程序化的新阶段。

坚持和完善基层群众自治制度。2017 年 3 月，十二届全国人大五次会议通过立法明确了村民委员会、居民委员会具有基层群众性自治组织特别法人资格，可以从事履职所需的民事活动。在基层党组织领导下，广大群众广泛实行自我管理、自我服务、自我教育、自我监督。截至 2016 年，全国 98％的村制定了村规民约或村民自治章程，城市社区普遍制定了居民公约或居民自治章程。农村实现村务监督委员会全覆盖，城市社区居务监督形式日渐丰富，普遍实行村（居）务公开，基层民主作用充分彰显。

扎实推进社会主义文化强国建设

文化兴国运兴，文化强民族强。中共十八大以来，我国坚持走中国特色社会主义文化发展道路，加强社会主义意识形态建设，弘扬社会主义核心价值观和中华优秀传统文化，发展文化事业和文化产业，推动构建中国特色哲学社会科学，主旋律更加响亮，正能量更加强劲，文化自信得到彰显，国家文化软实力和中华文化影响力大幅提升，全党全社会思想上的团结统一更加巩固。

加强党对意识形态工作的领导。2013 年 8 月，习近平在全国宣传思想工作会议上强调，能否做好意识形态工作，事关党的前途命运，事关国家长治久安，事关民族凝聚力和向心力。为落实党管意识形态原则，各级党委（党组）对本地区本部门本单位意识形态工作承担起全面领导责任。为加强意识形态阵地管理，落实谁主管谁主办谁负责和属地管理，党校、干部学院、社会科学院、高校等成为马克思主义学习、研究、宣传的重要阵地，马克思主义在意识形态领域的指导地位更加鲜明。

培育和践行社会主义核心价值观。中共十八大提出，倡导富强、民主、文明、和谐，倡导自由、平等、公正、法治，倡导爱国、敬业、诚信、友善，积极培育和践行社会主义核心价值观。国家把社会主义核心价值观融入国民教育全过程，落实到经济发展实践和社会治理中。国家还通过法定程序，将每年的 12 月 13 日设立为南京大屠杀死难者国家公祭日，将每年的 9 月 30 日设立为烈士纪念日，设立国家勋章和国家荣誉称号，通过这些形式推动全社会形成见贤思齐、崇尚英雄、争做先锋的良好风气。

推动中华优秀传统文化创造性转化、创新性发展。中共十八大以来，中国开展了第一次全国可移动文物普查，摸清国有可移动文物家底；公布了第七批全国重点文物保护单位，守护好不可移动文物；公布了第四批国家级非物质文化遗产名录，为非遗传承提供支持。一系列弘扬中华优秀传统文化的影视作品持续热播，《本草中国》《我在故宫修文物》等纪录片展现出中华文明的博大精深，《中国汉字听写大会》《中国诗词大会》等文化益智节目激发起全民学习热情。一大批具有中国气派的影视动漫作品、艺术制品、服装服饰、网络游戏等，让人民群众在潜移默化中受到优秀传统文化的浸润熏陶。"感知中国""中国文化年""欢乐春节"等文化活动，向世界展现了中华文化的博大精深与当代中国的昂扬风貌。

繁荣发展社会主义文艺。2014 年 10 月，习近平主持召开文艺工作座谈会，强调文艺要坚持为人民服务、为社会主义服务这个根本方向。会后，全国文艺工作者陆续奔赴基层，开展"深入生活、扎根人民"的主题实践活动，采风创

★ 土家族传统歌舞"八宝铜铃舞"是首批湖北省级非物质文化遗产。图为 2017 年 9 月 16 日，湖北宣恩县贡水河畔，孩子们正在练习"八宝铜铃舞"

作、慰问演出，把人民作为文艺表现的主体，践行为人民抒写、为人民抒情、为人民抒怀的要求。文艺创作精品频出，一批批思想性、艺术性、观赏性相统一的文艺作品获得了口碑和市场双丰收。

　　加强新闻舆论工作和互联网建设管理运用。2016 年 2 月，习近平到人民日报社、新华社、中央电视台进行实地调研，随后主持召开党的新闻舆论工作座谈会，提出党的新闻舆论工作职责和使命。主流媒体以此为根本遵循，权威发声，激浊扬清，发挥了"定音鼓""风向标""压舱石"的作用，保持了舆论场内的风清气正。4 月，习近平主持召开网络安全和信息化工作座谈会，提出要建设网络良好生态，发挥网络引导舆论、反映民意的作用。党中央先后出台《关于推动传统媒体和新兴媒体融合发展的指导意见》《关于实施网络内容建设工程的意见》等文件。传统媒体和新兴媒体融合加速发展，主流媒体实现"报、刊、台、网、微、端"传播全覆盖，在传播力、引导力、影响力和公信力方面展现出更大优势。《筑梦路上》《将改革进行到底》等纪录片、专题片，在传统与新兴媒体平台同步推出，引发全社会热烈反响。

加快构建中国特色哲学社会科学。2016 年 5 月，习近平主持召开哲学社会科学工作座谈会，提出哲学社会科学是人们认识世界、改造世界的重要工具，是推动历史发展和社会进步的重要力量。广大哲学社会科学工作者要坚持马克思主义在哲学社会科学领域的指导地位，按照立足中国、借鉴国外、挖掘历史、把握当代、关怀人类、面向未来的思路，着力构建中国特色哲学社会科学，在指导思想、学科体系、学术体系、话语体系等方面日益体现出中国特色、中国风格、中国气派。

构建现代公共文化服务体系。中国加快创新公共文化管理体制和运行机制，创新基层公共文化管理机制，出台公共文化服务保障法、公共图书馆法、文化志愿服务管理办法等法律法规，构建起现代公共文化服务体系的制度框架。制定国家公共文化服务标准和指标体系，促进基本公共文化服务标准化、均等化发展。继续实施文化惠民工程，推进基层公共文化设施共建共享，推动贫困地区公共文化服务体系建设跨越式发展。公共文化服务设施全部免费开放，基本实现了"县有公共图书馆、文化馆，乡有综合文化站"的建设目标。

推动文化事业和文化产业健康发展。国有文化企业坚持把社会效益放在首位，实现社会效益和经济效益相统一。经营性文化事业单位规范进行转企改制，健全现代文化产业体系和市场体系。一大批图书出版、影视制作、文艺演出、电影院线、图书发行、有线电视网络等文化内容生产企业和文化信息传播企业迅速成长，文化精品不断涌现，有力促进了文化产业发展和文化市场繁荣。

改善民生和创新社会治理

中国全面深入贯彻以人民为中心的发展思想，一大批惠民举措落地实施，社会治理体系更加完善，人民的获得感、幸福感和安全感显著增强。

就业状况持续改善。中共十八大提出推动实现更高质量的就业，实施就业优先战略和更加积极的就业政策。国家大力推动创业创新，牢牢稳住就业基本盘；积极推进就业转型，不断提升就业质量；突出抓好高校毕业生、农村剩余劳动力、分流安置职工、退伍军人等重点群体就业创业。中共十八大之后的五年，在经济增速放缓、结构调整深化、劳动力高位运行的情况下，中国解决了6500万新增就业问题，其中主要是青年人；解决了2790多万下岗失业人员的再就业问题；解决了880多万城镇困难人员的就业问题，其中包括28万户零就业家庭实现了动态清零。

收入分配更趋合理。中国实施了一系列促进公平分配的政策：加强国企高管薪酬管理，改革机关事业单位工资制度，健全加快农民增收长效机制，调整中央对地方转移支付，完善义务教育经费保障机制等。居民收入增速持续超过经济增速，农村居民人均可支配收入增速持续超过城镇居民。全国居民初步实现工资增长与劳动生产率提高基本同步，农村居民收入增速超过城镇居民，城乡居民收入差距缩小。2017 年，城乡居民人均可支配收入之比为 2.71，比 2012 年下降 0.17。

覆盖城乡居民的社会保障体系基本建立。2014 年，国务院印发《关于建立统一的城乡居民基本养老保险制度的意见》，要求整合城镇居民基本养老保险和新型农村基本养老保险。同年，启动机关事业单位养老保险制度改革，实行与企业同样的制度模式，破除养老金双轨制。2016 年，国务院印发《关于整合城乡居民基本医疗保险制度的意见》，整合城镇居民基本医疗保险和新型农村合作医疗。到 2017 年底，养老保险覆盖超过 9 亿人，覆盖率超过 90%；基本医疗保险覆盖超过 13 亿人，基本实现全民医保。其他各项社会保险、社会福利、社会优抚事业加快发展，人民群众面对年老、疾病、失业、工伤、残疾、贫困等风险时都有了相应制度保障。

教育事业全面发展。公共财政优先保障教育，国家财政性教育经费占国内生产总值比例始终保持在 4% 以上。重点改善贫困地区义务教育薄弱学校基本办学条件，实施中西部高等教育振兴计划。建成覆盖各级各类教育的家庭经济困难学生资助体系，实施农村义务教育学生营养改善计划。全面提升基础教育、职业教育、高等教育、特殊教育等的教学质量。更加重视教师队伍建设，制定乡村教师队伍专门政策，调动教师积极性，不断夯实教育强国根基。

人民健康和医疗卫生水平大幅提高。习近平指出，要把人民健康放在优先发展的战略地位，加快推进健康中国建设。中国医药卫生体制改革积极探索、扎实推进，全面实施城乡居民大病保险，推开县级公立医院改革，建立国家基本药物制度，建立起由基本医疗、大病保险、应急救助、医疗救助构成的基本医疗保障体系。中国居民主要健康指标总体上已经优于中高收入国家平均水平。

社会治理体系更加完善。中共十八届三中全会首次提出创新社会治理，提高社会治理水平。从"社会管理"到"社会治理"，一字之差，体现的是系统治理、依法治理、源头治理、综合施策。在实践中，社会治理重心下移，把更多资源下沉到基层，更好提供精准化、精细化服务。各地普遍推行网格化管理，把一定范围内的人、地、物、事、组织全部纳入网格，将治理触角延伸到社会末梢，把服务工作做到群众身边。为了完善正确处理新形势下人民内部矛盾的有效机制，2013 年 10 月，习近平指示要求把"枫桥经验"坚持好、发展好。各级党委和政府依托基层组织，完善矛盾排查预警机制，构建起调解、仲裁、行政裁决、行政复议、诉讼等有机衔接、相互协调的多元化纠纷解决体系。各地还积极推广自治、法治、德治相融合的基层治理模式，畅通民主渠道，开展基层协商，推进城乡社会协商制度化、规范化和程序化。各地还立足自身人文特色，完善乡规民约等行为准则，大力开展乡风、家风建设，传承向上、向善美德。

建设美丽中国

中国大力推进生态文明建设，全党全国贯彻绿色发展理念的自觉性和主动性显著增强，忽视生态环境保护的状况明显改变。习近平高度重视生态文明建设，在国内外多个场合强调保护生态环境的重要性。2013年4月，习近平在海南考察工作时指出，良好生态环境是最公平的公共产品，是最普惠的民生福祉。9月，习近平在哈萨克斯坦纳扎尔巴耶夫大学演讲时强调，绿水青山就是金山银山。2015年1月，习近平在云南考察工作时指出，像保护眼睛一样保护生态环境，像对待生命一样对待生态环境。这些论断，成为全党、全社会、全体人民的最大共识。中共十八大以来，生态文明建设决心之大、力度之大、成效之大，均前所未有。

加强生态文明建设顶层设计。2013年11月，中共十八届三中全会提出，要紧紧围绕建设美丽中国，深化生态文明体制改革，加快建立生态文明制度。2015年4月，中共中央、国务院印发《关于加快推进生态文明建设的意见》，将"绿水青山就是金山银山"理念写入其中，为资源节约、生态保护、环境治理提供了行动纲领。9月，中共中央、国务院印发《生态文明体制改革总体方案》，搭建了生态文明制度体系的"四梁八柱"，确定了改革路线图。

生态文明制度体系加快形成。《生态文明体制改革总体方案》有序实施，各项改革扎实推进：自然资源资产产权制度改革稳步展开，主体功能区制度逐步健全，空间规划体系改革试点全面启动，资源总量管理和全面节约制度不断强化，资源有偿使用和生态补偿制度改革持续推进，环境治理体系改革力度明显加大，环境治理和生态保护市场体系加快建立，生态文明绩效评价考核和责任追究制度全面建立。此外，生态环境损害赔偿制度、国家生态文明试验区、国家公

★ 上图：2003 年的浙江省淳安县枫树岭镇下姜村；下图：2017 年 8 月 9 日航拍的浙江省淳安县枫树岭镇下姜村

园等改革试点进展顺利。

环境污染防治力度空前。中国紧盯环保重点领域、关键问题和薄弱环节，采取标本兼治的措施，坚决遏制环境污染蔓延态势。一方面，加强环保立法。2014年4月，全国人大常委会通过修订后的《中华人民共和国环境保护法》，规定每年的6月5日为环境日。该法从2015年开始实施，在打击环境违法犯罪方面力度空前，被称为"史上最严"环境保护法。另一方面，制定专项污染防治计划。2013年、2015年和2016年，国务院分别印发大气、水、土壤等三大污染防治行动计划。

生态保护修复成效显著。全面停止天然林商业性采伐，实施沙化土地封禁保护区试点，加大退耕退牧还林还草工程力度，全面停止新增围填海，推进大规模国土绿化等，森林、草原、湿地等重要生态功能区得到休养生息。同时，贯彻"山水林田湖是一个生命共同体"的理念，全面推行河长制，对江河进行统一保护、统一修复。

绿色生产生活方式逐渐形成。2017年5月，习近平强调，要加快构建科学适度有序的国土空间布局体系、绿色循环低碳发展的产业体系、约束和激励并举的生态文明制度体系、政府企业公众共治的绿色行动体系等"四大体系"，并加快构建生态功能保障基线、环境质量安全底线、自然资源利用上线等"三大红线"，全方位、全地域、全过程开展生态环境保护建设。围绕绿色发展和绿色生活，中国加快完善相关法律法规和政策体系，建立健全循环发展的经济体系，倡导简约适度的生活方式，取得了明显成效。2013年到2017年，清洁能源消费量占能源消费总量的比重由15.5%升至

20.8%，万元国内生产总值用水量由 102.9 立方米降至 78 立方米。

积极参与全球生态治理。2015 年 9 月，习近平在第七十届联合国大会上提出，国际社会应该携手同行，共谋全球生态文明建设之路。中国在 2015 年设立了气候变化南南合作基金，帮助其他发展中国家应对气候变化；在 2016 年推动制定了《二十国集团落实 2030 年可持续发展议程行动计划》，并率先批准应对气候变化的《巴黎协定》，展现了大国担当，得到了广泛赞誉。行胜于言，中国 2018 年单位国内生产总值二氧化碳排放下降 4%，比 2005 年累计下降 45.8%，相当于减排 52.6 亿吨二氧化碳，基本扭转了二氧化碳排放快速增长的局面。2000 年至 2017 年全球新增绿化面积中，中国贡献约占 1/4，居全球首位。

三、协调推进"四个全面"战略布局

中共十八大以来，全面建成小康社会成果丰硕，全面深化改革蹄疾步稳，全面依法治国扎实推进，全面从严治党成效卓著。"四个全面"战略布局相辅相成、相互促进，成为中国共产党在新形势下治国理政的总抓手，引领党和国家各项事业开创了崭新局面。

全面建成小康社会

全面建成小康社会，是中国共产党确定的"两个一百年"

奋斗目标的第一个百年奋斗目标，是中国共产党向人民、向历史作出的庄严承诺。

全面建成小康社会在"四个全面"战略布局中居于引领地位。中共十八大以来，党中央带领全党全国各族人民朝着十八大确定的全面建成小康社会宏伟目标不断迈进。2015 年 10 月，中共十八届五中全会为决胜全面建成小康社会描绘了蓝图。习近平在全会上指出，全面建成小康社会，强调的不仅是"小康"，而且更重要的也是更难做到的是"全面"。全面小康，覆盖的领域要全面，是"五位一体"全面进步；全面小康，覆盖的人口要全面，是惠及全体人民的小康；全面小康，覆盖的区域要全面，是城乡区域共同的小康。

全会在提出"十三五"时期全面建成小康社会主要目标基础上，为顺应人民群众对全面小康社会的新期待，特别突出了就业、教育、社保、住房、医疗等民生指标，进一步提高绿色指标在"十三五"规划全部指标中的权重，更加重视促进内陆地区特别是中西部地区对外开放，更加注重通过改善二次分配促进社会公平，等等。

脱贫攻坚是全面建成小康社会的底线任务和标志性指标。2015 年 11 月，中央扶贫开发工作会议在北京召开，部署脱贫攻坚。会后，中共中央、国务院作出《关于打赢脱贫攻坚战的决定》，明确提出脱贫攻坚的目标：到 2020 年，稳定实现农村贫困人口"两不愁、三保障"（不愁吃、不愁穿，义务教育、基本医疗和住房安全有保障）；实现贫困地区农民人均可支配收入增长幅度高于全国平均水平，基本公共服务主要领域指标接近全国平均水平；确保现行标准下农村贫

★ 2013 年 11 月，习近平在湖南湘西考察时首次提出"精准扶贫"理念。图为习近平在湘西土家族苗族自治州花垣县排碧乡十八洞村同村干部和村民座谈

困人口实现脱贫，贫困县全部摘帽，解决区域性整体贫困。2016 年，脱贫攻坚战集中于条件较差、基础较弱、贫困程度较深的地区，农村贫困人口减少至 4335 万人。2017 年 6月，习近平在太原主持召开深度贫困地区脱贫攻坚座谈会，提出合理确定脱贫目标、集中优势兵力打攻坚战等八项加快推进深度贫困地区脱贫攻坚的要求。截至 2017 年末，农村贫困人口从 2012 年末的 9899 万人降至 3046 万人，累计减少 6853 万人；贫困发生率从 2012 年末的 10.2%下降至 3.1%。脱贫攻坚战取得决定性进展。

为确保如期全面建成小康社会，国家还实施了一批具有标志性的重大战略、重大工程、重大举措，着力解决突出问题和明显短板。其中主要有：加快提高户籍人口城镇化率，落实使1亿左右农民工和其他常住人口在城镇定居落户的目标；实施一批国家重大科技项目和在重大创新领域组建一批国家实验室；加强统筹协调，改革并完善适应现代金融市场发展的金融监管框架；实行能源和水资源消耗、建设用地等总量和强度双控行动；实行省以下环保机构监测监察执法垂直管理制度；等等。这些举措顺应了新形势新任务的要求，破解了改革发展的症结，回应了人民群众最殷切的期盼。

全面深化改革

全面深化改革是"四个全面"战略布局中最具突破性和先导性的关键环节。2012年12月，习近平在主持中央政治局集体学习时指出，改革开放是一项长期的、艰巨的、繁重的事业，必须以更大的政治勇气和智慧，不失时机深化重要领域改革。改革开放只有进行时，没有完成时。

2013年11月，中共十八届三中全会对全面深化改革进行研究，审议通过《中共中央关于全面深化改革若干重大问题的决定》。这次全会是划时代的。在全面总结改革开放35年来的伟大成就和重要经验的基础上，全会对全面深化改革的战略重点、优先顺序、主攻方向、工作机制、推进方式和时间表、路线图进行了总部署，改革理论和政策实现一系列新的重大突破，开启了全面深化改革、系统整体设计推进改革的新时代，开创了中国改革开放的全新局面，对推动中国特色社会主义事业发展产生重大而深远的影响。

全会提出，全面深化改革的总目标是完善和发展中国特色社会主义制度，推进国家治理体系和治理能力现代化。全会要求，到 2020 年在重要领域和关键环节改革上取得决定性成果，形成系统完备、科学规范、运行有效的制度体系，使各方面制度更加成熟更加定型。

全会明确了全面深化改革的路线图。一是紧紧围绕使市场在资源配置中起决定性作用深化经济体制改革；二是紧紧围绕坚持党的领导、人民当家作主、依法治国有机统一深化政治体制改革；三是紧紧围绕建设社会主义核心价值体系、社会主义文化强国深化文化体制改革；四是紧紧围绕更好保障和改善民生、促进社会公平正义深化社会体制改革；五是紧紧围绕建设美丽中国深化生态文明体制改革；六是紧紧围绕提高科学执政、民主执政、依法执政水平深化党的建设制度改革。

全会明确了共60条、300多项改革举措，涉及范围之广、力度之大，均前所未有。其中涉及的几个重大问题和重大举措包括：使市场在资源配置中起决定性作用和更好发挥政府作用；坚持和完善基本经济制度；深化财税体制改革；健全城乡发展一体化体制机制；推进协商民主广泛多层制度化发展；深化司法体制和运行机制改革；健全反腐败领导体制和工作机制；加快完善互联网管理领导体制；设立国家安全委员会；健全国家自然资源资产管理体制和完善自然资源监管体制；中央成立全面深化改革领导小组。

2013 年 12 月，中央全面深化改革领导小组成立，习近平任组长。以中共十八届三中全会和中央全面深化改革领导小组成立为标志，中国全面深化改革的巨幕拉开。

截至中共十九大，中央全面深化改革领导小组共召开

★ 在全面深化改革中，中国大力推进"放管服"（简政放权、加强监管、优化服务）改革，持续优化营商环境。图为 2017 年 9 月 25 日税务工作人员对纳税人材料进行预审，以节约其等候时间

38 次会议，着力增强改革系统性、整体性、协同性，压茬拓展改革广度和深度，审议通过 365 个重要改革文件，确定 357 个重点改革任务，推出 1500 多项改革举措。改革全面发力、多点突破、纵深推进，重要领域和关键环节改革取得突破性进展，主要领域改革主体框架基本确立。中国特色社会主义制度更加完善，国家治理体系和治理能力现代化水平明显提高，全社会发展活力和创新活力明显增强。

全面依法治国

　　全面依法治国，是解决党和国家事业发展面临的一系列重大问题，解放和增强社会活力、促进社会公平正义、维护社会和谐稳定、确保党和国家长治久安的根本要求。

中共十八大提出，要加快建设社会主义法治国家，全面推进依法治国。中共十八届三中全会进一步提出，建设法治中国，必须坚持依法治国、依法执政、依法行政共同推进，坚持法治国家、法治政府、法治社会一体建设。

2014年10月，中共十八届四中全会召开，审议通过《中共中央关于全面推进依法治国若干重大问题的决定》，明确全面推进依法治国的总目标是建设中国特色社会主义法治体系，建设社会主义法治国家。这个总目标既明确了全面推进依法治国的性质和方向，又突出了工作重点和总抓手，具有纲举目张的意义。围绕总目标，全会提出180多项重大改革举措，涵盖依法治国各个方面，对社会主义法治国家建设作出全面部署。

加强宪法实施。2012年12月4日，首都各界在人民大会堂举行纪念现行宪法公布施行30周年大会。习近平在会上强调，要恪守宪法原则，弘扬宪法精神，履行宪法使命，把全面贯彻实施宪法提高到一个新水平。2014年，全国人大常委会决定将每年的12月4日设立为国家宪法日。2015年，全国人大常委会决定实施宪法宣誓制度，要求国家工作人员在就职时，公开进行宪法宣誓。权力来自宪法、来自人民的理念日益深入人心。

完善中国特色社会主义法律体系。十二届全国人大及其常委会制定法律25件，修改法律127件次，通过有关法律问题和重大问题的决定46件次，作出法律解释9件，立法工作呈现数量多、分量重、节奏快、效果好的鲜明特点。重点领域立法取得里程碑式成果。例如，国歌法、慈善法、特种设备安全法、环境保护税法、中医药法、反家庭暴力法等审议通过，为践行社会主义核心价值观、维护国家安全、完善社会主义市场经济、改善民生福祉等提供了有力法治保障。

加快建设法治政府。2015 年，中共中央、国务院印发《法治政府建设实施纲要（2015—2020 年）》，提出到 2020 年基本建成"职能科学、权责法定、执法严明、公开公正、廉洁高效、守法诚信"的法治政府的总体目标。2016 年，国务院各部门开展权力和责任清单编制试点。到 2017 年，全国 31 个省、自治区、直辖市均已公布省市县三级政府部门权力和责任清单，为法治政府建设确立了一项基本制度。各级政府加强法治教育培训，完善法治能力考评制度，使公职人员法治思维和依法行政能力明显提高。党中央针对领导干部这个"关键少数"，建立党政主要负责人履行推进法治建设第一责任人职责制度。

提高司法公信力。习近平强调，我们要依法公正对待人民群众的诉求，努力让人民群众在每一个司法案件中都能感受到公平正义。围绕这个目标，司法体制展开系统性改革。一是强化司法责任。实施法院立案登记制度，对依法应当受理的案件做到有案必立；确立检察机关提起公益诉讼制度，拓展检察监督新格局；完善司法责任制，要求司法人员在职责范围内对办案质量终身负责。二是优化司法职权配置。推进以审判为中心的刑事诉讼制度改革，充分发挥审判尤其是庭审对侦查和起诉的制约力；深化律师制度改革，强化辩护与控告的相互制约机制。三是完善确保依法独立公正行使审判权和检察权的制度。探索与行政区划相分离的司法管辖制，建立领导干部干预司法活动、插手具体案件处理的记录、通报和责任追究制度，确保司法机关依法独立公正行使职权。此外，一批重大冤假错案，以及违法减刑、假释、暂予监外执行等问题也得到坚决纠正，正义得到伸张。

推进法治社会建设。全民尊法学法守法用法，是法治中国的深厚土壤。2016年，"七五"普法规划全面启动。国家机关实行"谁执法谁普法"的普法责任制，建立法官、检察官、行政执法人员、律师等以案释法制度，普法讲师团、普法志愿者队伍不断壮大。为了把依法治国和以德治国更好结合，中共中央办公厅、国务院办公厅于2016年印发《关于进一步把社会主义核心价值观融入法治建设的指导意见》，运用法律法规和公共政策向社会传导正确价值取向，努力实现法安天下、德润人心。

在全党全国人民的共同努力下，科学立法、严格执法、公正司法、全民守法深入推进，法治国家、法治政府、法治社会建设相互促进，中国特色社会主义法治体系日益完善，全社会法治观念明显增强。

全面从严治党

以习近平同志为核心的党中央以强烈的历史责任感和深沉的使命忧患感，把全面从严治党纳入"四个全面"战略布局，全面加强党的领导和党的建设，坚决改变管党治党宽松软状况，使党的面貌焕然一新。

坚决维护党中央权威和集中统一领导。2016 年 10 月，中共十八届六中全会召开，研究全面从严治党这一重大问题。全会审议通过《关于新形势下党内政治生活的若干准则》和《中国共产党党内监督条例》。全会正式提出"以习近平同志为核心的党中央"，明确了习近平总书记党中央的核心、全党的核心地位，反映了全党全军全国各族人民的共同意愿，是党和国家根本利益所在，是坚持和加强党的领导的根本保证。全党紧密团结在以习近平同志为核心的党中央周围，牢固树立政治意识、大局意识、核心意识、看齐意识，坚定不移维护党中央权威和集中统一领导。

加强学习教育，坚定理想信念。2012 年 11 月，习近平在中共十八届中央政治局第一次集体学习时指出，理想信念就是共产党人精神上的"钙"，没有理想信念，理想信念不坚定，精神上就会"缺钙"，就会得"软骨病"。从 2013 年 6 月到 2014 年 10 月，全党开展以"为民、务实、清廉"为主要内容的党的群众路线教育实践活动，按照"照镜子、正衣冠、洗洗澡、治治病"的总要求，保持和发展党的先进性和纯洁性。2015 年，在县处级以上领导干部中开展"三严三实"① 专题教育。2016 年，在全体党员中开展"两学一做"② 学习教育。7 月 1 日，习近平在庆祝中国共产党成立 95 周年大会上号召全党同志"不忘初心"。通过持之以恒的学习教育，全党理想信念更加坚定、党性更加坚强。

---

① 三严三实：2014 年 3 月，习近平在参加十二届全国人大二次会议安徽代表团审议时，对党员领导干部提出"既严以修身、严以用权、严以律己，又谋事要实、创业要实、做人要实"的要求。

② 两学一做：学党章党规、学系列讲话，做合格党员。

贯彻新时期好干部标准。2013年6月，习近平在全国组织工作会议上提出"信念坚定、为民服务、勤政务实、敢于担当、清正廉洁"的新时期好干部标准。为贯彻落实这一标准，中共中央印发修订后的《党政领导干部选拔任用工作条例》、中共中央办公厅印发《推进领导干部能上能下若干规定（试行）》《关于防止干部"带病提拔"的意见》等文件，破除"唯票""唯GDP""唯年龄""能上不能下"等弊端，健全科学规范的选拔任用制度，形成有效管用、简便易行、有利于优秀人才脱颖而出的选人用人机制，推进干部队伍革命化、年轻化、知识化、专业化，选人用人状况和风气明显好转。

严明纪律和规矩，把纪律挺在前面。2012年11月，习近平在中央政治局会议上强调，"大家要带头遵守党的组织原则和党内政治生活准则，懂规矩，守纪律"。2015年1月，习近平在中共十八届中央纪律检查委员会第五次全会上明确指出，纪律是刚性的规矩，规矩是自我约束的纪律。首次系统阐明了规矩的内涵以及纪律与规矩的关系。10月，中共中央印发《中国共产党廉洁自律准则》，修订《中国共产党纪律处分条例》，细化了党章对党员、干部廉洁自律要求和纪律要求。2016年，中共十八届六中全会通过《中国共产党党内监督条例》，提出党内监督必须把纪律挺在前面，运用监督执纪"四种形态"①，明确了纪委"挺纪在前"的定位，从查违法转向盯违纪，发现苗头及时提醒，触犯纪律立即处

---

① 监督执纪"四种形态"，指经常开展批评和自我批评、约谈函询，让"红红脸、出出汗"成为常态；党纪轻处分、组织调整成为违纪处理的大多数；党纪重处分、重大职务调整的成为少数；严重违纪涉嫌违法立案审查的成为极少数。

理，使党员远离违法违纪底线，以"严管"落实"厚爱"。

出台中央八项规定，严厉整治"四风"。2012年12月，中央政治局审议通过《关于改进工作作风、密切联系群众的八项规定》，这是中共十八大后为改进党的作风采取的一项重大举措。党中央率先垂范，领导干部以身作则，各级各部门党组织认真落实主体责任，形成层层落实责任、层层传导压力、深入贯彻落实八项规定精神的良好氛围。在党的群众路线教育实践活动中，全党聚焦作风建设，集中解决群众深恶痛绝的形式主义、官僚主义、享乐主义和奢靡之风这"四风"问题，对作风之弊、行为之垢进行了一次大排查、大检修、大扫除，党心民心为之一振。

形成反腐败斗争压倒性态势。党中央从关系党和国家生

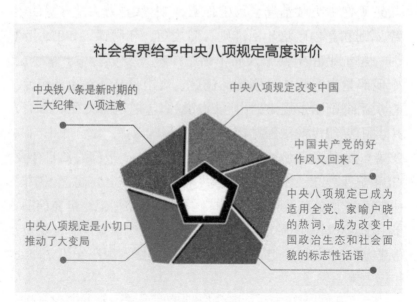

★全党贯彻执行中央八项规定精神、加强作风建设取得重大成效，赢得了社会各界的衷心拥护和高度评价

死存亡的战略高度，以刮骨疗毒的决心和勇气，铁腕惩治腐败。成立"中央反腐败协调小组国际追逃追赃工作办公室"，部署开展针对外逃腐败分子的"天网"行动。中共十八大以来，反腐败坚持无禁区、全覆盖、零容忍，五年内共立案审查省军级以上党员干部和其他中管干部440人，其中中共十八届中央委员、候补委员43人，中央纪委委员9人；厅局级干部8900余人，县处级干部6.3万人，处分基层党员干部27.8万人。周永康、郭伯雄、徐才厚、孙政才、令计划、苏荣等腐败分子纷纷落马。不敢腐的目标初步实现，不能腐的笼子越扎越牢，不想腐的堤坝正在构筑，反腐败斗争压倒性态势不断巩固发展。

深入推进党的建设制度改革。2013年11月，中共中央印发《中央党内法规制定工作五年规划纲要（2013—2017年)》，这是党的历史上首次编制党内法规制定工作五年规划，是加强党的制度建设的一项战略工程。五年里制定了90多部党内法规，不断扎紧制度笼子，实现了全面从严治党与全面深化改革、全面依法治国的有机统一。

完善党和国家监督体系。中央纪委实现对139家中央一级党和国家机关派驻纪检机构全覆盖。中央巡视组共开展12轮巡视，巡视了277个党组织，在党的历史上首次实现一届任期全覆盖。《中国共产党巡视工作条例》在2015年发布并在2017年修改完善，加强对党内政治生活状况、党的路线方针政策执行情况进行监督检查，坚决维护党中央权威和集中统一领导。

中共十八大以来，以习近平同志为核心的党中央勇于面对重大风险考验和党内存在的突出问题，以顽强意志品

质正风肃纪、反腐惩恶，消除了党和国家内部存在的严重
隐患，党内政治生活气象更新，党内政治生态明显好转，
党的创造力、凝聚力、战斗力显著增强，党的团结统一更
加巩固，党群关系明显改善，党在革命性锻造中更加坚强，
焕发出新的强大生机活力，为党和国家事业发展提供了坚
强政治保证。

四、改革强军、坚持"一国两制"和推进两岸关系和平发展

中共十八大以来，以习近平同志为核心的党中央提出建
设一支听党指挥、能打胜仗、作风优良的人民军队的强军目
标，制定新形势下军事战略方针，全力推进国防和军队现代
化；全面准确贯彻"一国两制"方针，牢牢掌握宪法和基本
法赋予中央对香港、澳门的全面管治权，保持香港、澳门繁
荣稳定；坚持一个中国原则和"九二共识"，推动两岸关系
和平发展，坚决反对和遏制"台独"分裂势力，推进祖国和
平统一进程。

深化国防和军队改革

以习近平同志为核心的党中央着眼实现中国梦强军梦，
全力推进国防和军队现代化，开创了强军兴军新局面。

铸牢听党指挥这个强军之魂。无往不胜因有"魂"，矢
志不渝因有"根"。2012年11月，习近平在中央军委扩大

会议上指出，保证党对军队的绝对领导，关系我军性质和宗旨、关系社会主义前途命运、关系党和国家长治久安，是我军的立军之本和建军之魂。

推动贯彻军委主席负责制严起来、实起来。2012 年 11 月，中央军委修订《中央军事委员会工作规则》，明确写入军委主席负责制。2014 年 4 月，中央军委印发《关于贯彻落实军委主席负责制建立和完善相关工作机制的意见》，建立了请示报告、督促检查、信息服务三项工作机制，进一步明确了军委主席负责制的地位作用，推动军委主席负责制各项要求机制化运行。2015 年底启动的深化国防和军队改革，进一步健全完善了军委主席负责制。

政治建军开创新境界。2014 年 10 月 30 日至 11 月 2 日，全军政治工作会议在福建古田举行。习近平在会上强调，当前最紧要的是把理想信念、党性原则、战斗力标准、政治工作威信四个带根本性的东西立起来。这次会议对新时代政治建军作出了全面部署，开启了政治建军的时代新篇，被称为"新古田会议"。之后，中共中央转发《关于新形势下军队政治工作若干问题的决定》，强调军队政治工作实质上是党领导和掌握军队的工作，是我军的最大特色、最大优势。全军坚持把思想政治建设摆在军队各项建设首位不动摇，坚持政治工作永远是人民军队生命线不动摇，着力整顿思想、整顿用人、整顿组织、整顿纪律，在革弊鼎新、正本清源中焕发政治工作的蓬勃生机和强大威力。

国防和军队改革全面推进。中共十八届三中全会将国防和军队改革纳入全面深化改革部署中。2014 年 3 月，中央军委深化国防和军队改革领导小组召开第一次全体会议，宣布中央军委深化国防和军队改革领导小组人员组成和机构设置，审议通过有关工作规则和改革重要举措分工方案。习近平任领导小组组长。2015 年 7 月，习近平主持召开中央军委深化国防和军队改革领导小组第三次全体会议，审议并原则通过《深化国防和军队改革总体方案建议》。11 月，习近平在中央军委改革工作会议上，发出打赢深化国防和军队改革攻坚战的动员令。

国防和军队改革取得历史性突破。面对制约国防和军队建设的体制性障碍、结构性矛盾、政策性问题，国防和军队改革全面推进，人民军队领导指挥体制实现历史性变革。领导指挥体制改革打破了长期实行的总部体制、大军区体制、大陆军体制，形成了"军委管总、战区主战、军种主建"的领导指挥体制新格局，强化了中央军委的战略指挥、战略管理功能。建立健全军兵种领导管理体制，把联合作战指挥的重心放在战区，把部队建设管理的重心放在军兵种，使作战指挥职能和建设管理职能相对分离，让战区和军兵种在军委统一领导下各司其职、各负其责。根据国家安全威胁和军队担负的使命任务，把七大军区调整划设为五大战区，建立健全军委、战区两级联合作战指挥机构，构建平战一体、常态运行、专司主营、精干高效的战略战役指挥体系。组建陆军领导机构，成立火箭军、战略支援部队、联勤保障部队，构建起军委—战区—部队的作战指挥体系和军委—军种—部队的领导管理体系。按照军是军、警是警、民是民的原则，深化武警部队改革，实行中央军委—武警部队—部队的领导指挥体制，强化党对全国武装力量的集中统一领导。推动人民军队由数量规模型向质量效能型、由人力密集型向科技密集型转变，部队编成向充实、合成、多能、灵活方向发展，改变了长期以来陆战型、国土防御型的力量结构和兵力布势，实现了人民军队组织架构和力量体系的整体性、革命性重塑。

建设创新型人民军队。这是以习近平同志为核心的党中央洞悉时代大势、创新战略指导作出的重大决策部署，旨在对人民军队建设发展模式进行以创新为核心引擎的时代重塑，为实现中国共产党在新时代的强军目标、建成世界一流军队注入更大活力和强劲动力。党中央明确要求把军队创新纳入国家创新体系。2017 年 8 月，习近平在庆祝中国人民解放军建军 90 周年大会上的讲话中指出，要全面实施科技兴军战略，坚持自主创新的战略基点，瞄准世界军事科技前沿，加强前瞻谋划设计，加快战略性、前沿性、颠覆性技术发展，不断提高科技创新对人民军队建设和战斗力发展的贡献率。建设创新型人民军队取得显著成效，构建起新型军事人才培养体系和新型军事科研体系，一批关键技术实现重大突破，一批先进武器装备列装部队，人民军队现代化水平不断提升。

国防和军队建设法治化水平迈上新台阶。中共十八届四中全会把依法治军、从严治军写入《中共中央关于全面推进依法治国若干重大问题的决定》。2015 年 2 月，中央军委印发《关于新形势下深入推进依法治军从严治军的决定》，要求全军用强军目标引领军事法治建设，强化法治信仰和法治思维，按照法治要求转变治军方式，形成党委依法决策、机关依法指导、部队依法行动、官兵依法履职的良好局面，提高国防和军队建设法治化水平。11 月，习近平在中央军委

★ 2017年7月30日，庆祝中国人民解放军建军90周年阅兵在朱日和联合训练基地隆重举行，习近平检阅部队并发表重要讲话

改革工作会议上指出，要着眼于深入推进依法治军、从严治军，抓住治权这个关键，构建严密的权力运行制约和监督体系。2017年5月，习近平签署命令发布《军事立法工作条例》。依法治军取得了历史性伟大成就，中国特色军事法规制度体系不断完善，全军加快实现治军方式三个根本性转变，即从单纯依靠行政命令的做法向依法行政的根本性转变，从单纯靠习惯和经验开展工作的方式向依靠法规和制度开展工作的根本性转变，从突击式、运动式抓工作的方式向按条令条例办事的根本性转变。

狠抓实战化军事训练。习近平在十二届全国人大一次会议解放军代表团全体会议上指出，要扭住能打仗、打胜仗这个强军之要，强化官兵当兵打仗、带兵打仗、练兵打仗思想，牢固树立战斗力这个唯一的根本的标准。2014年

3月，中央军委印发《关于提高军事训练实战化水平的意见》，就推动部队训练向实战靠拢作出系统部署。2015年底，军委和战区、军兵种、武警部队两级机关设立训练监察部门，正式确立军事训练监察体制。2016年11月，中央军委印发《加强实战化军事训练暂行规定》，对落实实战化军事训练提出刚性措施、作出硬性规范。2017年7月30日，庆祝中国人民解放军建军90周年阅兵在朱日和联合训练基地举行，这是人民军队整体性、革命性变革后的全新亮相。

保持香港、澳门长期繁荣稳定

香港、澳门回归以来，"一国两制"确保了香港、澳门的繁荣稳定。实践证明，"一国两制"符合港澳同胞利益，符合香港、澳门繁荣稳定的实际需要，符合国家根本利益和全国人民的共同意愿。

习近平强调，"一国两制"是一个完整的概念，"一国"是实行"两制"的前提和基础，"两制"从属和派生于"一国"，并统一于"一国"之内。中国是单一制国家，中央对包括香港、澳门特别行政区在内的所有地方行政区域拥有全面管治权。香港、澳门两个特别行政区的高度自治权不是固有的，而是来源于中央授权。高度自治不是完全自治，中央对高度自治权具有监督的权力，绝不允许以"高度自治"为名对抗中央的权力。

然而，香港所谓"反对派"及其背后的外部势力一直企图把香港变成一个独立或半独立的政治实体，变成一个反华反共的桥头堡，变成外部势力一枚牵制和遏制中国发展的棋子。他们不仅蓄意制造政治对立，而且恶意篡改教科书，歪曲历史，颠倒黑白，散布反华反共思想，毒害香港青少年。

2014年6月，针对香港社会在讨论2017年行政长官普选办法时出现的某些模糊观点和错误言论，国务院新闻办公室发表《"一国两制"在香港特别行政区的实践》白皮书，系统阐述中央对香港的方针政策，突出强调中央对香港拥有全面管治权等重要观点，起到了正本清源的作用。8月，《全国人民代表大会常务委员会关于香港特别行政区行政长官普选问题和2016年立法会产生办法的决定》通过，确定了香港特区行政长官普选制度的核心要素和制度框架。出于对全国人大常委会上述决定的抗拒，乱港分子于9月悍然发动策划已久的非法"占领中环"行动，意图瘫痪中环等香港经济中心。

针对香港特区第六届立法会议员宣誓过程中极少数候任议员宣扬"港独"等违法言行，全国人大常委会通过《关于〈中华人民共和国香港特别行政区基本法〉第一百零四条的解释》，为依法取消有关人员的立法会议员资格提供了法律依据，彰显了基本法的权威，从根本上维护了"一国两制"原则，为香港社会明辨是非树立了正确标杆。香港特区政府有关机构和司法机关依法对有关议员作出检控和判决，取消其议员资格。澳门特别行政区依据全国人大常委会有关解释精神，主动在立法会选举法中增加了"防独"条款。

在中央政府的支持与香港特区政府及各界爱国人士的共同努力下，香港社会很快恢复稳定。2017年3月，林郑月娥当选香港特别行政区第五任行政长官。7月1日，习近平出席庆祝香港回归祖国 20 周年大会暨香港特别行政区第五届政府就职典礼并发表讲话指出，中央贯彻"一国两制"方针坚持两点：一是坚定不移，不会变、不动摇；二是全面准确，确保"一国两制"在香港的实践不走样、不变形，始终沿着正确方向前进。

中共十八大以来，党和国家从整体发展战略的高度着眼，从保持香港、澳门长期繁荣稳定的要求出发，支持香港、澳门发展经济、改善民生、推进民主、促进和谐。

进一步提升港澳竞争力。对于香港，中央坚定支持其巩固和提升国际金融、航运、贸易三大中心地位，强化全球离岸人民币业务枢纽地位和国际资产管理中心功能，推动融资、商贸、物流、专业服务等向高端高增值方向发展；支持其建设亚太区国际法律及解决争议服务中心。对于澳门，中央坚定支持其建设世界旅游休闲中心、中国与葡萄牙语国家商贸合作服务平台，积极发展会展商贸等产业，促进经济适度多元可持续发展。

积极深化内地与港澳合作。支持港澳参与国家双向开放、"一带一路"建设，鼓励内地与港澳企业发挥各自优势，通过多种方式合作走出去。加大内地对港澳开放力度，推动内地与港澳关于建立更紧密经贸关系安排升级。深化内地与香港金融合作，加快两地市场互联互通。加深内地同港澳在社会、民生、文化、教育、环保等领域交流合作，支持内地与港澳开展创新及科技合作，支持港澳中小微企业和青年人在内地发展创业。支持共建大珠三角优质生活圈，加快前海、南沙、横琴等粤港澳合作平台建设。支持港澳在泛珠三角区域合作中发挥重要作用，推动粤港澳大湾区和跨省区重大合作平台建设。随着合作加深，港澳与内地携手同心、共担祖国建设大任、共享民族复兴荣光的新时代已经来临。

推进两岸关系和平发展

中共十八大以来，以习近平同志为核心的党中央站在国家发展和民族复兴的高度，敏锐洞察国内外形势和台海局势变化，提出一系列对台工作的重要论述和政策主张，推动两岸关系取得历史性突破。

中共中央台湾工作办公室、国务院台湾事务办公室贯彻中央指示精神，不断增进同国民党和马英九当局的政治互信。2014 年 2 月，国务院台湾事务办公室与台湾方面大陆事务委员会在确认"九二共识"政治基础上建立常态化联系沟通机制，两部门负责人实现互访、开通热线，及时就两岸关系形势和推进两岸各领域交流合作政策措施交换意见，特别是为两岸领导人会面进行沟通和准备。

随着政治互信加强和交往水平提升，两岸领导人实现了历史性会面。2015 年 11 月 7 日，习近平在新加坡同台湾地区领导人马英九会面，双方围绕推进和平发展、致力民族复兴的主题，就两岸关系坦诚交换意见，并就坚持"九二共识"、进一步推进两岸关系和平发展达成积极共识。这是1949 年以来两岸领导人首次会面，开创了两岸领导人直接对话沟通的先河，巩固深化了两岸关系和平发展的共同政治基础，翻开了两岸关系历史性的一页，将两岸关系和平发展与政治互动推到了新高度，为两岸关系未来发展开辟了新的空间，具有里程碑意义。

★ 2015 年 11 月 7 日，两岸领导人在新加坡实现历史性会面

　　两岸关系的持续改善推动了两岸经贸往来迈上新台阶。2013 年至 2017 年上半年，两岸累计贸易额达到 8512.3 亿美元，其中 2014 年达到 1983 亿美元，创历史新高。大陆方面还设立台商创业园和示范基地，修改《中华人民共和国台湾同胞投资保护法》，为台湾同胞投资兴业创造更加便利、公平的营商环境，坚定台商台企在大陆扎根发展的信心，台湾石化、精密机械、半导体等一批优势产业相继到大陆投资设厂。

　　两岸社会联系也更加密切。2013 年至 2017 年上半年，两岸人员往来达到 4096.7 万人次，其中 2015 年达到 985.6 万人次，创历史新高。经贸、教育、工会、青年、妇女、体

育、卫生、新闻、宗教、宗亲和民间信仰等各领域、各界别
交流持续热络，增强了两岸情感纽带。大陆方面还出台一系
列政策措施，为台湾同胞在大陆学习、工作、生活提供更多
便利，越来越多台湾同胞长期稳定居住在大陆，进一步融入
大陆社会。

同胞团结，民心所向；祖国统一，大势所趋。然而，
"台独"分裂分子却逆潮流而动。2016年5月，民进党再
度上台执政，蔡英文当局拒不承认体现一个中国原则的
"九二共识"，进行"台独"分裂活动，破坏两岸关系和平
发展局面。

面对变化了的形势，党中央从容应对，采取一系列有力
的政策措施，维护一个中国原则，保持了台海局势总体稳
定。在台湾政局生变前，习近平多次发表重要讲话，指出两
岸关系发展面临方向和道路的抉择，强调走和平发展之路，
谋互利双赢之道，利在两岸当下，功在民族千秋。"台独"
势力煽动两岸敌意和对立，损害国家主权和领土完整，破坏
台海和平稳定，阻挠两岸关系发展，只会给两岸同胞带来深
重祸患。对此，两岸同胞要团结一致、坚决反对。

台湾政局发生变化之后，习近平指出，我们对台大政方
针是明确的、一贯的，不会因台湾政局变化而改变。我们将
坚持"九二共识"政治基础，继续推进两岸关系和平发展；
坚决遏制任何形式的"台独"分裂行径，维护国家主权和领
土完整，绝不让国家分裂的历史悲剧重演。习近平的重要讲
话，为新形势下对台工作定下了基调，指明了努力方向，同
时向民进党当局和"台独"势力表明了"我主张什么、反对
什么、绝不容忍什么"的鲜明态度，划出清晰底线，形成强

大震慑力量。

针对民进党上台后拒不接受"九二共识"的行径，大陆方面果断采取一系列措施，充分展现了坚决反对和遏制"台独"的决心、意志和能力。一是坚决停摆了以"九二共识"为基础的两岸沟通和商谈机制；二是加强同岛内相关政党、团体和社会各界人士的交流互动，壮大反对"台独"、维护两岸关系和平发展的力量和声势；三是积极开展舆论斗争，揭批民进党当局和"台独"势力破坏两岸关系政治基础和现状的行径；四是继续推进两岸各领域交流合作，秉持"两岸一家亲"理念，与台湾同胞分享大陆发展机遇，一如既往地为台湾同胞谋福祉、办实事。

中国政府坚持以一个中国原则处理台湾问题，广泛做国际社会工作，敦促有关国家和地区妥善处理涉台问题，纠正在台湾问题上的错误言行，向国际社会宣示捍卫中国国家核心利益的坚定立场。由于拒不承认"九二共识"，民进党当局参与相关国际组织活动接连碰壁，越来越多台湾的所谓"邦交国"对一个中国原则有了清醒认识，放弃与台湾的"邦交"关系，坚持一个中国原则成为国际社会普遍共识。

"台独"势力的分裂行径，使台湾同胞深切感受到台湾政局变化给两岸关系和他们的切身利益带来的伤害，更清楚地认识到两岸关系恶化的责任在民进党当局，强烈要求其调整两岸政策，回到"九二共识"政治基础上。台湾民众要求发展经济、改善民生、改善与发展两岸关系的强烈愿望，与民进党当局的倒行逆施形成鲜明对比，其执政困境不断加剧。

民族复兴、国家统一是大势所趋、大义所在、民心所向。中国维护国家主权和领土完整的意志坚如磐石，坚决反对和遏制"台独"分裂势力，有力维护了台海和平稳定，推进祖国和平统一进程。同时，大陆方面继续在对台工作中贯彻落实以人民为中心的发展思想，不断把国家日益增长的综合实力、显著的制度和治理体系优势转化为对台工作效能和成果，完善促进两岸交流合作、深化两岸融合发展、保障台湾同胞福祉的制度安排和政策措施，让广大台湾同胞同享祖国大陆的发展机遇和改革成果。

两岸同胞越来越深切地感受到，大家是打断骨头连着筋的一家人，是割舍不断的命运共同体。两岸同胞只有携手同心致力于实现中华民族伟大复兴，才能迎来共同的美好未来。

五、推进中国特色大国外交和推动构建人类命运共同体

世界多极化加速发展，国际格局面临深刻调整。中国推进中国特色大国外交，形成全方位、多层次、立体化的外交布局，对外工作呈现鲜明的中国特色、中国风格、中国气派。中国提出和促进"一带一路"国际合作，倡导推动构建人类命运共同体，引领促进全球治理体系改革和建设，坚决维护国家主权、安全、发展利益，在国际上的影响力、感召力、塑造力显著提高，为世界和平与发展作出了新的重大贡献。

提出和促进"一带一路"国际合作

共建"一带一路"倡议成为共同繁荣发展的全新国际合作模式。2013 年 9 月，习近平在哈萨克斯坦纳扎尔巴耶夫大学发表演讲，提出共同建设"丝绸之路经济带"的合作倡议；10 月，习近平在印度尼西亚国会发表演讲，提出共同建设 21 世纪"海上丝绸之路"的合作倡议；11 月，中共十八届三中全会提出，推进丝绸之路经济带、海上丝绸之路建设，形成全方位开放新格局。12 月，习近平在中央经济工作会议上强调："建设丝绸之路经济带、二十一世纪海上丝绸之路，是党中央统揽政治、外交、经济社会发展全局作出的重大战略决策，是实施新一轮扩大开放的重要举措，也是营造有利周边环境的重要举措。"2015 年 3 月，经国务院授权，国家发展和改革委员会、外交部、商务部联合发布《推动共建丝绸之路经济带和 21 世纪海上丝绸之路的愿景与行动》，包括"一带一路"建设的时代背景、共建原则、框架思路、合作重点、合作机制等八大方面，坚持共商、共建、共享原则，努力实现政策沟通、设施联通、贸易畅通、资金融通、民心相通。

共建"一带一路"倡议及其核心理念已写入联合国、二十国集团、亚太经合组织以及其他区域组织等有关文件中。2015 年 7 月，上海合作组织发表《上海合作组织成员国元首乌法宣言》，支持关于建设"丝绸之路经济带"的倡议。2016 年 9 月，《二十国集团领导人杭州峰会公报》明确提出当年启动"全球基础设施互联互通联盟倡议"；11 月，联合国 193 个会员国协商一致通过决议，欢迎共建"一带一路"

等经济合作倡议，呼吁国际社会为"一带一路"建设提供安全保障。2017年3月，联合国安理会一致通过第2344号决议，呼吁国际社会通过"一带一路"建设加强区域经济合作。

共建"一带一路"成为中国参与全球开放合作、改善全球经济治理体系、促进全球共同发展繁荣、推动构建人类命运共同体的重要平台。2017年5月，首届"一带一路"国际合作高峰论坛在北京成功召开。习近平出席开幕式并发表主旨演讲，强调要将"一带一路"建成和平之路、繁荣之路、开放之路、创新之路、文明之路。高峰论坛举行领导人圆桌峰会，习近平全程主持会议。29位外国元首和政府首脑出席论坛，140多个国家和80多个国际组织的1600多名代表参会。这是"一带一路"框架下最高规格的国际活动，为推动各方合作共建"一带一路"取得广泛共识。共建"一带一路"倡议提出以来，成绩斐然、硕果累累，成为当今世界广泛参与的国际合作平台和普遍欢迎的国际公共产品，全方位推进了沿线国家间的务实合作。在各方共同努力下，"六廊六路多国多港"①的互联互通架构基本形成，一大批合作项目落地生根。共建"一带一路"倡议同联合国、东盟、非盟、欧盟、欧亚经济联盟等国际和地区组织的发展和合作规划对接，同各国发展战略对接。2014年至2016年，中国同"一带一路"沿线国家贸易总额超过3万亿美元。中国对"一带一路"沿线国家投资累计超过500亿美元。截至2017年10月，中国

---

① "六廊"，指新亚欧大陆桥、中蒙俄、中国—中亚—西亚、中国—中南半岛、中巴、孟中印缅经济走廊等国际经济合作走廊。"六路"，指铁路、公路、水路、空路、管路、信息高速路。"多国"，指选取若干重要国家作为合作重点。"多港"，指构建若干海上支点港口。

★ 2017 年 5 月 14 日，国家主席习近平在北京出席"一带一路"国际合作高峰论坛开幕式，并发表题为《携手推进"一带一路"建设》的主旨演讲

与"一带一路"沿线国家签署 130 多个双边和区域运输协定，与相关国家开通了 356 条国际道路客货运输线路；中国与 43 个沿线国家实现空中直航，每周约 4200 个航班；中欧班列开通 50 多条，累计开行 5000 多列，从中国驶出的"钢铁驼队"到达欧洲 12 个国家 30 多个城市。从亚欧大陆到非洲、美洲、大洋洲，共建"一带一路"为世界经济增长开辟了新空间，为国际贸易和投资搭建了新平台，为完善全球经济治理拓展了新实践，为增进各国民生福祉作出了新贡献，成为和平之路、繁荣之路、开放之路、创新之路、文明之路。

倡导推动构建人类命运共同体

当今世界正经历百年未有之大变局。变革会催生新的机遇，但变革过程往往充满着风险挑战，人类又一次站在了十字路口。合作还是对抗，开放还是封闭，互利共赢还是零和博弈？如何回答这些问题，关乎各国利益，关乎人类前途命运。在疑虑与喧嚣声中，中国提出了高举和平、发展、合作、共赢的旗帜，构建人类命运共同体，建设相互尊重、公平正义、合作共赢的新型国际关系，解答了重大时代命题。

人类只有一个地球，各国共处一个世界。2013 年 3 月，习近平在俄罗斯莫斯科国际关系学院发表题为《顺应时代前进潮流，促进世界和平发展》的演讲，指出："这个世界，各国相互联系、相互依存的程度空前加深，人类生活在同一个地球村里，生活在历史和现实交汇的同一个时空里，越来越成为你中有我、我中有你的命运共同体。"2014 年 5 月，习近平在亚洲相互协作与信任措施会议第四次峰会上提出，要倡导共同、综合、合作、可持续的亚洲安全观。11 月，习近平在中央外事工作会议上强调：要推动建立以合作共赢为核心的新型国际关系，坚持互利共赢的开放战略，把合作共赢理念体现到政治、经济、安全、文化等对外合作的方方面面。2015 年 3 月，习近平在主题为"亚洲新未来：迈向命运共同体"的博鳌亚洲论坛 2015 年年会上提出：面对风云变幻的国际和地区形势，要把握好世界大势，跟上时代潮流，共同营造对亚洲、对世界都更为有利的地区秩序，通过迈向亚洲命运共同体，推动建设人类命运共同体。9 月，习近平在纽约联合国总部出席第七十届联合国大会一般性辩论时，发表题为《携手构建合作共赢新伙伴，同心打造人类命运共同体》的演讲，提出和平、发展、公平、正义、民主、自由，是全人类的共同价值，也是联合国的崇高目标。我们要继承和弘扬联合国宪章的宗旨和原则，构建以合作共赢为核心的新型国际关系，打造人类命运共同体。

2017年1月18日，习近平出席在联合国日内瓦总部召开的"共商共筑人类命运共同体"高级别会议，并发表题为《共同构建人类命运共同体》的主旨演讲，系统阐述了中国关于构建人类命运共同体的主张，提出坚持对话协商、共建共享、合作共赢、交流互鉴、绿色低碳，建设一个持久和平、普遍安全、共同繁荣、开放包容、清洁美丽的世界。

在各国联系日益紧密、各种矛盾日趋复杂的国际形势下，中国所倡导和推动的构建人类命运共同体理念，是对国际秩序观的创新和发展，提出了国际关系新愿景，被越来越多的国家所接受。国际社会普遍认同构建人类命运共同体、摒弃丛林法则、不搞强权独霸、超越零和博弈，开辟一条合作共赢、共建共享的文明发展新道路的理念。

2017年2月10日，构建人类命运共同体理念首次载入联合国决议，3月17日首次载入联合国安理会决议，3月23日首次载入联合国人权理事会决议。中国推动构建人类命运共同体正在从理念转化为行动，产生日益广泛而深远的国际影响，成为引领时代潮流和人类文明进步方向的鲜明旗帜。

在推动构建人类命运共同体的过程中，中国积极发展全球伙伴关系。无论是同周边国家共商合作大计，还是在多边场合与各国共谋发展之道，中国都积极打造合作共赢的全球伙伴关系网，将中国的"朋友圈"越做越大，中国特色大国外交向全方位、多层次、立体化方向推进。

推进大国协调和合作，构建总体稳定、均衡发展的大国关系框架。中俄全面战略协作伙伴关系在高水平上不断深化，习近平主席与普京总统每年都保持数次的会面，成为和平共处、合作共赢的典范。对于中美关系，中方历来主张，作为世界上最大的发展中国家和最大的发达国家，应该本着对人类负责、对历史负责、对人民负责的态度，认真对待和妥善处理两国关系。2013年6月，习近平访美与奥巴马会晤并一致同意共同致力于构建中美新型大国关系。2017年4月，习近平再次访美与特朗普会晤，双方确立了涵盖中美关系外交安全、全面经济、执法及网络安全、社会和人文四个高级别对话合作机制。中欧关系不断深化拓展。2014年3月31日，习近平访问欧盟总部，这也是中国国家元首首次访问欧盟总部，中欧关系取得突破性发展。中欧从战略全局的视角给予双方关系以新的定位。双方发表的《关于深化互利共赢的中欧全面战略伙伴关系的联合声明》，强调共同打造和平、增长、改革、文明四大伙伴关系，全面落实《中欧合作2020战略规划》。由于日方在钓鱼岛、历史等问题上频繁采取挑衅行动，中日关系一度面临严重困难局面。中国政府一贯主张在中日四个政治文件的基础上，本着以史为鉴、面向未来的精神发展中日关系。

按照亲诚惠容理念和与邻为善、以邻为伴周边外交方针，开创周边睦邻外交和互利合作的新局面。2013年10月，在新中国成立以来首次召开的周边外交工作座谈会上，中国提出了亲诚惠容理念，确立与邻为善、以邻为伴周边外交方针。中国推动上海合作组织、亚洲相互协作与信任措施会议、澜沧江—湄公河合作等机制化合作走深走实，通过实施"一带一路"建设加强与亚洲周边国家发展战略对接。2017年夏，中国与东盟在落实《南海各方行为宣言》基础上，达成"南海行为准则"框架，朝着将南海建成和平之海、友谊之海、合作之海的方向迈出了一大步。

始终秉持真实亲诚理念和正确的义利观，加强同发展中国家团结合作，同非洲、拉美和加勒比地区国家的友好合作不断提质升级。2013年3月，习近平访非期间提出，中国外交要树立正确的义利观。10月，习近平强调，要找到利益的共同点和交汇点，坚持正确义利观，有原则、讲情谊、讲道义，多向发展中国家提供力所能及的帮助。2015年12月，习近平在中非合作论坛约翰内斯堡峰会上宣布中方愿在未来3年同非方重点实施"十大合作计划"。2014年7月，习近平出席在巴西利亚举行的中国—拉美和加勒比国家领导人首次会晤。会晤通过《中国—拉美和加勒比国家领导人巴西利亚会晤联合声明》，宣布建立中国—拉共体论坛（中拉论坛）。2015年1月，中拉论坛首届部长级会议在北京举行，标志着论坛正式启动，习近平发表题为《共同谱写中拉全面合作伙伴关系新篇章》的致辞。会议通过《中国—拉共体论坛首届部长级会议北京宣言》《中国与拉美和加勒比国家合作规划（2015—2019）》《中拉论坛机制设置和运行规则》三个成果文件。

深化金砖国家伙伴关系。2016年10月16日，金砖国家领导人在印度果阿举行第八次会晤，习近平在会晤时发表题为《坚定信心，共谋发展》的讲话，提出要共同深化伙伴关系，并强调：我们要以落实《金砖国家经济伙伴战略》为契机，深化拓展各领域经济合作，建设好、维护好、发展好金砖国家新开发银行和应急储备安排这两个机制，加强人文交流，继续扩大和巩固金砖国家"朋友圈"，保持开放、包容，谋求共同发展。2017年9月，习近平主持在厦门举行的金砖国家领导人第九次会晤。在大范围会议上，习近平发表题为《深化金砖伙伴关系，开辟更加光明未来》的重要讲话。

积极参与全球治理体系改革和建设

中国秉持共商共建共享的全球治理观，高举多边主义旗帜，维护联合国权威和作用，充分发挥全球和区域多边平台的建设性作用，为推动构建公正合理的国际治理体系提供了中国智慧和中国方案。

中国积极探索完善全球治理的理念和方案。中共十八大以来，以习近平同志为核心的党中央从历史和现实、理论和实践、国内和国际等多角度深入思考"世界怎么了，我们怎么办"这一根本问题，积极探索完善全球治理的理念和方案。2015年10月，中央政治局就全球治理格局和全球治理体制进行集体学习。习近平在主持学习时指出，全球治理体制变革正处在历史转折点上。数百年来列强通过战争、殖民、划分势力范围等方式争夺利益和霸权逐步向各国以制度规则协调关系和利益的方式演进。加强全球治理、推进全球治理体制变革已是大势所趋。这不仅事关应对各种全球性挑战，而且事关给国际秩序和国际体系定规则、定方向；不仅事关对发展制高点的争夺，而且事关各国在国际秩序和国际体系长远制度性安排中的地位和作用。2016年9月，中央政治局就二十国集团领导人峰会和全球治理体系变革进行集体学习。习近平在主持学习时强调，要抓住机遇、顺势而为，推动国际秩序朝着更加公正合理的方向发展，更好维护中国和广大发展中国家共同利益，为促进人类和平与发展的崇高事业作出更大贡献。

举办一系列大型主场外交。2014年11月，习近平在北京主持亚太经合组织第二十二次领导人非正式会议并发表讲话，倡导深入推动区域经济一体化，共建互信、包容、合作、共赢的亚太伙伴关系。作为东道主，中国发挥引领作用，秉持战略视野和创新精神，主动推进议题议程，广泛凝聚各方共识，推动会议发表《北京纲领：构建融合、创新、互联的亚太——亚太经合组织第二十二次领导人非正式会议宣言》《共建面向未来的亚太伙伴关系——亚太经合组织成立25周年声明》，决定启动亚太自由贸易区进程。2016年9月，习近平主持二十国集团领导人杭州峰会并致开幕辞，强调二十国集团要与时俱进、知行合一、共建共享、同舟共济，让世界经济走上强劲、可持续、平衡、包容增长之路。会议期间，中国运用议题和议程设置主动权，引导峰会形成了一系列具有开创性、引领性、机制性的成果。在这次峰会上，中国首次全面阐释中国的全球经济治理观，首次把创新作为会议的核心成果，首次把发展议题置于全球宏观政策协调的突出位置，首次形成全球多边投资规则框架，首次发布气候变化问题主席声明，首次把绿色金融列入二十国集团议程。会议通过《二十国集团领导人杭州峰会公报》。2017年

★ 2014 年 11 月，亚太经合组织第二十二次领导人非正式会议在北京举行。图为习近平主席与亚太经合组织各成员经济体领导人或代表共同前往种植 APEC 亚太伙伴林

9 月，金砖国家领导人第九次会晤在福建厦门举行。会晤期间，中方还首创"金砖+"模式，首次举办新兴市场国家与发展中国家对话会，构建了具有全球影响力的"南南合作"新平台。

中国推动成立亚洲基础设施投资银行、丝路基金、金砖国家新开发银行，以开放姿态"欢迎各国搭乘中国发展的'顺风车'"。中国通过宣布建立 10 亿美元的"中国—联合国和平与发展基金"、200 亿元人民币的"中国气候变化南南合作基金""南南合作援助基金"等，主动实施国际发展援助。

中国发挥维护世界和平与稳定的建设性作用，国际话语权和影响力不断提高。中国积极劝和促谈，维护朝鲜半岛和平稳定，引导促成伊朗核问题六方协定，推动南苏丹、叙利亚、乌克兰等热点难点问题政治解决进程。中国积极参与国际反恐合作，派军舰在亚丁湾、索马里海域执行护航任务。2015 年 3 月 29 日，在亚丁湾、索马里海域执行护航任务的中国海军护航编队临沂舰搭载首批 122 名中国公民，从也门亚丁港安全撤离。至 4 月 7 日，中国共派出 3 艘军舰，从也门撤出中国公民 621 人，并协助来自 15 个国家的 276 名外国公民安全撤离。中国积极参与网络、极地、深海、外空、核安全、气候变化等新兴领域规则制定；发起并主办世界互联网大会，推动建立多边、民主、透明的全球互联网治理体系；积极开展国际反腐败合作，推动构建国际反腐败合作新秩序。

坚决维护国家主权、安全和发展利益

习近平强调，"中国不觊觎他国权益，不嫉妒他国发展，但决不放弃我们的正当权益。中国人民不信邪也不怕邪，不惹事也不怕事，任何外国不要指望我们会拿自己的核心利益做交易，不要指望我们会吞下损害我国主权、安全、发展利益的苦果"。中国不断丰富和发展维护国家利益的方式手段，坚决捍卫国家主权、安全和领土完整，坚决遏制和打击一切形式的分裂行径，积极保障经济金融安全，有效维护海外利益，防范和化解各种风险挑战，为改革发展和民族复兴提供有力支撑。

中国坚决捍卫领土主权和海洋权益，有效遏制侵害国土安全的各种图谋和行为。在南海问题上，坚持有理、有利、有节的维权斗争，在坚决应对域外势力干扰介入的同时，与地区有关国家加强沟通、增进互信、妥处分歧、聚焦合作。中国政府先后发表《中华人民共和国政府关于在南海的领土主权和海洋权益的声明》等多份官方声明文件。中国在多个国际场合重申中国对南海问题的立场主张，有效维护了中国在南海的领土主权和海洋权益；同时，坚持通过对话谈判解决具体争议，稳步推进"南海行为准则"磋商进程，稳定海上形势。中国排除干扰如期完成在南沙群岛部分驻守岛礁扩建工程，南海维权取得历史性进展。2014 年 7 月设立的三沙市永兴（镇）工委、管委会，标志着中国在西沙岛礁首个基层政权城市雏形诞生，用政权实体组织形式进一步宣示了中国主权。2015 年起，华阳灯塔、赤瓜灯塔、渚碧灯塔、永暑灯塔和美济灯塔陆续建成发光并投入使用，维护了中国南海主权和海洋权益。在钓鱼岛问题上，中国坚持原则，在尊重历史和国际法的基础上进行合情合理斗争，在多个外交场合和部分国家重要媒体上发表"钓鱼岛属于中国"的言论或文章，在钓鱼岛海域进行巡航执法，依法行使国家主权，充分展示了中国共产党、中国政府和中国人民捍卫国家领土主权的坚定决心和意志。中国扎实开展涉疆、涉藏外交，回击无端指责，在联合国平台和国际上赢得了大多数国家理解支持。

积极维护周边和平稳定，坚持通过对话协商解决问题。中国在坚持原则、不断提高管控能力的同时，坚持通过外交和军事渠道谈判沟通，维护中印边境地区的和平与安宁。中国积极践行中国特色的热点问题解决之道，坚持劝和促谈，推进朝鲜半岛问题政治解决进程。中国还在阿富汗和平和解问题上积极斡旋，在印度和巴基斯坦之间呼吁对话，在缅甸和孟加拉国之间居中协调，这些行动都为实现地区局势的稳定作出了重要贡献。

切实维护中国海外利益安全，保护海外中国公民、组织和机构的安全与正当权益，努力形成强有力的海外利益安全保障体系。2014年9月，外交部全球领事保护与服务应急呼叫中心启动，可以随时为在海外遇到困难和有所需求的中国公民提供关怀与帮助。中共十八大后的5年，中国成功从多个突发战争或重大自然灾害的国家接回滞留同胞，成功组织9次海外公民撤离行动。截至2017年9月，先后处理100多起中国公民在境外遭绑架或者袭击案件，受理各类领保救助案件30万起。在国家安全体系建设总体框架下，建立起统一高效的境外企业和对外投资安全保护体系。中国同

★ 空中俯瞰三沙市人民政府驻地永兴岛

其他国家达成多项便利人员往来协定或安排。截至 2017 年 9 月，持中国普通护照可以有条件免签或落地签的国家和地区达 64 个，与中国缔结简化签证手续协议的国家达 41 个。中国公民出行更加安全方便，利益得到有效维护。

第七章 ‖ 决胜全面建成小康社会和开启全面建成社会主义现代化强国新征程（2017—2021）

　　中共十九大以来，以习近平同志为核心的党中央团结带领全国各族人民全面贯彻习近平新时代中国特色社会主义思想，坚持和加强党的全面领导，坚持和完善中国特色社会主义制度，推进国家治理体系和治理能力现代化，在应对重大风险挑战中推进各项事业，打好全面建成小康社会"三大攻坚战"，取得抗击新冠肺炎疫情斗争重大战略成果。经过全党全国各族人民持续奋斗，中国实现了第一个百年奋斗目标，全面建成了小康社会，历史性地解决了绝对贫困问题，乘势而上开启全面建设社会主义现代化国家新征程，意气风发向着全面建成社会主义现代化强国的第二个百年奋斗目标迈进。

一、中共十九大和习近平新时代中国特色社会主义思想

　　中共十九大是在全面建成小康社会决胜阶段、中国特色

社会主义进入新时代的关键时期召开的一次十分重要的大会。大会确立习近平新时代中国特色社会主义思想为党必须长期坚持的指导思想并写入党章，对新时代推进中国特色社会主义伟大事业和党的建设新的伟大工程作出了全面部署。十三届全国人大一次会议将习近平新时代中国特色社会主义思想载入宪法，反映了全国各族人民共同意志和全社会共同意愿。

中共十九大和新时代中国特色社会主义的战略安排

2017 年 10 月 18 日至 24 日，中国共产党第十九次全国代表大会在北京举行。大会的主题是：不忘初心，牢记使命，高举中国特色社会主义伟大旗帜，决胜全面建成小康社会，夺取新时代中国特色社会主义伟大胜利，为实现中华民族伟大复兴的中国梦不懈奋斗。

习近平代表第十八届中央委员会作了题为《决胜全面建成小康社会，夺取新时代中国特色社会主义伟大胜利》的报告。报告指出，经过长期努力，中国特色社会主义进入了新时代，这是我国发展新的历史方位。新时代是承前启后、继往开来、在新的历史条件下继续夺取中国特色社会主义伟大胜利的时代，是决胜全面建成小康社会、进而全面建设社会主义现代化强国的时代，是全国各族人民团结奋斗、不断创造美好生活、逐步实现全体人民共同富裕的时代，是全体中华儿女勠力同心、奋力实现中华民族伟大复兴中国梦的时代，是我国日益走近世界舞台中央、不断为人类作出更大贡献的时代。

报告强调，中国特色社会主义进入新时代，我国社会主要矛盾已经转化为人民日益增长的美好生活需要和不平衡不充分的发展之间的矛盾。必须认识到，我国社会主要矛盾的变化，没有改变我们对我国社会主义所处历史阶段的判断，我国仍处于并将长期处于社会主义初级阶段的基本国情没有变，我国是世界最大发展中国家的国际地位没有变。全党要牢牢把握社会主义初级阶段这个基本国情，牢牢立足社会主义初级阶段这个最大实际，牢牢坚持党的基本路线这个党和国家的生命线、人民的幸福线，领导和团结全国各族人民，以经济建设为中心，坚持四项基本原则，坚持改革开放，自力更生，艰苦创业，为把我国建设成为富强民主文明和谐美丽的社会主义现代化强国而奋斗。

大会明确提出从全面建成小康社会到基本实现现代化，再到全面建成社会主义现代化强国这一新时代中国特色社会主义发展的战略安排。要按照全面建成小康社会各项要求，紧扣我国社会主要矛盾变化，统筹推进经济建设、政治建设、文化建设、社会建设、生态文明建设，坚定实施科教兴国战略、人才强国战略、创新驱动发展战略、乡村振兴战略、区域协调发展战略、可持续发展战略、军民融合发展战略，突出抓重点、补短板、强弱项，特别是要坚决打好防范化解重大风险、精准脱贫、污染防治的攻坚战，使全面建成小康社会得到人民认可、经得起历史检验。

明确分两步走全面建成社会主义现代化强国。报告指出，从十九大到二十大，是"两个一百年"奋斗目标的历史交汇期。既要全面建成小康社会、实现第一个百年奋斗目标，又要乘势而上开启全面建设社会主义现代化国家新征程，向第二个百年奋斗目标进军。综合分析国际国内形势和我国发展条件，从 2020 年到本世纪中叶可以分两个阶段来安排。第一个阶段，从 2020 年到 2035 年，在全面建成小康社会的基础上，再奋斗 15 年，基本实现社会主义现代化。到那时，我国经济实力、科技实力将大幅跃升，跻身创新型国家前列；人民平等参与、平等发展权利得到充分保障，法治国家、法治政府、法治社会基本建成，各方面制度更加完善，国家治理体系和治理能力现代化基本实现；社会文明程度达到新的高度，国家文化软实力显著增强，中华文化影响更加广泛深入；人民生活更为宽裕，中等收入群体比例明显提高，城乡区域发展差距和居民生活水平差距显著缩小，基本公共服务均等化基本实现，全体人民共同富裕迈出坚实步伐；现代社会治理格局基本形成，社会充满活力又和谐有序；生态环境根本好转，美丽中国目标基本实现。第二个阶段，从 2035 年到本世纪中叶，在基本实现现代化的基础上，再奋斗 15 年，把我国建成富强民主文明和谐美丽的社会主义现代化强国。到那时，我国物质文明、政治文明、精神文明、社会文明、生态文明将全面提升，实现国家治理体系和治理能力现代化，成为综合国力和国际影响力领先的国家，全体人民共同富裕基本实现，我国人民将享有更加幸福安康的生活，中华民族将以更加昂扬的姿态屹立于世界民族之林。

大会对经济建设、政治建设、文化建设、社会建设、生态文明建设等方面作出全面部署。经济建设上，贯彻新发展理念，建设现代化经济体系；政治建设上，健全人民当家作主制度体系，发展社会主义民主政治；文化建设上，坚定文化自信，推动社会主义文化繁荣兴盛；社会建设上，提高

★ 2017 年 10 月 31 日，中共中央总书记、国家主席、中央军委主席习近平带领中共中央政治局常委瞻仰上海中共一大会址和浙江嘉兴南湖红船，一起重温入党誓词

保障和改善民生水平，加强和创新社会治理；生态文明建设上，加快生态文明体制改革，建设美丽中国。大会还就国防和军队建设、港澳台工作、外交工作、全面从严治党等作出部署。

大会通过《中国共产党章程（修正案）》，把习近平新时代中国特色社会主义思想同马克思列宁主义、毛泽东思想、邓小平理论、"三个代表"重要思想、科学发展观一道确立为党的指导思想并载入党章。大会选举产生了新一届中央委员会和中央纪律检查委员会。

10 月 25 日，中共十九届一中全会选举习近平、李克强、栗战书、汪洋、王沪宁、赵乐际、韩正为中央政治局常委，选举习近平为中央委员会总书记，决定习近平为中央军委主席，批准赵乐际为中央纪委书记。

中共十九大吹响了决胜全面建成小康社会、夺取新时代中国特色社会主义伟大胜利的号角，制定了适应时代要求、顺应人民意愿的行动纲领和大政方针，对开启全面建设社会主义现代化国家新征程、实现中华民族伟大复兴的中国梦发挥了十分重要的指导和保证作用。

确立习近平新时代中国特色社会主义思想为党的指导思想

时代是思想之母，实践是理论之源。当代中国正经历着我国历史上最为广泛而深刻的社会变革，也正在进行着人类历史上最为宏大而独特的实践创新。中国特色社会主义进入新时代，这是一个需要理论而且一定能够产生理论的时代，是一个需要思想而且一定能够产生思想的时代。

中共十八大以来，国内外形势变化和中国各项事业发展提出了一个重大时代课题，这就是必须从理论和实践结合上系统回答新时代坚持和发展什么样的中国特色社会主义、怎样坚持和发展中国特色社会主义。围绕这个重大时代课题，中国共产党坚持以马克思列宁主义、毛泽东思想、邓小平理论、"三个代表"重要思想、科学发展观为指导，坚持解放思想、实事求是、与时俱进、求真务实，坚持辩证唯物主义和历史唯物主义，紧密结合新的时代条件和实践要求，以全新的视野深化对共产党执政规律、社会主义建设规律、人类社会发展规律的认识，进行艰辛理论探索，取得重大理论创新成果，创立了习近平新时代中国特色社会主义思想。习近平新时代中国特色社会主义思想是对马克思列宁主义、毛泽东思想、邓小平理论、"三个代表"重要思想、科学发展观的继承和发展，是马克思主义中国化最新成果，是新时代中国共产党的思想旗帜，是国家政治生活和社会生活的根本指针，是当代中国马克思主义、21世纪马克思主义，是全党全国人民为实现中华民族伟大复兴而奋斗的行动指南，必须长期坚持并不断发展。

习近平是习近平新时代中国特色社会主义思想的主要创立者。在领导全党全国各族人民推进党和国家事业的实践中，习近平以马克思主义政治家、思想家、战略家的非凡理论勇气、卓越政治智慧、强烈使命担当，以"我将无我，不负人民"的赤子情怀，应时代之变迁、立时代之潮头、发时代之先声，提出一系列具有开创性意义的新理念新思想新战略，为习近平新时代中国特色社会主义思想的创立发挥了决定性作用、作出了决定性贡献。

习近平新时代中国特色社会主义思想坚持马克思主义立场观点方法，坚持科学社会主义基本原则，科学总结世界社会主义运动经验教训，根据时代和实践发展变化，以崭新的思想内容丰富和发展了马克思主义，形成了系统科学的理论体系。这一思想贯通马克思主义哲学、政治经济学、科学社会主义，贯通历史、现实和未来，贯通改革发展稳定、内政外交国防、治党治国治军等各领域，既坚持了老祖宗，又讲了很多新话，使中国共产党对共产党执政规律、社会主义建设规律、人类社会发展规律的认识达到了新高度，为发展马克思主义作出了原创性贡献。

习近平新时代中国特色社会主义思想涵盖新时代坚持和发展中国特色社会主义的总目标、总任务、总体布局、战略布局和发展方向、发展方式、发展动力、战略步骤、外部条件、政治保证等基本问题，并根据新的实践对经济、政治、法治、科技、文化、教育、民生、民族、宗教、社会、生态文明、国家安全、国防和军队、"一国两制"和祖国统一、统一战线、外交、党的建设等各方面作出新的理论概括和战略指引。

习近平新时代中国特色社会主义思想的核心内容是"八个明确"和"十四个坚持"。

"八个明确"，就是明确坚持和发展中国特色社会主义，总任务是实现社会主义现代化和中华民族伟大复兴，在全面建成小康社会的基础上，分两步走在本世纪中叶建成富强民主文明和谐美丽的社会主义现代化强国；明确新时代我国社会主要矛盾是人民日益增长的美好生活需要和不平衡不充分的发展之间的矛盾，必须坚持以人民为中心的发展思想，不断促进人的全面发展、全体人民共同富裕；明确中国特色社会主义事业总体布局是"五位一体"、战略布局是"四个全面"，强调坚定道路自信、理论自信、制度自信、文化自信；明确全面深化改革总目标是完善和发展中国特色社会主义制度、推进国家治理体系和治理能力现代化；明确全面推进依法治国总目标是建设中国特色社会主义法治体系、建设社会主义法治国家；明确党在新时代的强军目标是建设一支听党指挥、能打胜仗、作风优良的人民军队，把人民军队建设成为世界一流军队；明确中国特色大国外交要推动构建新型国际关系，推动构建人类命运共同体；明确中国特色社会主义最本质的特征是中国共产党领导，中国特色社会主义制度的最大优势是中国共产党领导，党是最高政治领导力量，提出新时代党的建设总要求，突出政治建设在党的建设中的重要地位。

"十四个坚持"，就是坚持党对一切工作的领导，坚持以人民为中心，坚持全面深化改革，坚持新发展理念，坚持人民当家作主，坚持全面依法治国，坚持社会主义核心价值体系，坚持在发展中保障和改善民生，坚持人与自然和谐共生，坚持总体国家安全观，坚持党对人民军队的绝对领导，坚持"一国两制"和推进祖国统一，坚持推动构建人类命运共同体，坚持全面从严治党。以上十四条，构成新时代坚持和发展中国特色社会主义的基本方略，既是习近平新时代中国特色社会主义思想的重要组成部分，也是落实习近平新时代中国特色社会主义思想的实践要求。

"八个明确"和"十四个坚持"有机融合、有机统一，凝结着中国共产党坚持和发展中国特色社会主义的宝贵经验，反映了以习近平同志为核心的党中央对中国特色社会主义规律性认识的深化、拓展、升华，体现了理论与实际相结合、认识论和方法论相统一的鲜明特色。

十三届全国人大一次会议与宪法修改

2018年3月5日至20日，十三届全国人大一次会议在北京召开。会议通过《中华人民共和国宪法修正案》，选举习近平为中华人民共和国主席、中华人民共和国中央军事委员会主席，栗战书为全国人大常委会委员长，决定李克强为国务院总理。

会议通过政府工作报告，高度评价过去五年我国经济社

★ 2018 年 3 月 17 日，十三届全国人大一次会议举行第五次全体会议，习近平当选中华人民共和国主席、中华人民共和国中央军事委员会主席

会发展取得的历史性成就、发生的历史性变革，充分肯定国务院过去五年的工作，同意报告提出的 2018 年经济社会发展总体要求、政策取向和对政府工作的建议。通过《中华人民共和国监察法》。批准关于 2017 年国民经济和社会发展计划执行情况与 2018 年国民经济和社会发展计划；批准关于 2017 年中央和地方预算执行情况与 2018 年中央和地方预算草案的报告，批准 2018 年中央预算。批准全国人大常委会工作报告、最高人民法院工作报告、最高人民检察院工作报告。

宪法修改是这次会议的主要任务之一。宪法是国家的根本法，是治国安邦的总章程，具有最高的法律地位、法律权威、法律效力，具有根本性、全局性、稳定性、长期性。我国宪法必须随着党领导人民建设中国特色社会主义实践的发展而不断完善发展。这是我国宪法发展的一个显著特点，也是一条基本规律。

此次宪法修改遵循坚持党对宪法修改的领导，严格依法按程序推进宪法修改，充分发扬民主、广泛凝聚共识，坚持对宪法作部分修改、不作大改等原则，将科学发展观、习近平新时代中国特色社会主义思想同马克思列宁主义、毛泽东思想、邓小平理论、"三个代表"重要思想写在一起，确立其在国家政治和社会生活中的指导地位，反映了全国各族人民的共同意愿，体现了党的主张和人民意志的统一，明确了全党全国人民为实现中华民族伟大复兴而奋斗的共同思想基础，具有重大的现实意义和深远的历史意义。

通过宪法修改，调整充实中国特色社会主义事业总体布局和第二个百年奋斗目标的内容。从物质文明、政治文明和精神文明协调发展到物质文明、政治文明、精神文明、社会文明、生态文明协调发展，是党对社会主义建设规律认识的深化，是对中国特色社会主义事业总体布局的丰富和完善。把我国建设成为富强民主文明和谐美丽的社会主义现代化强国，实现中华民族伟大复兴，是党的十九大确立的奋斗目标。作这样的修改，在表述上与党的十九大报告相一致，有利于引领全党全国人民把握规律、科学布局，在新时代不断开创党和国家事业发展新局面，齐心协力为实现"两个一百年"奋斗目标、实现中华民族伟大复兴的中国梦而不懈奋斗。

通过宪法修改，完善依法治国和宪法实施举措。将"健全社会主义法制"修改为"健全社会主义法治"，是党依法治国理念和方式的新飞跃，有利于推进全面依法治国，建设中国特色社会主义法治体系，加快实现国家治理体系和治理能力现代化，为党和国家事业发展提供根本性、全局性、稳定性、长期性的制度保障。将实行宪法宣誓制度写入宪法，有利于促使国家工作人员树立宪法意识、恪守宪法原则、弘扬宪法精神、履行宪法使命，也有利于彰显宪法权威，激励和教育国家工作人员忠于宪法、遵守宪法、维护宪法，加强宪法实施。

通过宪法修改，充实完善我国革命和建设发展历程的内容、爱国统一战线和民族关系的内容，充实和平外交政策方面的内容、坚持和加强中国共产党全面领导的内容。增加倡导社会主义核心价值观的内容、设区的市制定地方性法规的规定、有关监察委员会的各项规定。修改国家主席任职方面的有关规定。

宪法修改是党和国家政治生活中的一件大事，是党中央从新时代坚持和发展中国特色社会主义全局和战略高度作出的重大决策，是新时代推进全面依法治国、推进国家治理体系和治理能力现代化的重大举措。

二、坚持和加强中国共产党的全面领导

中国共产党领导是中国特色社会主义最本质的特征，是中国特色社会主义制度的最大优势，是党和国家的根本所在、命脉所在，是全国各族人民的利益所系、命运所系。中华民族近代以来180多年的历史、中国共产党成立以来100年的历史、中华人民共和国成立以来70多年的历史都充分

证明，没有中国共产党，就没有新中国，就没有中华民族伟大复兴。

坚持党对一切工作的领导

中共十九大将"中国特色社会主义最本质的特征是中国共产党领导，中国特色社会主义制度的最大优势是中国共产党领导，党是最高政治领导力量"确立为习近平新时代中国特色社会主义思想的重要内容，同时把这一重大政治原则写入党章，把"坚持党对一切工作的领导"作为新时代坚持和发展中国特色社会主义的基本方略的第一条。这是中国共产党、中国人民在坚持和发展中国特色社会主义中最根本的经验总结，是道路自信、理论自信、制度自信、文化自信的集中体现。

2018年3月，十三届全国人大一次会议通过《中华人民共和国宪法修正案》，在宪法序言确定党的领导地位的基础上，又在总纲中明确规定中国共产党领导是中国特色社会主义最本质的特征，强化了党总揽全局、协调各方的领导地位。宪法以根本法的形式确立党的领导地位，反映的是中国最大的国情，有利于在全体人民中强化党的领导意识，有效地把党的领导落实到国家工作全过程和各方面，确保党和国家事业始终沿着正确方向前进。

党的全面领导是具体的，不是空洞的、抽象的，必须体现到治国理政的方方面面，体现到国家政权的机构、体制、制度等的设计、安排、运行之中，确保党的领导全覆盖，确保党的领导更加坚强有力。在实践中，不断完善坚持党的全面领导的制度，强化党的组织在同级组织中的领导地位，在国家机关、事业单位、群团组织、社会组织、企业和其他组织中设立的党委（党组），接受批准其成立的党委统一领导，定期汇报工作，确保党的方针政策和决策部署在同级组织中得到贯彻落实，加快在新型经济组织和社会组织中建立健全党的组织机构，做到党的工作进展到哪里，党的组织就覆盖到哪里。

2019 年 10 月，中共十九届四中全会把坚持和完善党的领导制度体系放在首要位置，突出了党的领导制度体系的统领地位，抓住了国家治理的关键和要害。全会通过的决定强调，"健全总揽全局、协调各方的党的领导制度体系，把党的领导落实到国家治理各领域各方面各环节"。这为新时代加强党的全面领导提供了有力制度保证。

2020 年 10 月，中共十九届五中全会把坚持党的全面领导作为"十四五"时期经济社会发展必须遵循的首要原则，明确要坚持和完善党领导经济社会发展的体制机制，坚持和完善中国特色社会主义制度，不断提高贯彻新发展理念、构建新发展格局能力和水平，为实现高质量发展提供根本保证。

在全面建设社会主义现代化国家新征程上，必须坚持党的全面领导，不断完善党的领导，不断提高党科学执政、民主执政、依法执政水平，充分发挥党总揽全局、协调各方的领导核心作用。

坚决维护党中央权威和集中统一领导

事在四方，要在中央。在国家治理体系的大棋局中，党中央是坐镇中军帐的"帅"；在中国特色社会主义大厦中，党中央是顶梁柱。坚持党的全面领导，首先是坚持党中央的集中统一领导。这是党的领导的最高原则，是最根本的政治规矩，任何时候任何情况下都不能含糊、不能动摇。

万山磅礴，必有主峰。习近平强调，必须增强政治意识、大局意识、核心意识、看齐意识，坚定道路自信、理论自信、制度自信、文化自信，保证全党团结统一和行动一致，确保党始终总揽全局、协调各方。中共十九大后，党中央对坚决维护习近平总书记党中央的核心、全党的核心地位，坚决维护党中央权威和集中统一领导，提出一系列具体要求。

2017年10月，中央政治局会议审议《中共中央政治局关于加强和维护党中央集中统一领导的若干规定》，指出，中央政治局要带头树立"四个意识"，严格遵守党章和党内政治生活准则，全面落实党的十九大关于加强和维护党中央集中统一领导的各项要求，自觉在以习近平同志为核心的党中央集中统一领导下履行职责、开展工作，坚决维护习近平总书记党中央的核心、全党的核心地位。

2018年8月，中共中央印发修订后的《中国共产党纪律处分条例》，增加了"两个维护""四个意识"等内容。《条例》对在重大原则问题上不同党中央保持一致，搞山头主义、落实党中央决策部署打折扣、搞变通、搞两面派、做两面人等行为的处理作出具体规定，为各级党组织和党员、干部始终在政治立场、政治方向、政治原则、政治道路上同党中央保持高度一致，为确保全党令行禁止提供了有力纪律保障。

2019年1月，中共中央印发《关于加强党的政治建设的意见》，这是党中央对新时代加强党的政治建设作出的重大决策部署。《意见》进一步将坚决做到"两个维护"作为加强党的政治建设的首要任务，强调坚持和加强党的全面领导，最重要的是坚决维护党中央权威和集中统一领导，最关键的是坚决维护习近平总书记党中央的核心、全党的核心地位。中共中央还印发了《中国共产党重大事项请示报告条例》。

中共十九届四中全会明确提出"完善坚定维护党中央权威和集中统一领导的各项制度"，强调健全党中央对重大工作的领导体制，强化党中央决策议事协调机构职能作用，完善推动党中央重大决策落实机制，严格执行向党中央请示报告制度，确保令行禁止。健全维护党的集中统一的组织制度，形成党的中央组织、地方组织、基层组织上下贯通、执行有力的严密体系，实现党的组织和党的工作全覆盖。这一制度安排为维护党中央权威和集中统一领导提供了有力保证。

2020年9月，中共中央印发《中国共产党中央委员会工作条例》，把"坚持党对一切工作的领导，确保党中央集中统一领导"作为中央委员会开展工作必须把握的第一条原则，强调中央委员会、中央政治局、中央政治局常务委员会是党的组织体系的大脑和中枢，在推进中国特色社会主义事业中把方向、谋大局、定政策、促改革。《条例》着眼加强中央委员会工作，对党中央的领导地位、领导体制、领导职权、领导方式、决策部署、自身建设等作出全面规定，为保证党中央对党和国家事业的集中统一领导提供了基本遵循。

维护习近平总书记党中央的核心、全党的核心地位，维护党中央权威和集中统一领导，是全面从严治党的重大政治成果和宝贵经验。各地区各部门认真贯彻党中央要求，根据实际制定出台关于"两个维护"的具体规定、办法等，结合各种学习教育，引导广大党员干部增强"四个意识"、坚定"四个自信"、做到"两个维护"。经过持续努力，党员、干部的政治站位、政治觉悟和政治能力有了明显提高，巩固了党的团结统一，确保了党中央一锤定音、定于一尊的权威。

把党的政治建设摆在首位

党的政治建设决定党的建设的方向和效果，是党的建设的灵魂和根基。中共十九大提出党的政治建设这个重大命题，把党的政治建设纳入党的建设总体布局并摆在首位，明确了党的政治建设在新时代党的建设中的战略定位，抓住了全面从严治党的根本性问题。

《中共中央关于加强党的政治建设的意见》明确指出，加强党的政治建设，目的是坚定政治信仰，强化政治领导，提高政治能力，净化政治生态，实现全党团结统一、行动一致。《意见》通篇贯彻和体现"两个维护"这一根本要求，提出要牢牢把握党的政治建设对党的各项建设的统领作用，把政治标准和政治要求贯穿于党的各项建设之中。《意见》强调，要以正确的认识、正确的行动坚决做到"两个维护"，坚决防止和纠正一切偏离"两个维护"的错误言行。

2020 年 12 月，习近平在中央政治局民主生活会上进一步强调，必须增强政治意识，善于从政治上看问题，善于把握政治大局，不断提高政治判断力、政治领悟力、政治执行力。

中共十九大以来，党中央聚焦党的政治属性、政治使

★ 2021 年 6 月 30 日，参观南湖革命纪念馆的党员重温入党誓词

命、政治目标、政治追求持续发力，引导全党增强"四个意识"、坚定"四个自信"、做到"两个维护"，坚持把党的政治建设融入党和国家重大决策部署的制定和落实全过程，不断健全贯彻落实党中央重大决策部署和习近平总书记重要指示批示督查问责机制，严肃查处违背党的政治路线、破坏党的集中统一问题，以政治上的加强推动全面从严治党向纵深发展。

深入推进党的自我革命

勇于自我革命是中国共产党最鲜明的品格，是熔铸在中国共产党人血脉里的政治基因，是中国共产党区别于其他政党的显著标志。中国共产党历经千锤百炼而朝气蓬勃，一个很重要的原因就是始终坚持党要管党、全面从严治党，坚持自我净化、自我完善、自我革新、自我提高，不断应对好自身在各个历史时期面临的风险考验，确保党在世界形势深刻变化的历史进程中始终走在时代前列，在应对国内外各种风险挑战的历史进程中始终成为全国人民的主心骨。

重视思想建党、理论强党。中共十九大闭幕仅一周，习近平带领中央政治局常委，瞻仰上海中共一大会址和浙江嘉兴南湖红船，回顾建党历史，重温入党誓词，宣示新一届党中央领导集体的坚定政治信念。2019年5月底开始的"不忘初心、牢记使命"主题教育自上而下分两批在全党开展。这是新时代深化党的自我革命、推动全面从严治党向纵深发展的生动实践。在抓好党内集中教育的同时，党中央坚持把学习教育融入日常、抓在经常，推动各级党组织不断加强思想建设，更好用习近平新时代中国特色社会主义思想武装全党。组织广大党员、干部深入学习《习近平谈治国理政》和一系列重要论述摘编，学习《习近平新时代中国特色社会主义思想学习纲要》《习近平新时代中国特色社会主义思想学习问答》等重要辅导读物。广大党员、干部读原著、学原文、悟原理，不断筑牢信仰之基、补足精神之"钙"、把稳思想之舵。

贯彻新时代党的组织路线。党的力量来自组织，组织强则力量倍增。新时代党的组织路线是：全面贯彻习近平新时代中国特色社会主义思想，以组织体系建设为重点，着力培养忠诚干净担当的高素质干部，着力集聚爱国奉献的各方面优秀人才，坚持德才兼备、以德为先、任人唯贤，为坚持和加强党的全面领导、坚持和发展中国特色社会主义提供坚强组织保证。以新时代党的组织路线为引领，持续整顿软弱涣散基层党组织，推动基层党组织全面进步、全面过硬，党的组织体系建设不断增强。截至 2021 年 6 月 5 日，中国共产党党员总数为 9514.8 万名，基层组织总数为 486.4 万个。中国共产党始终保持旺盛生机活力，持续发挥强大组织优势，党的政治领导力、思想引领力、群众组织力、社会号召力不断增强。

重视作风建设。党的作风是党的形象，是观察党群干群关系、人心向背的晴雨表。中共十九大后，中央政治局首次会议就把作风建设摆上议程，审议了《中共中央政治局贯彻落实中央八项规定的实施细则》，根据中央八项规定实施过程中遇到的新情况新问题，着重对相关内容作了进一步规范、细化和完善，更加切合工作实际，增强了指导性和操作性。解决形式主义、官僚主义突出问题，为基层减负是作风建设的重点内容。中共十九届五中全会明确提出，"持续纠治形式主义、官僚主义，切实为基层减负"。党的作风建设从细节入手，坚持"常""长"二字，不断完善作风建设长效机制，抓铁有痕、踏石留印，让全党和人民群众感到了变化，从改进作风的实际成效中看到了希望，起到了徙木立信的作用，为深入推进全面从严治党凝聚了党心民心。

加强纪律建设。纪律真正成为带电的高压线。2018 年 7 月，中央政治局召开会议强调，要巩固和发展执纪必严、违纪必究常态化成果，下大气力建制度、立规矩、抓落实、重执行，让制度"长牙"、纪律"带电"，充分发挥纪律建设标本兼治的利器作用，使铁的纪律真正转化为党员干部的日常习惯和自觉遵循，推动全面从严治党向纵深发展。各地区各部门深入开展纪律教育，深入剖析干部严重违纪违法的典型案例，发挥其警示、震慑、教育作用，教育引导广大党员、干部增强纪律意识，把党章党规党纪刻印在心上，知边界、明底线。

加强制度建设。制度事关根本，关乎长远。党中央高度重视建章立制。2018年2月，中共中央印发《中央党内法规制定工作第二个五年规划（2018—2022年）》，对党内法规制度建设进行顶层设计；10月，印发《中国共产党支部工作条例（试行）》。2019年1月，印发《中国共产党政法工作条例》；6月，印发《中国共产党宣传工作条例》；8月，印发《中国共产党农村工作条例》。2020年12月，印发修订后的《中国共产党党员权利保障条例》《中国共产党统一战线工作条例》。2021年4月，印发修订后的《中国共产党普通高等学校基层组织工作条例》；5月，印发《中国共产党组织工作条例》；等等。截至2021年7月1日，全党现行有效党内法规共3615部。其中，党中央制定的中央党内法规211部，中央纪律检查委员会以及党中央工作机关制定的部委党内法规163部，省、自治区、直辖市党委制定的地方党内法规3241部，形成了以党章为根本、以准则条例为主干、覆盖党的领导和党的建设各方面的党内法规制度体系。2019年9月，中共中央印发了《中国共产党党内法规执行责任制规定（试行）》，逐一明确了各级各类党组织和党员领导干部的执规责任，对监督考核、责任追究等提出要求，是从根本上破解党内法规"执行难"问题、推动党内法规全面深入实施的一项重要举措。

坚定不移推进反腐败斗争。党中央坚决保持惩治腐败高压态势，坚持无禁区、全覆盖、零容忍，坚持重遏制、强高压、长震慑，坚持受贿行贿一起查，对十八大后不收敛不收手，特别是十九大后仍不知止、胆大妄为的，发现一起查处一起，持续整治群众身边腐败和作风问题，对扶贫、民生领域腐败和涉黑涉恶"保护伞"一查到底。在强化不敢腐的震慑同时，不断扎牢不能腐的笼子，持续增强不想腐的自觉。经过全党不懈努力，反腐败斗争取得压倒性胜利并全面巩固，党在解决党内存在的突出矛盾和问题中净化纯洁。在强大震慑和政策感召下，2020年全国有1.6万人主动投案，6.6万人主动交代问题，全国纪检监察机关共立案61.8万件，处分60.4万人。"天网2020"行动追回外逃人员1421人，其中"红通人员"28人，监察对象314人，追回赃款29.5亿元。

完善党和国家监督体系。中共十九大以后，党的纪律检查体制改革、国家监察体制改革、纪检监察机构改革一体推进，纪律监督、监察监督、派驻监督、巡视监督全覆盖的权力监督格局日臻完善。充分发挥党内监督的政治引领作用，把监督融入区域治理、部门治理、行业治理、基层治理、单位治理之中。推动党委（党组）主体责任、书记第一责任人责任和纪委监委监督责任贯通联动、一体落实。坚持以党内监督为主导，不断完善权力监督制度和执纪执法体系，推动人大监督、民主监督、行政监督、司法监督、审计监督、财会监督、统计监督、群众监督、舆论监督有机贯通、相互协调，形成常态长效的监督合力。中共十九届四中全会对"坚持和完善党和国家监督体系，强化对权力运行的制约和监督"作出重大制度安排。2021年3月，中共中央印发《关于加强对"一把手"和领导班子监督的意见》，明确全面落实党内监督制度的各项工作安排。

三、推进国家制度和治理体系建设

当今世界正经历百年未有之大变局，我国正处于实现中华民族伟大复兴关键时期。为了顺应时代潮流，适应我国社会主要矛盾变化，统揽伟大斗争、伟大工程、伟大事业、伟大梦想，以习近平同志为核心的党中央推动党和国家组织结构和管理体制的系统性整体性重构，推动全面深化改革向纵深发展，推进国家治理体系和治理能力现代化，不断把我国制度优势更好转化为国家治理效能。

深化党和国家机构改革

2018 年 2 月，中共十九届三中全会通过《中共中央关于深化党和国家机构改革的决定》和《深化党和国家机构改革方案》。此次改革遵循坚持党的全面领导、坚持以人民为中心、坚持优化协同高效、坚持全面依法治国等原则，目标是构建系统完备、科学规范、运行高效的党和国家机构职能体系，形成总揽全局、协调各方的党的领导体系，职责明确、依法行政的政府治理体系，中国特色、世界一流的武装力量体系，联系广泛、服务群众的群团工作体系，推动人大、政府、政协、监察机关、审判机关、检察机关、人民团体、企事业单位、社会组织等在党的统一领导下协调行动、增强合力，全面提高国家治理能力和治理水平。2018年3月，十三届全国人大一次会议审议通过国务院机构改革方案。

此次改革从完善党的全面领导的制度、优化政府机构设置和职能配置、统筹党政军群机构改革、合理设置地方机构、推进机构编制法定化等5个方面作出部署，具体落实到深化党中央机构、全国人大机构、国务院机构、全国政协机构、行政执法体制、跨军地、群团组织、地方机构改革等8个领域。3月23日，新组建的国家监察委员会正式揭牌运行，标志着新一轮党和国家机构改革全面铺开。各地区各部门坚决贯彻党中央决策部署，加大统的力度、明确改的章法、做好人的工作、执行严的纪律，短短一年多时间，十九届三中全会部署的改革任务总体完成，取得一系列重要理论成果、制度成果、实践成果。

加强党的全面领导得到有效落实，维护党的集中统一领导的机构职能体系更加健全。一是明确党中央决策议事协调机构的职责，调整党中央决策议事协调机构设置，加强党中央对深化改革、依法治国等工作的领导，使党对重大工作的领导体制机制进一步健全，提升了决策和统筹协调能力。二是调整优化相关党政机构设置和职能配置，实行合并设立或合署办公，更好发挥党的职能部门归口协调管理职能，使职能相近的党政机构得到统筹设置。三是着力推进党的纪律检查体制和国家监察体制改革，完成国家、省、市、县监察委员会组建，监察委与同级纪检机关合署办公，实现党内监督和国家监督、党的纪律检查和国家监察的有机统一，使党和国家监督体系更加完善。

党和国家机构履职更加顺畅高效，各类机构职能更加适应统筹推进"五位一体"总体布局和协调推进"四个全面"战略布局需要。此次改革，新组建党中央决策议事协调机构3个、更名4个，不再保留党中央议事协调机构4个、国务院议事协调机构2个，组建和重新组建部级机构25个，调整优化领导管理体制和职责部级机构31个，组织结构全面优化。对自然资源确权登记、国土空间规划等职责作了调整优化，解决了60多项长期存在的部门职责交叉、关系不顺事项，多头分散、责任不清、推诿扯皮等问题得到有效改观，职责关系进一步理顺。机构编制资源是重要政治资源、执政资源。中央和地方机构编制总体实现精简。中央一级部门，减少司局级内设机构107个、司局领导职数274名、编制713名。地方层面，减少省级党政机构8个、行政编制1343名，市级党政机构1501个、行政编制461名，县级党政机构5362个、行政编制3092名。同时，研究解决了一些重点领域和关键岗位急需的机构编制事项，保障实际工作需要，机构编制配置更加优化。

地方机构改革构建起上下贯通、运行顺畅、充满活力的工作体系。改革中，对以清单形式列明的省级党政机构需要对应调整的22项具体改革任务，全部落实到位，做到省级党政主要机构职能同中央基本对应、上下贯通。对于党中央统一要求设置的退役军人事务、应急管理、医疗保障等重点领域新组建机构，省市县三级上下一致抓好落实，全部组建到位，并加强相关服务保障体系建设。各地方根据本地区社会管理和公共服务需要，因地制宜设置了一些机构。

有序完成公安现役部队改制等跨军地改革任务。着力理顺武警部队管理体制。将列武警部队序列、国务院部门领导管理的现役力量全部退出武警。公安边防、警卫部队换装和入警，继续肩负维护国家安全和社会稳定的职责使命。公安消防、武警森林部队成建制划归应急管理部，组建为国家应急救援的主力军和专业队。武警黄金部队整体移交自然资源部，组建为加强基础性公益性地质工作的"国家队"。武警水电部队转制为央企，继续发挥水电工程建设专业优势。武警海关执勤兵力整体撤收，海警划归武警部队领导指挥，进一步发挥武装部队的组织优势和整体合力。调整优化行业公安管理体制。将铁路公安机关、交通运输部公安局和长江航运公安局、森林公安机关划转公安部统一领导管理。民航公安机关和海关缉私机关分别接受公安部和中国民航局、海关总署双重领导，以公安部领导为主，进一步推动行业公安队伍正规化专业化建设。

这次机构改革不是局部修修补补的改革，而是对党和国家组织结构和管理体制的一次系统性、整体性重构。在党中央坚强领导下，从中央到地方，上下同心，各地区各部门坚决贯彻党中央决策部署，解决了许多长期想解决而没能解决的难题，理顺了不少多年想理顺而没有理顺的体制机制，适应新时代要求的党和国家机构职能体系主体框架初步建立，为完善和发展中国特色社会主义制度、推进国家治理体系和治理能力现代化提供了有力组织保障。

坚持和完善中国特色社会主义制度

中国特色社会主义制度是党和人民在长期实践探索中形成的科学制度体系，我国国家治理一切工作和活动都依照中国特色社会主义制度展开，我国国家治理体系和治理能力是中国特色社会主义制度及其执行能力的集中体现。坚持和完善中国特色社会主义制度、推进国家治理体系和治理能力现代化是实现"两个一百年"奋斗目标的重大任务，是把新时代改革开放推向前进的根本要求，是应对风险挑战、赢得主动的有力保证。

中共十九届四中全会审议通过了《中共中央关于坚持和完善中国特色社会主义制度、推进国家治理体系和治理能力现代化若干重大问题的决定》。全会强调，坚持和完善中国特色社会主义制度、推进国家治理体系和治理能力现代化的总体目标是：到我们党成立一百年时，在各方面制度更加成熟更加定型上取得明显成效；到2035年，各方面制度更加完善，基本实现国家治理体系和治理能力现代化；到新中国成立一百年时，全面实现国家治理体系和治理能力现代化，使中国特色社会主义制度更加巩固、优越性充分展现。

全会强调，我国国家制度和国家治理体系具有多方面的显著优势，主要是：坚持党的集中统一领导，坚持党的科学理论，保持政治稳定，确保国家始终沿着社会主义方向前进的显著优势；坚持人民当家作主，发展人民民主，密切联系群众，紧紧依靠人民推动国家发展的显著优势；坚持全面依法治国，建设社会主义法治国家，切实保障社会公平正义和人民权利的显著优势；坚持全国一盘棋，调动各方面积极性，集中力量办大事的显著优势；坚持各民族一律平等，铸牢中华民族共同体意识，实现共同团结奋斗、共同繁荣发展的显著优势；坚持公有制为主体、多种所有制经济共同发展和按劳分配为主体、多种分配方式并存，把社会主义制度和市场经济有机结合起来，不断解放和发展社会生产力的显著优势；坚持共同的理想信念、价值理念、道德观念，弘扬中华优秀传统文化、革命文化、社会主义先进文化，促进全体人民在思想上精神上紧紧团结在一起的显著优势；坚持以人民为中心的发展思想，不断保障和改善民生、增进人民福祉，走共同富裕道路的显著优势；坚持改革创新、与时俱进，善于自我完善、自我发展，使社会始终充满生机活力的显著优势；坚持德才兼备、选贤任能，聚天下英才而用之，培养造就更多更优秀人才的显著优势；坚持党指挥枪，确保人民军队绝对忠诚于党和人民，有力保障国家主权、安全、发展利益的显著优势；坚持"一国两制"，保持香港、澳门长期繁荣稳定，促进祖国和平统一的显著优势；坚持独立自主和对外开放相统一，积极参与全球治理，为构建人类命运共同体不断作出贡献的显著优势。这些显著优势，是坚定中国特色社会主义道路自信、理论自信、制度自信、文化自信的基本依据。

全会聚焦坚持和完善支撑中国特色社会主义制度的根本制度、基本制度、重要制度，明确了各项制度必须坚持巩固的根本点和完善发展的方向。全会指出，要加强党对坚持和完善中国特色社会主义制度、推进国家治理体系和治理能力现代化的领导。坚持和完善党的领导制度体系，提高党科学执政、民主执政、依法执政水平；坚持和完善人民当家作主制度体系，发展社会主义民主政治；坚持和完善中国特色社会主义法治体系，提高党依法治国、依法执政能力；坚持和完善中国特色社会主义行政体制，构建职责明确、依法行政的政府治理体系；坚持和完善社会主义基本经济制度，推动经济高质量发展；坚持和完善繁荣发展社会主义先进文化的制度，巩固全体人民团结奋斗的共同思想基础；坚持和完善统筹城乡的民生保障制度，满足人民日益增长的美好生活需要；坚持和完善共建共治共享的社会治理制度，保持社会稳定、维护国家安全；坚持和完善生态文明制度体系，促进人与自然和谐共生；坚持和完善党对人民军队的绝对领导制度，确保人民军队忠实履行新时代使命任务；坚持和完善"一国两制"制度体系，推进祖国和平统一；坚持和完善独立自主的和平外交政策，推动构建人类命运共同体；坚持和完善党和国家监督体系，强化对权力运行的制约和监督。

全会阐明了必须牢牢坚持的重大制度和原则，部署了推进制度建设的重大任务和举措，坚持根本制度、基本制度、重要制度相衔接，统筹顶层设计和分层对接，统筹制度改革和制度运行。全会审议通过的《决定》充分体现了中国共产党先进的执政理念、高度的制度自信和强大的改革勇气，回答了"坚持和巩固什么、完善和发展什么"这个重大政治问题，为新时代中国共产党领导人民治国理政提供根本遵循、指引前进方向，为实现中华民族伟大复兴凝聚磅礴力量，对推动各方面制度更加成熟更加定型、把中国制度优势更好转化为国家治理效能产生重大而深远的影响。

通过宪法法律确认和巩固国家根本制度、基本制度、重要制度，并运用国家强制力保证实施，是国家治理体系的系统性、规范性、协调性、稳定性的重要保障。法治体系是国家治理体系的骨干工程，随着时代发展和改革推进，国家治理现代化对科学完备的法律规范体系的要求越来越迫切。

2020 年 5 月，十三届全国人大三次会议审议通过《中华人民共和国民法典》，这是新中国历史上第一部法典化的法律，是新时代中国特色社会主义制度建设、法治建设的一个重大标志性成果。民法典既对现行民事法律进行系统整合，又针对新情况新问题作出修改完善，体现了对生命健康、财产安全、交易便利、生活幸福、人格尊严等各方面权利的平等保护。

2020年11月，中共中央召开中央全面依法治国工作会议。会议系统阐述了习近平法治思想，深刻回答了新时代为什么实行全面依法治国、怎样实行全面依法治国等一系列重大问题。12月，中共中央印发《法治社会建设实施纲要（2020—2025年)》，指出法治社会建设是实现国家治理体系和治理能力现代化的重要组成部分，对加快推进法治社会建设作出部署。同月，中共中央印发《法治中国建设规划

★ 2020年11月27日，在中建二局上海大悦城二期项目工地举行的普法宣讲活动上，建筑工人在翻阅《中华人民共和国民法典》

（2020—2025年）》，对建设完备的法律规范体系、高效的法治实施体系、严密的法治监督体系、有力的法治保障体系、完善的党内法规制度体系作出具体部署安排。

评判一种制度是否行得通、有效率、真管用，实践最有说服力。在长期的奋斗中，中国共产党带领人民创造了"两大奇迹"。一个是经济快速发展奇迹。中国大踏步赶上时代，用几十年时间走完了发达国家几百年走过的工业化进程，跃升为世界第二大经济体，综合国力、科技实力、国防实力、文化影响力、国际影响力显著提升，人民生活显著改善，中华民族以崭新姿态屹立于世界的东方。另一个是社会长期稳定奇迹。中国长期保持社会和谐稳定、人民安居乐业，成为国际社会公认的最有安全感的国家之一。"两大奇迹"之所以能够产生，是党带领人民长期不懈奋斗的必然结果，也是中国国家制度和治理体系显著优势充分发挥的必然结果。

推动各领域改革向纵深发展

中共十九大后，中国共产党对新时代全面深化改革勾勒出更加清晰的顶层设计，由前期重点是夯基垒台、立柱架梁，中期重点在全面推进、积厚成势，发展到着力点放到加强系统集成、系统高效上来。

2017年11月，十九届中央全面深化改革领导小组第一次会议指出，无论改什么、改到哪一步，坚持党对改革的集中统一领导不能变，完善和发展中国特色社会主义制度、推进国家治理体系和治理能力现代化的总目标不能变，坚持以人民为中心的改革价值取向不能变。2018年5月，中央全面深化改革委员会第二次会议审议通过了《党的十九大报告重要改革举措实施规划（2018—2022年)》，对中共十九大确定的158项改革举措进行梳理，列明牵头单位、改革起止时间、改革目标路径、成果形式等要素，形成了未来五年全面深化改革的"大施工图"，立下确保到2022年全面完成中共十九大提出的目标任务的"军令状"。

全面深化改革继续打硬仗、啃硬骨头。深化党和国家机构改革，成立国家监察委员会；建立健全城乡融合发展体制机制和政策体系，加快建立同高质量发展要求相适应的宏观调控体系；推动自由贸易试验区改革创新，支持海南全面深化改革开放，支持河北雄安新区先行先试、率先突破，支持深圳建设中国特色社会主义先行示范区；推进国有资本投资、运营公司改革试点，加强非金融企业投资金融机构监管，在上海证券交易所设立科创板并试点注册制，推进公共资源交易平台整合共享，扩大高校和科研院所科研自主权；实施国家职业教育改革，开展国家产教融合建设试点，完善教育督导体制机制；改革医疗卫生行业综合监管制度，改革和完善疫苗管理体制，开展区域医疗中心建设试点等一系列重大改革举措相继出台。

2018年12月，党中央隆重举行庆祝改革开放40周年大会。习近平在大会上发表重要讲话，深刻总结改革开放40年来党和国家事业取得的伟大成就和宝贵经验，明确提出坚定不移全面深化改革、扩大对外开放、不断把新时代改革开放继续推向前进的目标要求。这些宝贵经验主要是：必须坚持党对一切工作的领导，不断加强和改善党的领导；必

★ 2018 年 12 月 18 日，庆祝改革开放 40 周年大会在北京隆重举行

须坚持以人民为中心，不断实现人民对美好生活的向往；必须坚持马克思主义指导地位，不断推进实践基础上的理论创新；必须坚持走中国特色社会主义道路，不断坚持和发展中国特色社会主义；必须坚持完善和发展中国特色社会主义制度，不断发挥和增强我国制度优势；必须坚持以发展为第一要务，不断增强我国综合国力；必须坚持扩大开放，不断推动共建人类命运共同体；必须坚持全面从严治党，不断提高党的创造力、凝聚力、战斗力；必须坚持辩证唯物主义和历史唯物主义世界观和方法论，正确处理改革发展稳定关系。

为了总结经济特区和开发区建设经验，在更高起点上推进改革开放，2018 年 4 月，习近平在庆祝海南建省办经济特区 30 周年大会上指出，海南要建设自由贸易试验区和中国特色自由贸易港，着力打造全面深化改革开放试验区、国家生态文明试验区、国际旅游消费中心、国家重大战略服务保障区。2020年10月，习近平在深圳经济特区建立40周年庆祝大会上要求，深圳要建设好中国特色社会主义先行示范区，创建社会主义现代化强国的城市范例，提高贯彻落实新发展理念能力和水平，形成全面深化改革、全面扩大开放新格局，推进粤港澳大湾区建设，丰富"一国两制"事业发展新实践，率先实现社会主义现代化。11月，习近平在浦东开发开放30周年庆祝大会上强调，以上海浦东开发开放为龙头，进一步开放长江沿岸城市，尽快把上海建成国际经济、金融、贸易中心之一，带动长江三角洲和整个长江流域地区经济的新飞跃，要求浦东在扩大开放、自主创新等方面走在前列。

到2020年底，各领域基础性制度框架基本确立，许多领域实现历史性变革、系统性重塑、整体性重构，为推动形成系统完备、科学规范、运行有效的制度体系，使各方面制度更加成熟更加定型奠定了坚实基础。

2021年2月，中央全面深化改革委员会第十八次会议召开。习近平在主持会议时强调，全面深化改革同贯彻新发展理念、构建新发展格局紧密关联，要完整、准确、全面贯彻新发展理念，扭住构建新发展格局目标任务，更加精准地出台改革方案，推动改革向更深层次挺进，发挥全面深化改革在构建新发展格局中的关键作用。会议强调，要围绕实现高水平自立自强、畅通经济循环、扩大内需、实行高水平对外开放、推动全面绿色转型深化改革，把加强改革系统集成、推动改革落地见效摆在更加突出的位置。

四、决胜全面建成小康社会

"十三五"时期是全面建成小康社会决胜阶段。面对错综复杂的国际形势、艰巨繁重的国内改革发展稳定任务特别是新冠肺炎疫情严重冲击，以习近平同志为核心的党中央不忘初心、牢记使命，团结带领全党全国各族人民砥砺前行、开拓创新，奋发有为推进党和国家各项事业。

脱贫攻坚战取得全面胜利

中共十八大以来，党中央把脱贫攻坚作为全面建成小康社会的底线任务和标志性指标，组织实施了人类历史上规模最大、力度最强的脱贫攻坚战。2018 年 8 月，中共中央、国务院印发《关于打赢脱贫攻坚战三年行动的指导意见》，提出打赢脱贫攻坚战三年行动的总体要求与方案。为高质量完成脱贫攻坚目标任务，2020 年 1 月，中共中央、国务院下发《关于抓好"三农"领域重点工作，确保如期实现全面小康的意见》，对收官之年的脱贫攻坚重点工作进行了部署。

实施乡村振兴战略，加快推进农业农村现代化。2018 年，中共中央、国务院印发《乡村振兴战略规划（2018—2022 年)》，提出到 2050 年，乡村全面振兴，农业强、农村美、农民富全面实现。中共十九届五中全会提出，优先发展农业农村，实施乡村建设行动，实现巩固拓展脱贫攻坚成果同乡村振兴有效衔接，全面推进乡村振兴。2020 年，中国

★ 2021 年 2 月 25 日，习近平在全国脱贫攻坚总结表彰大会上发表重要讲话

克服新冠肺炎疫情冲击和严重自然灾害影响，全国粮食总产量连续 6 年稳定在 1.3 万亿斤以上，实现了历史性的"十七连丰"，为应变局、开新局发挥了"压舱石"作用。

2021 年 2 月 25 日，全国脱贫攻坚总结表彰大会在北京举行。习近平发表重要讲话，庄严宣告："我国脱贫攻坚战取得了全面胜利，现行标准下 9899 万农村贫困人口全部脱贫，832 个贫困县全部摘帽，12.8 万个贫困村全部出列，区域性整体贫困得到解决，完成了消除绝对贫困的艰巨任务，创造了又一个彪炳史册的人间奇迹！"

农村贫困人口全部脱贫，为实现全面建成小康社会目标任务作出了关键性贡献。贫困人口收入水平显著提高。建档立卡贫困人口人均纯收入从 2015 年的 2982 元增加到 2020

年的 10740 元，年均增幅比全国农民收入高 20 个百分点，工资性收入和生产经营性收入占比逐年上升，转移性收入占比逐年下降，生活质量明显提高。全部实现"两不愁三保障"，脱贫群众不愁吃、不愁穿，义务教育、基本医疗、住房安全有保障，饮水安全也都有了保障，达到当地饮水安全标准。

脱贫地区经济社会发展大踏步赶上来，整体面貌发生历史性巨变。贫困地区发展步伐显著加快，经济实力不断增强，基础设施建设突飞猛进，社会事业长足进步，行路难、吃水难、用电难、通信难、上学难、就医难等问题得到历史性解决。28 个人口较少民族全部整族脱贫，一些新中国成立后"一步跨千年"进入社会主义社会的"直过民族"，又实现了从贫穷落后到全面小康的第二次历史性跨越。

脱贫群众精神风貌焕然一新，增添了自立自强的信心勇气。广大脱贫群众激发了奋发向上的精气神，社会主义核心价值观得到广泛传播，文明新风得到广泛弘扬，艰苦奋斗、苦干实干、用自己的双手创造幸福生活的精神在广大贫困地区蔚然成风。党群干群关系明显改善，党在农村的执政基础更加牢固，广大扶贫干部舍小家为大家，困难面前豁得出，关键时候顶得上，1800 多名一线扶贫干部倒在了脱贫攻坚岗位上；基层党组织充分发挥战斗堡垒作用，贫困地区党群关系、干群关系得到极大巩固和发展。

摆脱贫困一直是困扰全球发展和治理的突出难题。中国创造了减贫治理的样本，为全球减贫事业作出了重大贡献。改革开放以来，按照现行贫困标准计算，我国 7.7 亿农村贫困人口摆脱贫困；按照世界银行国际贫困标准，我国减贫人口占同期全球减贫人口 70% 以上。中国探索创造的精准扶贫和开发式扶贫的理论与实践，为全球减贫事业贡献了中国智慧和中国方案。

在脱贫攻坚中，党团结带领人民立足国情，把握减贫规律，出台一系列超常规政策举措，构建了一整套行之有效的政策体系、工作体系、制度体系，走出了一条中国特色减贫道路，形成了中国特色反贫困理论。脱贫攻坚伟大斗争，锻造形成了"上下同心、尽锐出战、精准务实、开拓创新、攻坚克难、不负人民"的脱贫攻坚精神。

为巩固拓展脱贫攻坚成果，2021 年 1 月，中共中央、国务院专门出台《关于全面推进乡村振兴，加快农业农村现代化的意见》，明确对摆脱贫困的县从脱贫之日起设立 5 年过渡期，逐步实现由集中资源支持脱贫攻坚向全面推进乡村振兴平稳过渡。2 月 25 日，"国家乡村振兴局"正式挂牌。4 月，十三届全国人大常委会第二十八次会议通过《中华人民共和国乡村振兴促进法》，促进乡村振兴进一步做到了有法可依。6 月，中共中央、国务院发布《关于支持浙江高质量发展建设共同富裕示范区的意见》，明确到 2025 年，浙江省推动高质量发展建设共同富裕示范区取得明显实质性进展。到 2035 年，浙江省高质量发展取得更大成就，基本实现共同富裕。

统筹国内国际两个大局、应对重大风险挑战

当今世界正经历百年未有之大变局，新冠肺炎疫情全球大流行使这个大变局加速演进，国际经济、科技、文化、安

全、政治等格局都在发生深刻调整，世界进入动荡变革期。我国经济发展前景向好，但也面临着结构性、体制性、周期性问题相互交织所带来的困难和挑战。

面对国内外风险挑战明显增多的复杂局面，中共中央提出要统筹中华民族伟大复兴战略全局和世界百年未有之大变局，有效应对重大挑战、抵御重大风险、克服重大阻力、解决重大矛盾，进行具有许多新的历史特点的伟大斗争，并对防范化解政治、意识形态、经济、科技、社会、外部环境、党的建设等领域重大风险提出明确要求，为在应对风险挑战中推进各项事业指明了方向、提供了遵循。

打好防范化解重大风险攻坚战。防控金融风险是重点。党中央坚持以结构性去杠杆为基本思路，着力落实金融改革方案，坚决打击各种违法违规金融活动，加强薄弱环节监管制度建设，防范化解金融风险攻坚战取得重大成效，标本兼治的长效机制逐步健全，服务实体经济质效明显提升。严控地方政府债务增量，终身问责，倒查责任。防控债务风险的主要手段就是去杠杆。2018年4月，中央财经委员会第一次会议要求以结构性去杠杆为基本思路，分部门、分债务类型提出不同要求，努力实现宏观杠杆率稳定和逐步下降。坚持"房子是用来住的，不是用来炒的"定位，控制房地产风险，加快推进住房制度改革和长效机制建设。

打好污染防治攻坚战。2018年6月，中共中央、国务院印发《关于全面加强生态环境保护、坚决打好污染防治攻坚战的意见》，对坚决打赢蓝天保卫战、着力打好碧水保卫战、扎实推进净土保卫战等提出了明确要求。开展农村人居环境整治行动，进一步提升农村人居环境水平。持续深化中

央环保督察，分两批对 20 个省份第一轮督察整改情况开展
"回头看"，并针对污染防治攻坚战的标志性战役和其他重点
领域统筹开展专项督察，对解决突出生态环境问题、促进经
济高质量发展等发挥了关键作用。

积极应对气候变化。2020 年 9 月，习近平在联合国大
会上宣布中国二氧化碳排放力争于 2030 年前达到峰值，努
力争取 2060 年前实现碳中和。这一承诺体现了中国在环境
保护和应对气候变化问题上的负责任大国作用和担当。2021
年 1 月 5 日，生态环境部公布了 2020 年 12 月部务会议审议
通过的《碳排放权交易管理办法（试行）》，并印发配套的
配额分配方案和重点排放单位名单。这意味着自 2021 年 1
月 1 日起，全国碳市场发电行业第一个履约周期正式启动，
2225 家发电企业将分到碳排放配额。

维护社会和谐稳定，推进平安中国建设。为了创造让人
民群众安业、安居、安康、安心的良好社会环境，2020 年 4
月，党中央决定成立平安中国建设协调小组，从更宽领域、
更高层次谋划推进平安中国建设。围绕平安中国建设目标，
我国完善立体化社会治安防控体系，坚决遏制严重刑事犯
罪高发态势。2018 年 1 月，中共中央、国务院发出《关于
开展扫黑除恶专项斗争的通知》，开展为期三年的专项斗
争。截至 2020 年底，全国共打掉涉黑组织 3644 个，涉恶
犯罪集团 11675 个，抓获犯罪嫌疑人 23.7 万人，彻底打击
了黑恶势力的嚣张气焰，黑恶犯罪得到了根本遏制。平安
中国建设取得显著成就，中国成为世界上最有安全感的国家
之一。

坚持走中国特色强军之路。中共十九大把习近平强军思

想郑重写入党章，确立习近平强军思想在国防和军队建设中的指导地位。2018 年 8 月，中央军委党的建设会议召开后，中央军委印发《关于加强新时代军队党的建设的决定》，就全面加强新时代军队党的领导和党的建设工作作出战略部署，进一步推进新时代政治建军。中共十九届四中全会对贯彻军委主席负责制作出新的部署，提出构建中国特色社会主义军事政策制度体系，全面推进国防和军队现代化。

　　加强军队建设。2019 年 1 月，中央军委印发《关于全面从严加强部队管理的意见》。11 月，中央军委召开基层建设会议并印发《关于加强新时代军队基层建设的决定》，就全面锻造"三个过硬"基层立起基层建设新标准。2020 年 9 月，经党中央、中央军委批准，《中国共产党军队党的建设条例》正式颁布施行。10 月，中央军委印发《关于加快推进三位一体新型军事人才培养体系建设的决定》。

★ 2019 年 12 月 17 日，中国第一艘国产航空母舰山东舰在海南三亚某军港交付海军

强军兴军，归根到底要落实到提高军队战斗力这个根本上来。作为加强练兵备战的重要举措，自 2018 年 1 月中央军委首次统一组织全军开训动员起，习近平连续四年在新年之际向全军发布开训动员令，树立起大抓军事训练的鲜明导向。2020 年 11 月，《中国人民解放军联合作战纲要（试行）》施行，成为新时代作战条令体系的顶层法规。同月，中央军委军事训练会议提出，加快构建新型军事训练体系，加快实现军事训练转型升级，全面提高训练水平和打赢能力。

全面贯彻"一国两制"方针与推进祖国和平统一。2019年 6 月，香港爆发"修例风波"，充分暴露出香港在维护国家安全方面存在巨大的制度漏洞。为有效维护国家安全、保持香港长期繁荣稳定，10 月，中共十九届四中全会明确提出"建立健全特别行政区维护国家安全的法律制度和执行机制"。2020 年 6 月，十三届全国人大常委会第二十次会议通过《中华人民共和国香港特别行政区维护国家安全法》，对香港特别行政区维护国家安全制度机制作出法律化、规范化、明晰化的具体安排。7 月，根据香港国安法规定，香港特别行政区维护国家安全委员会、中央人民政府驻香港特别行政区维护国家安全公署相继成立。为完善香港特别行政区选举制度，发展适合香港特别行政区实际情况的民主制度，2021 年 3 月，十三届全国人大四次会议通过《关于完善香港特别行政区选举制度的决定》。这一决定确保爱国爱港者治港，有利于维护国家主权、安全和发展利益。成立中央港澳工作领导小组，加强对港澳工作的集中统一领导。提升粤港澳大湾区在国家经济发展和对外开放中的支撑引领作用，支持香港、澳门融入国家发展大局。

　　坚决团结广大台湾同胞共同反对"台独"、促进统一。2019年7月发表的《新时代的中国国防》白皮书指出，如果有人要把台湾从中国分裂出去，中国军队将不惜一切代价，坚决予以挫败，捍卫国家统一。这再次表明了中国共产党和中国政府坚决反对"台独"分裂和外部势力干涉的严正立场，清晰划出了不容逾越的红线。2020年8月，针对个别大国在涉台问题上的消极动向及向"台独"势力发出的严重错误信号，中国人民解放军东部战区多军种多方向成体系出动兵力，在台湾海峡及南北两端连续组织实战化演练，坚决回击一切制造"台独"、分裂中国的挑衅行为。习近平强调："要坚持一个中国原则和'九二共识'，推进祖国和平统一进程。包括两岸同胞在内的所有中华儿女，要和衷共济、团结向前，坚决粉碎任何'台独'图谋，共创民族复兴美好未来。任何人都不要低估中国人民捍卫国家主权和领土完整的坚强决心、坚定意志、强大能力！"

　　开拓中国特色大国外交新局面。中共十九大以来，面对保护主义抬头、单边霸凌逆流，中国支持全球化进程，坚守自由贸易体制，维护多边主义规则，不断释放扩大开放的明确信号，坚定地站在历史前进的正确一边。持续推动构建人类命运共同体。新冠肺炎疫情暴发后，中国踊跃支持全球抗疫，用实际行动推动构建人类卫生健康共同体，国际社会进一步深化了人类是一个休戚与共的命运共同体的认识。持续促进"一带一路"国际合作。2020年中欧班列开行1.24万列、发送113.5万标箱，同比分别增长50%、56%，年度开行数量首次突破1万列，单月开行均稳定在1000列以上，成为助力"一带一路"沿线各国抗疫的"钢铁驼队"。践行多边主义。2020 年 9 月，中国发起《全球数据安全倡议》，倡导全球数字治理应秉持多边主义、兼顾安全发展、坚守公平正义。2021 年 1 月，习近平在世界经济论坛"达沃斯议程"对话会上强调，让多边主义火炬照亮人类前行之路，向着构建人类命运共同体不断迈进。

推动建设新型国际关系，积极打造全方位、多层次、立体化的全球伙伴关系网络，不断完善全方位外交布局。2020 年，习近平以"云外交"的方式同外国领导人和国际组织负责人会晤、通话 87 次，出席 22 场重要活动，推进了双多边关系发展。到 2019 年 9 月，中国与 180 个国家建立了正式外交关系。中国已经与 100 多个国家、地区和地区组织建立了不同形式的伙伴关系，实现了对大国、周边和发展中国家伙伴关系的全覆盖，"朋友圈"遍布全球。

面对美国单方面执意挑起中美经贸摩擦，对我国进行全方位遏制打压，中国采取有力反制措施，开展有理有利有节斗争，坚持通过对话协商解决争议，捍卫国家正当利益，捍卫自由贸易和多边体制，捍卫各国人民共同利益。针对美国等西方国家一些政客极力对中国"污名化"，中国组织开展旗帜鲜明的舆论斗争，有理有据地进行批驳，揭穿他们的谎言，让世人看到其卑劣行径和丑恶嘴脸。

中国共产党不断加强同各国政党的交流对话。2017 年 11 月，中国共产党与世界政党高层对话会召开，主题是"构建人类命运共同体、共同建设美好世界：政党的责任"，有 120 多个国家、近 300 个政党和政治组织的领导人聚首北京"论道"。这是新时代政党外交一大亮点。2021 年 7 月，中国共产党与世界政党领导人峰会以视频连线方式举行。此次峰会以"为人民谋幸福：政党的责任"为主题，是中国共产党迄今主办的规格最高、规模最大的全球性政党峰会。习近平出席峰会并发表题为《加强政党合作，共谋人民幸福》的主旨讲话。他强调，政党作为推动人类进步的重要力量，要锚定正确的前进方向，担起为人民谋幸福、为人类谋进步的历史责任。中国共产党愿同各国政党一起努力，始终不渝做世界和平的建设者、全球发展的贡献者、国际秩序的维护者。

经过努力，我国有效化解了经济、科技、社会、网络、外交等领域的风险挑战，在中美经贸摩擦、钓鱼岛主权争议、中印边境冲突、南海主权和权益维护以及涉港、涉疆、涉藏、人权等一系列重大问题上敢于斗争、善于斗争，有力维护了主权、安全、发展利益，赢得了战略主动。

统筹新冠肺炎疫情防控和经济社会发展

2020 年暴发的新冠肺炎疫情，是百年来全球发生的最严重的传染病大流行，也是新中国遭遇的传播速度最快、感染范围最广、防控难度最大的重大突发公共卫生事件。

面对疫情，中共中央将疫情防控作为头等大事来抓，坚持把人民生命安全和身体健康放在第一位，提出坚定信心、同舟共济、科学防治、精准施策的总要求。从农历大年初一起，习近平先后主持召开 14 次中央政治局常委会会议、4 次中央政治局会议以及多次党的重要会议，敏锐洞察、果敢决策，科学指引、沉着应对，周密部署武汉保卫战、湖北保卫战，因时因势制定重大战略策略，带领全党全军全国各族人民迅速打响疫情防控的人民战争、总体战、阻击战。

各级党委和政府、各部门各单位各方面闻令而动，迅速形成统一指挥、全面部署、立体防控的战略布局。各行各业扛起责任，国有企业、公立医院勇挑重担；3900多万名党员、干部战斗在抗疫一线，460多万个基层党组织冲锋陷阵，1300多万名党员参加志愿服务；400多万名社区工作者在全国65万个城乡社区日夜值守；人民解放军指战员、武警部队官兵、公安民警奋勇当先；广大科研人员奋力攻关；各类民营企业、民办医院、慈善机构、养老院、福利院等积极出力；数百万快递员冒疫奔忙，180万名环卫工人起早贪黑，大量新闻工作者深入一线……万众一心的中国人民，构筑起疫情防控的钢铁长城。

武汉和湖北是疫情防控阻击战的主战场。疫情暴发之后，全国4万名建设者和几千台机械设备云集武汉，仅用10多天时间先后建成火神山医院和雷神山医院，大规模改建16座方舱医院，迅速开辟600多个集中隔离点。346支国家医疗队、4.26万名医务人员、900多名公共卫生人员驰援湖北，19个省份对口支援湖北省除武汉以外的16个市州。人民解放军派出4000多名医务人员支援湖北，空军出动运输机紧急运送医疗物资，中国人民解放军军事科学院陈薇院士率领军事医学专家组紧急奔赴武汉，将实验室搬到最前沿，在基础研究、疫苗、防护药物研发方面取得重大成果，为抗击疫情作出了重大贡献。这场新中国成立以来规模最大的医疗支援行动，有力地保障了湖北省和武汉市的防疫和救治。

经过艰苦卓绝的斗争，中国用1个多月的时间初步遏制了疫情蔓延势头，用2个月左右的时间将本土每日新增病例控制在个位数以内，用3个月左右的时间取得了武汉保卫

★ 2020 年 3 月 10 日，医护人员在武昌方舱医院前庆祝抗击疫情取得阶段性胜利。当日，武汉所有方舱医院全部休舱

战、湖北保卫战的决定性成果，进而又接连打了几场局部地区聚集性疫情歼灭战，夺取了全国抗疫斗争重大战略成果。但国外疫情仍然持续严峻，中国疫情防控进入常态化阶段。外防输入成为疫情防控的重点，新组建的国家移民管理局严密加强口岸边境管控，全力构筑外防输入坚固防线，有效将国外疫情挡在国门之外。

中国统筹推进疫情防控和经济社会发展工作，抓紧恢复生产生活秩序。2020 年，中国成为全球唯一实现正增长的主要经济体，在疫情防控和经济恢复上都走在了世界前列。

2020 年 9 月 8 日，全国抗击新冠肺炎疫情表彰大会隆重举行。习近平强调，抗击新冠肺炎疫情斗争取得重大战略成果，充分展现了中国共产党领导和我国社会主义制度的显著优势，充分展现了中国人民和中华民族的伟大力量，充分展现了中华文明的深厚底蕴，充分展现了中国负责任大国的自觉担当。在同疫情的殊死较量中，中国人民和中华民族以敢于斗争、敢于胜利的大无畏气概，铸就了生命至上、举国同心、舍生忘死、尊重科学、命运与共的伟大抗疫精神。

"十三五"规划顺利完成

奋进路上铭记重要历史时刻。2019年是中华人民共和国成立70周年。9月29日，中华人民共和国国家勋章和国家荣誉称号颁授仪式在人民大会堂隆重举行。30日上午，习近平等党和国家领导人同各界代表一起，在天安门广场向人民英雄敬献花篮。10月1日上午，庆祝中华人民共和国成立70周年大会在天安门广场隆重举行。习近平发表重要讲话强调，前进征程上，要坚持中国共产党领导，坚持人民主体地位，坚持中国特色社会主义道路，全面贯彻执行党的基本理论、基本路线、基本方略，不断满足人民对美好生活的向往，不断创造新的历史伟业。随后，举行了盛大阅兵和以"同心共筑中国梦"为主题的群众游行。晚上，首都国庆联欢活动在天安门广场举办，党和国家领导人同6万多名北京各界群众一起联欢。中华人民共和国成立70周年庆祝活动，充分展示了新中国成立70年来的辉煌成就，有力彰显了国威军威，极大振奋了民族精神。

经过持续奋斗，到2020年底，"十三五"规划主要目标任务胜利完成。经济运行总体平稳，经济结构持续优化，国内生产总值从不到70万亿元增加到超过100万亿元。创新

★ 2019 年 10 月 1 日，庆祝中华人民共和国成立 70 周年大会在北京天安门广场隆重举行。图为由 1949 名青年组成的国旗方阵、2019 名青年组成的国庆年号和国徽方阵

型国家建设成果丰硕，在载人航天、探月工程、深海工程、超级计算、量子信息等领域取得一批重大科技成果。脱贫攻坚成果举世瞩目，5575 万农村贫困人口实现脱贫，960 多万建档立卡贫困人口通过易地扶贫搬迁摆脱了"一方水土难养一方人"的困境，区域性整体贫困得到解决，完成了消除绝对贫困的艰巨任务。农业现代化稳步推进，粮食生产连年丰收。1 亿农业转移人口和其他常住人口在城镇落户目标顺利实现，城镇棚户区住房改造超过 2100 万套。区域重大战略扎实推进。污染防治力度加大，资源能源利用效率显著提升，生态环境明显改善。金融风险处置取得重要阶段性成果。全面深化改革取得重大突破，供给侧结构性改革持续推进，"放管服"改革不断深入，营商环境持续改善。对外开

放持续扩大，共建"一带一路"成果丰硕。人民生活水平显著提高，城镇新增就业超过 6000 万人，建成世界上规模最大的社会保障体系。全面建立实施困难残疾人生活补贴和重度残疾人护理补贴制度。教育、卫生、文化等领域发展取得新成就，教育公平和质量较大提升，医疗卫生事业加快发展，文化事业和文化产业繁荣发展。国防和军队建设水平大幅提升。国家安全全面加强，社会保持和谐稳定。

五、开启全面建成社会主义现代化强国新征程

全面建成小康社会，是中国共产党向人民、向历史作出的庄严承诺。这个宏伟目标，是"两个一百年"奋斗目标的第一个百年奋斗目标，是中华民族伟大复兴征程上的又一座重要里程碑。以习近平同志为核心的党中央团结带领全党全国各族人民砥砺前行，开拓创新，奋发有为，如期全面建成小康社会，为开启全面建设社会主义现代化国家新征程奠定了坚实基础。

"十四五"规划和 2035 年远景目标的提出

"十四五"时期是我国全面建成小康社会、实现第一个百年奋斗目标之后，乘势而上开启全面建设社会主义现代化国家新征程、向第二个百年奋斗目标进军的第一个五年。2020 年 10 月，中共十九届五中全会审议通过了《中共中央

关于制定国民经济和社会发展第十四个五年规划和二○三五年远景目标的建议》。2021 年 3 月，十三届全国人大四次会议批准了《中华人民共和国国民经济和社会发展第十四个五年规划和 2035 年远景目标纲要》。

《纲要》共 19 篇、65 章，分三个板块，第一板块重点阐述发展环境、指导方针和主要目标，第二板块是 17 个方面的战略任务和举措，第三板块是规划实施保障。《纲要》实化量化"十四五"时期经济社会发展主要目标和重大任务，提出"十四五"时期经济社会发展主要目标有：经济发展取得新成效，改革开放迈出新步伐，社会文明程度得到新提高，生态文明建设实现新进步，民生福祉达到新水平，国家治理效能得到新提升。

《纲要》提出 2035 年远景目标。展望 2035 年，我国将基本实现社会主义现代化。经济实力、科技实力、综合国力将大幅跃升，经济总量和城乡居民人均收入将再迈上新的大台阶，关键核心技术实现重大突破，进入创新型国家前列。基本实现新型工业化、信息化、城镇化、农业现代化，建成现代化经济体系。基本实现国家治理体系和治理能力现代化，人民平等参与、平等发展权利得到充分保障，基本建成法治国家、法治政府、法治社会。建成文化强国、教育强国、人才强国、体育强国、健康中国，国民素质和社会文明程度达到新高度，国家文化软实力显著增强。广泛形成绿色生产生活方式，碳排放达峰后稳中有降，生态环境根本好转，美丽中国建设目标基本实现。形成对外开放新格局，参与国际经济合作和竞争新优势明显增强。人均国内生产总值达到中等发达国家水平，中等收

"十四五"时期经济社会发展主要指标

类别	指　　标	2020 年	2025 年	年均／累计	属性
经济发展	1. 国内生产总值（GDP）增长（%）	2.3	—	保持在合理区间、各年度视情提出	预期性
	2. 全员劳动生产率增长（%）	2.5	—	高于 GDP 增长	预期性
	3. 常住人口城镇化率（%）	60.6*	65	—	预期性
创新驱动	4. 全社会研发经费投入增长（%）	—	—	>7、力争投入强度高于"十三五"时期实际	预期性
	5. 每万人口高价值发明专利拥有量（件）	6.3	12	—	预期性
	6. 数字经济核心产业增加值占 GDP 比重（%）	7.8	10	—	预期性
民生福祉	7. 居民人均可支配收入增长（%）	2.1	—	与 GDP 增长基本同步	预期性
	8. 城镇调查失业率（%）	5.2	—	<5.5	预期性
	9. 劳动年龄人口平均受教育年限（年）	10.8	11.3	—	约束性
	10. 每千人口拥有执业（助理）医师数（人）	2.9	3.2	—	预期性
	11. 基本养老保险参保率（%）	91	95	—	预期性
	12. 每千人口拥有 3 岁以下婴幼儿托位数（个）	1.8	4.5	—	预期性
	13. 人均预期寿命（岁）	77.3*		〔1〕	预期性
绿色生态	14. 单位 GDP 能源消耗降低（%）	—		〔13.5〕	约束性
	15. 单位 GDP 二氧化碳排放降低（%）	—		〔18〕	约束性
	16. 地级及以上城市空气质量优良天数比率（%）	87	87.5	—	约束性
	17. 地表水达到或好于Ⅲ类水体比例（%）	83.4	85	—	约束性
	18. 森林覆盖率（%）	23.2*	24.1	—	约束性
安全保障	19. 粮食综合生产能力（亿吨）		>6.5		约束性
	20. 能源综合生产能力（亿吨标准煤）		>46		约束性

注：①〔〕内为 5 年累计数。②带＊的为 2019 年数据。③能源综合生产能力指煤炭、石油、天然气、非化石能源生产能力之和。④2020 年地级及以上城市空气质量优良天数比率和地表水达到或好于Ⅲ类水体比例指标值受新冠肺炎疫情等因素影响，明显高于正常年份。⑤2020 年全员劳动生产率增长 2.5％为预计数。

入群体显著扩大，基本公共服务实现均等化，城乡区域发展差距和居民生活水平差距显著缩小。平安中国建设达到更高水平，基本实现国防和军队现代化。人民生活更加美好，人的全面发展、全体人民共同富裕取得更为明显的实质性进展。

《纲要》重点体现"四个突出"。一是突出体现"三个新"的核心要义，立足新发展阶段，完整、准确、全面贯彻新发展理念，加快构建新发展格局，深入推动高质量发展，体现了对"三个新"要求的整体把握、系统贯彻和一体落实。二是突出做好"两个一百年"奋斗目标的有机衔接，锚定2035年远景目标，聚焦"十四五"阶段性任务，紧紧围绕"六个新"目标要求，设置经济发展、创新驱动、民生福祉、绿色生态、安全保障5大类20个主要指标。三是突出统筹办好发展和安全两件大事的要求，坚持底线思维，统筹发展和安全，首次设立安全发展专篇，对加强国家安全体系和能力建设，保障粮食、能源资源和金融安全等作出具体安排。四是突出强化重大战略任务落实的项目支撑，围绕国家所需和人民所盼，共设置20个专栏，提出102项重大工程项目。

《纲要》阐明了国家战略意图，是我国开启全面建设社会主义现代化国家新征程的宏伟蓝图，是全国各族人民共同的行动纲领。

立足新发展阶段，贯彻新发展理念，构建新发展格局

中共十九届五中全会提出，全面建成小康社会、实现第一个百年奋斗目标之后，要乘势而上开启全面建设社会主义现代化国家新征程、向第二个百年奋斗目标进军。2021年1月，习近平在省部级主要领导干部学习贯彻党的十九届五中全会精神专题研讨班开班式上发表重要讲话指出，要准确把握新发展阶段，深入贯彻新发展理念，加快构建新发展格局，推动"十四五"时期高质量发展，确保全面建设社会主义现代化国家开好局、起好步。

立足新发展阶段。正确认识党和人民事业所处的历史方位和发展阶段，是中国共产党明确阶段性中心任务、制定路线方针政策的根本依据。社会主义初级阶段不是一个静态、一成不变、停滞不前的阶段，也不是一个自发、被动、不用费多大气力自然而然就可以跨过的阶段，而是一个动态、积极有为、始终洋溢着蓬勃生机活力的过程，是一个阶梯式递进、不断发展进步、日益接近质的飞跃的量的积累和发展变化的过程。新发展阶段是社会主义初级阶段中的一个阶段，同时是经过几十年积累、站到了新的起点上的一个阶段。新发展阶段是中国共产党带领人民迎来从站起来、富起来到强起来历史性跨越的新阶段。全面建设社会主义现代化国家、基本实现社会主义现代化，既是社会主义初级阶段中国发展的要求，也是中国社会主义从初级阶段向更高阶段迈进的要求。

贯彻新发展理念。理念是行动的先导，一定的发展实践

都是由一定的发展理念来引领的。发展理念是否对头，从根本上决定着发展成效乃至成败。中共十九大把坚持创新、协调、绿色、开放、共享的新发展理念作为新时代坚持和发展中国特色社会主义的基本方略之一。中共十九届五中全会强调，要把新发展理念完整、准确、全面贯穿发展全过程和各领域，构建新发展格局，切实转变发展方式，推动质量变革、效率变革、动力变革。新发展理念是一个系统的理论体系，回答了关于发展的目的、动力、方式、路径等一系列理论和实践问题，阐明了中国共产党关于发展的政治立场、价值导向、发展模式、发展道路等重大政治问题。新发展理念不是凭空得来的，是在深刻总结国内外发展经验教训、深刻分析国内外发展大势的基础上形成的，是针对中国发展中的突出矛盾和问题提出来的。贯彻新发展理念明确了中国现代化建设的指导原则，是关系中国发展全局的一场深刻变革。新发展理念传承党的发展理论，坚持以人民为中心的发展思想，深刻揭示了实现更高质量、更有效率、更加公平、更可持续、更为安全发展的必由之路，深化了中国共产党对中国特色社会主义经济发展规律的认识，开拓了中国特色社会主义政治经济学新境界。

构建新发展格局。加快构建以国内大循环为主体、国内国际双循环相互促进的新发展格局，是我们把握未来发展主动权的战略举措，是为了在各种可以预见和难以预见的惊涛骇浪中增强我们的生存力、竞争力、发展力、持续力，是一场需要保持顽强斗志和战略定力的攻坚战、持久战。要坚持问题导向，突出针对性和可操作性，选取真正的重点堵点难点集中攻关，打好攻坚战和组合拳，以重点突破带动引领发

★ 2021 年 6 月 17 日，搭载神舟十二号载人飞船的长征二号 F 遥十二运载火箭发射圆满成功

展格局的战略转型。要持续深化供给侧结构性改革，统筹推进重要领域和关键环节改革，强化有利于提高资源配置效率、有利于调动全社会积极性的重大改革。要把满足国内需要、改善人民生活品质摆在更加突出位置，更多关注人民群众获得感、幸福感、安全感。要坚持全国一盘棋，更好发挥中央、地方和各方面积极性，推动部门高效联动、区域协同发展。要加强统筹指导，督促地方和部门找准服务和融入新发展格局的切入点，更好服务和融入全国新发展格局。要强化底线思维，有效防范应对重点领域潜在风险，守住新发展格局的安全底线。

推动高质量发展。中共十九大提出，我国经济已经由高速增长阶段转向高质量发展阶段，正处在转变发展方式、优化经济结构、转换增长动力的攻关期，建设现代化经济体系是跨越关口的迫切要求和我国发展的战略目标。习近平在中共十九届五中全会上指出，经济、社会、文化、生态等各领域都要体现高质量发展的要求。"十四五"时期经济社会发展要以推动高质量发展为主题，这是根据中国发展阶段、发展环境、发展条件变化作出的科学判断。

习近平在庆祝中国共产党成立 100 周年大会上进一步指出，中国共产党坚持一切从实际出发，带领中国人民坚持和发展中国特色社会主义，推动物质文明、政治文明、精神文明、社会文明、生态文明协调发展，创造了中国式现代化新道路，创造了人类文明新形态。中国式现代化道路既切合中国实际，体现了社会主义建设规律，也体现了人类社会发展规律。历史和实践已经并将进一步证明，这条道路不仅走得对、走得通，而且也一定能够走得稳、走得好。

中国式现代化是人口规模巨大的现代化，是全体人民共同富裕的现代化，是物质文明和精神文明相协调的现代化，是人与自然和谐共生的现代化，是走和平发展道路的现代化。新的征程上，必须坚持党的基本理论、基本路线、基本方略，统筹推进"五位一体"总体布局、协调推进"四个全面"战略布局，全面深化改革开放，立足新发展阶段，完整、准确、全面贯彻新发展理念，构建新发展格局，推动高质量发展，推进科技自立自强，保证人民当家作主，坚持依法治国，坚持社会主义核心价值体系，坚持在发展中保障和改善民生，坚持人与自然和谐共生，协同推进人民富裕、国家强盛、中国美丽。

第一个百年奋斗目标实现与向第二个百年奋斗目标迈进

2021 年是中国共产党成立 100 周年。2 月 20 日，中共中央决定在全党开展党史学习教育。习近平在党史学习教育动员大会上指出，我们党的一百年，是矢志践行初心使命的一百年，是筚路蓝缕奠基立业的一百年，是创造辉煌开辟未来的一百年。在百年接续奋斗中，党团结带领人民开辟了伟大道路，建立了伟大功业，铸就了伟大精神，积累了宝贵经验，创造了中华民族发展史、人类社会进步史上令人刮目相看的奇迹。

6 月 18 日，中国共产党历史展览馆开馆，举行了"不忘初心、牢记使命"中国共产党历史展览开幕式。展览通过 2600 余幅图片、3500 多件套文物实物，第一次全方位、全过程、全景式、史诗般展现中国共产党波澜壮阔的百年历程，浓墨重彩地反映党的不懈奋斗史、不怕牺牲史、理论探索史、为民造福史、自身建设史。习近平在参观时指出，回望过往的奋斗路，眺望前方的奋进路，必须把党的历史学习好、总结好，把党的宝贵经验传承好、发扬好，铭记奋斗历程，担当历史使命，从党的奋斗历史中汲取前进力量。28 日晚，庆祝中国共产党成立 100 周年文艺演出《伟大征程》在国家体育场盛大举行。习近平等党和国家领导人，同约 2 万名观众一起观看演出，共同回顾中国共产党成立 100 年来波澜壮阔的光辉历程，共同祝福伟大的党带领中国人民迈进新征程、奋进新时代。

6 月 29 日，庆祝中国共产党成立 100 周年"七一勋章"

颁授仪式在北京人民大会堂金色大厅隆重举行。"七一勋章"是中共中央用于表彰全国优秀共产党员、全国优秀党务工作者和全国先进基层党组织的荣誉，是党内最高荣誉。习近平向"七一勋章"获得者颁授勋章并发表重要讲话。习近平强调，一百年来，一代又一代中国共产党人，为赢得民族独立和人民解放、实现国家富强和人民幸福，前仆后继、浴血奋战，艰苦奋斗、无私奉献，谱写了气吞山河的英雄壮歌。他指出，"七一勋章"获得者都来自人民、植根人民，是立足本职、默默奉献的平凡英雄。他们的事迹可学可做，他们的精神可追可及。他们用行动证明，只要坚定理想信念、坚定奋斗意志、坚定恒心韧劲，平常时候看得出来、关键时刻站得出来、危难关头豁得出来，每名党员都能够在民族复兴的伟业中为党和人民建功立业。

7月1日上午，庆祝中国共产党成立100周年大会在北京天安门广场隆重举行，各界代表7万余人以盛大仪式欢庆中国共产党百年华诞。习近平发表重要讲话，全面回顾了中

★2021年7月1日，庆祝中国共产党成立100周年大会在北京天安门广场隆重举行

国共产党一百年走过的峥嵘岁月和光辉历程，高度评价了百年来党团结带领人民为实现中华民族伟大复兴建立的伟大历史功绩，系统总结了党在百年奋斗中积累的宝贵经验和实践启示，深刻阐明了在新征程上推进党和国家事业的一系列重大问题。

习近平代表党和人民庄严宣告，经过全党全国各族人民持续奋斗，我们实现了第一个百年奋斗目标，在中华大地上全面建成了小康社会，历史性地解决了绝对贫困问题，正在意气风发向着全面建成社会主义现代化强国的第二个百年奋斗目标迈进。这是中华民族的伟大光荣！这是中国人民的伟大光荣！这是中国共产党的伟大光荣！

习近平指出，一百年来，中国共产党团结带领中国人民进行的一切奋斗、一切牺牲、一切创造，归结起来就是一个主题：实现中华民族伟大复兴。他强调，为了实现中华民族伟大复兴，中国共产党团结带领中国人民，创造了新民主主义革命的伟大成就，为实现中华民族伟大复兴创造了根本社会条件。创造了社会主义革命和建设的伟大成就，为实现中华民族伟大复兴奠定了根本政治前提和制度基础。创造了改革开放和社会主义现代化建设的伟大成就，为实现中华民族伟大复兴提供了充满新的活力的体制保证和快速发展的物质条件。创造了新时代中国特色社会主义的伟大成就，为实现中华民族伟大复兴提供了更为完善的制度保证、更为坚实的物质基础、更为主动的精神力量。中华民族迎来了从站起来、富起来到强起来的伟大飞跃，实现中华民族伟大复兴进入了不可逆转的历史进程！

习近平首次提出伟大建党精神。一百年前，中国共产党

★ 2021 年 7 月 1 日，习近平在庆祝中国共产党成立 100 周年大会上发表重要讲话

的先驱们创建了中国共产党，形成了坚持真理、坚守理想，践行初心、担当使命，不怕牺牲、英勇斗争，对党忠诚、不负人民的伟大建党精神，这是中国共产党的精神之源。一百年来，中国共产党弘扬伟大建党精神，在长期奋斗中构建起中国共产党人的精神谱系，锤炼出鲜明的政治品格。历史川流不息，精神代代相传。

习近平从历史和现实、理论和实践的结合上，系统总结了中国共产党在百年奋斗中积累的宝贵经验，全面阐述了以史为鉴、开创未来必须坚持的方针原则和实践要求，深刻揭示了中国共产党过去为什么能够成功、未来怎样才能继续成功的根本所在。以史为鉴、开创未来，必须坚持中国共产党坚强领导，坚持党的全面领导，不断完善党的领导，充分发挥党总揽全局、协调各方的领导核心作用；必须团结带领中国人民不断为美好生活而奋斗，紧紧依靠人民创造历史，践行以人民为中心的发展思想，发展全过程人民民主，推动人的全面发展、全体人民共同富裕取得更为明显的实质性进展；必须继续推进马克思主义中国化，坚持把马克思主义基本原理同中国具体实际相结合、同中华优秀传统文化相结合，用马克思主义观察时代、把握时代、引领时代，继续发展当代中国马克思主义、21世纪马克思主义；必须坚持和发展中国特色社会主义，坚持党的基本理论、基本路线、基本方略，在自己选择的道路上昂首阔步走下去，把中国发展进步的命运牢牢掌握在自己手中；必须加快国防和军队现代化，全面贯彻新时代党的强军思想，坚持党对人民军队的绝对领导，把人民军队建设成为世界一流军队，以更强大的能力、更可靠的手段捍卫国家主权、安全、发展利益；必须高举和平、发展、合作、共赢旗帜，奉行独立自主的和平外交政策，推动建设新型国际关系，推动构建人类命运共同体，推动共建"一带一路"高质量发展，推动历史车轮向着光明的目标前进；必须进行具有许多新的历史特点的伟大斗争，增强忧患意识、始终居安思危，贯彻总体国家安全观，统筹发展和安全，逢山开道、遇水架桥，勇于战胜一切风险挑战；必须加强中华儿女大团结，形成海内外全体中华儿女心往一处想、劲往一处使的生动局面，汇聚起实现民族复兴的磅礴力量；必须不断推进党的建设新的伟大工程，牢记打铁必须自身硬的道理，增强全面从严治党永远在路上的政治自觉，确保党在新时代坚持和发展中国特色社会主义的历史进程中始终成为坚强领导核心。

习近平代表党中央号召全体中国共产党员，牢记初心使命，坚定理想信念，践行党的宗旨，永远保持同人民群众的血肉联系，始终同人民想在一起、干在一起，风雨同舟、同甘共苦，继续为实现人民对美好生活的向往不懈努力，努力为党和人民争取更大光荣！

这一讲话贯通历史、现实、未来，贯通伟大斗争、伟大工程、伟大事业、伟大梦想，高屋建瓴、思想深邃、内涵丰富，把党对共产党执政规律、社会主义建设规律、人类社会发展规律的认识提升到了新高度，为奋进新时代、走好新征程进一步指明了前进方向、提供了根本遵循。

隆重庆祝中国共产党成立 100 周年，是党中央从全局和战略高度作出的重大部署，是党和国家政治生活中的大事。在党中央坚强领导和各级各方面共同努力下，庆祝活动盛大庄严、气势恢宏，礼序乾坤、乐和天地，充分体现了仪式感、参与感、现代感，办出了中国风格、中国气派、中国风采，起到了统一思想、凝聚力量、振奋人心、鼓舞士气的作用，完全达到了预期目的。

奋进新时代，开启新征程。在以习近平同志为核心的党中央的坚强领导下，中国特色社会主义的航船继续乘风破浪、坚毅前行，中国特色社会主义道路越走越宽广。中国特色社会主义道路是实现我国社会主义现代化的必由之路，是创造人民美好生活的必由之路，是实现中华民族伟大复兴的必由之路。中国共产党和中国人民将在自己选择的道路上昂首阔步走下去，把中国发展进步的命运牢牢掌握在自己手中，中国人民必将不断创造出更加美好的生活，必将全面建成社会主义现代化强国！

结 束 语

　　1949 年 10 月 1 日，毛泽东向世界庄严宣告了中华人民共和国的成立，中国人民从此站起来了。这一伟大事件，彻底改变了近代以后 100 多年中国积贫积弱、受人欺凌的悲惨命运，中华民族走上了实现伟大复兴的壮阔道路。

　　在中国共产党的坚强领导下，新中国成立后，在较短的时间内完成了民主革命遗留任务，实现了国民经济恢复，取得了抗美援朝战争的胜利，消灭了在中国延续几千年的封建剥削压迫制度，战胜了帝国主义、霸权主义的颠覆破坏和武装挑衅。面对严峻的国际环境和贫穷落后的国民经济，中国共产党以深邃宏阔的历史眼光，选择社会主义工业化道路，确立社会主义基本制度，推进社会主义建设，实现了中华民族有史以来最为广泛而深刻的社会变革。新中国第一代建设者们，将个人命运与国家前途紧紧地绑在一起，投入到激情燃烧的建设岁月。新中国在成立后不到 30 年的时间，就基本建立起相对完整独立的工业体系和国民经济体系，取得了"两弹一星"等国防尖端成就，恢复了在联合国的合法席位，大大提高了国际地位，实现了一穷二白、人口众多的东方大国大步迈进社会主义社会的伟大飞跃，为实现中华民族伟大复兴奠定了根本政治前提和制度基础。中国共产党和中国人民以英勇顽强的奋斗向世界庄严宣告，中国人民不但善于破坏一个旧世界、也善于建设一个新世界，只有社会主义才能救中国，只有社会主义才能发展中国！

1978年中共十一届三中全会实现了具有深远历史意义的伟大转折，中国共产党团结带领人民踏上改革开放和社会主义现代化建设的新征程。基于对"社会主义初级阶段"这一基本国情的深刻把握，中国共产党确立了"以经济建设为中心，坚持四项基本原则，坚持改革开放"的基本路线。改革开放唤醒了蛰伏的生机与活力，各种所有制形式、各种市场主体纷纷涌现，全方位、多层次、宽领域的对外开放格局迅速形成，人民的生活水平迅速提高，中国创造了世所罕见的经济快速发展奇迹和社会长期稳定奇迹。在前无古人的探索中，中国共产党团结带领人民战胜各方面的风险挑战，开创、坚持、捍卫、发展中国特色社会主义，实现了从生产力相对落后的状况到经济总量跃居世界第二的历史性突破，实现了人民生活从温饱不足到总体小康、奔向全面小康的历史性跨越，为实现中华民族伟大复兴提供了充满新的活力的体制保证和快速发展的物质条件。中国共产党和中国人民以英勇顽强的奋斗向世界庄严宣告，改革开放是决定当代中国前途命运的关键一招，中国大踏步赶上了时代！

中共十八大以来，中国特色社会主义步入新时代。中国共产党团结带领人民统揽伟大斗争、伟大工程、伟大事业、伟大梦想，坚持和加强党的全面领导，统筹推进"五位一体"总体布局、协调推进"四个全面"战略布局，坚持和完善中国特色社会主义制度、推进国家治理体系和治理能力现代化，坚持依规治党、形成比较完善的党内法规体系，战胜一系列重大风险挑战，实现第一个百年奋斗目标，明确实现第二个百年奋斗目标的战略安排，党和国家事业取得历史性成就、发生历史性变革，为实现中华民族伟大复兴提供了更为完善的制度保证、更为坚实的物质基础、更为主动的精神力量。中国共产党和中国人民以英勇顽强的奋斗向世界庄严宣告，中华民族迎来了从站起来、富起来到强起来的伟大飞跃，实现中华民族伟大复兴进入了不可逆转的历史进程！

中共十八大以来形成的习近平新时代中国特色社会主义思想，涵盖新时代坚持和发展中国特色社会主义的总目标、总任务、总体布局、战略布局和发展方向、发展方式、发展动力、战略步骤、外部条件、政治保证等基本问题，并根据新的实践对经济、政治、法治、科技、文化、教育、民生、民族、宗教、社会、生态文明、国家安全、国防和军队、"一国两制"和祖国统一、统一战线、外交、党的建设等各方面作出新的理论概括和战略指引。习近平新时代中国特色社会主义思想是马克思主义中国化的最新成果，是新时代中国共产党的思想旗帜，是国家政治生活和社会生活的根本指针，是当代中国马克思主义、21世纪马克思主义，是全党全国人民为实现中华民族伟大复兴而奋斗的行动指南，必须长期坚持并不断发展。

中国共产党成立100年来，团结带领中国人民，以"为有牺牲多壮志，敢教日月换新天"的大无畏气概，书写了中华民族几千年历史上最恢宏的史诗。这一百年来开辟的伟大道路、创造的伟大事业、取得的伟大成就，必将载入中华民族发展史册、人类文明发展史册！中国共产党成立以来100

年的历史、中华人民共和国成立以来 70 多年的历史都充分证明，没有中国共产党，就没有新中国，就没有中华民族伟大复兴。历史和人民选择了中国共产党。中国共产党领导是中国特色社会主义最本质的特征，是中国特色社会主义制度的最大优势，是党和国家的根本所在、命脉所在，是全国各族人民的利益所系、命运所系。

潮平两岸阔，风正一帆悬。"中国的昨天已经写在人类的史册上，中国的今天正在亿万人民手中创造，中国的明天必将更加美好。"中华民族正处于一个超过以往任何时候的伟大时代，一个不断创造出令世人惊叹的伟大奇迹的时代，一个将对人类社会作出更大贡献的时代。站在"两个一百年"奋斗目标的历史交汇点，胸怀中华民族伟大复兴战略全局和世界百年未有之大变局，中国共产党团结带领人民向着全面建成社会主义现代化强国的目标出发。"征途漫漫，惟有奋斗。我们通过奋斗，披荆斩棘，走过了万水千山。我们还要继续奋斗，勇往直前，创造更加灿烂的辉煌！"

责任编辑：任　民　　郭　史

封面设计：林芝玉

版式设计：王欢欢

图书在版编目（CIP）数据

中华人民共和国简史 /《中华人民共和国简史》编写组编著 . —— 北京：
　人民出版社：当代中国出版社，2021.8

ISBN 978 - 7 - 01 - 023726 - 8

I. ①中… 　 II. ①中… 　 III. ①中国历史 – 现代史 　 IV. ① K27

中国版本图书馆 CIP 数据核字（2021）第 173204 号

中华人民共和国简史

ZHONGHUA RENMIN GONGHEGUO JIANSHI

本书编写组

人 民 出 版 社
当代中国出版社　出版发行

湖南天闻新华印务有限公司印刷　新华书店经销

2021 年 8 月第 1 版　2021 年 8 月北京第 1 次印刷
开本：880 毫米 × 1230 毫米 1/32　印张：15　插页：5
字数：319 千字

ISBN 978 - 7 - 01 - 023726 - 8　定价：38.00 元

邮购地址 100706　北京市东城区隆福寺街 99 号
人民东方图书销售中心　电话（010）65250042　65289539

版权所有·侵权必究

凡购买本社图书，如有印制质量问题，我社负责调换。

服务电话：（010）65250042